Edith Stein
Jahrbuch
2011

Edith Stein
Jahrbuch
Band 17
2011

herausgegeben
im Auftrag des
Teresianischen Karmel
in Deutschland
(Unbeschuhte Karmeliten)
unter ständiger Mitarbeit der
Edith-Stein-Gesellschaft
Deutschland e.V.

echter

Edith Stein Jahrbuch

Band 17   2011

herausgegeben
im Auftrag des Teresianischen Karmel in Deutschland
(Unbeschuhte Karmeliten)

Schriftleitung:
Dr. Ulrich Dobhan, Dom-Pedro-Straße 39, 80637 München

Redaktion:
Dr. Evelyn Scriba, Dom-Pedro-Straße 39, 80637 München

Herausgeber:
Provinzialat des Teresianischen Karmel in Deutschland
P. Provinzial Dr. Ulrich Dobhan, Dom-Pedro-Straße 39, 80637 München
Medienbeauftragter P. Dr. Reinhard Körner, Schützenstraße 12,
16547 Birkenwerder

Edith-Stein-Gesellschaft Deutschland e.V.
Dr. Katharina Seifert, Kl. Pfaffengasse 16, 67346 Speyer

Bibliografische Information der Deutschen Nationalbibliothek
Die Deutsche Nationalbibliothek verzeichnet diese Publikation in der Deutschen
Nationalbibliografie; detaillierte bibliografische Daten sind im Internet über
<http://dnb.d-nb.de> abrufbar.

© 2011 Echter Verlag GmbH, Würzburg
www.echter-verlag.de
Umschlag: Peter Hellmund
Druck und Bindung: Druckerei Friedrich Pustet, Regensburg
ISBN 978-3-429-03377-4

Inhaltsverzeichnis

Vorwort des Schriftleiters 7

1. Biographie

M. Amata Neyer
Über die Geschwister Edith Steins 9

Beate Beckmann-Zöller,
Edith Stein als „Prophetin" und Mahnerin der Päpste Pius XI.
und Pius XII. und die Bedeutung der Versöhnung mit dem
Judentum für die Einheit der Kirche 18

Hergard Schwarte
Adolf Donders 43

R.-Ferdinand Poswick
Paul Claudel und Israel. Eine vehemente Anfrage des großen
Katholiken an den neugegründeten Staat 63

2. Aktualität

Mette Lebech
Edith Stein als europäische Philosophin 71

Andreas Uwe Müller
Schwierige Erinnerung. Warum und zu welchem Zweck
studiert man Edith Stein? 87

3. Philosophie

Francesco Alfieri
Die Originalität von Edith Steins Beantwortung der Frage
nach dem Individuationsprinzip. Zu einer „Gründung"
der Anthropologie 101

Martin Hähnel
Edith Steins Untersuchung des Potenz-Akt-Schemas
und ihr Beitrag zu einer modernen Ontologie 129

4. Spiritualität

ALOIS KOTHGASSER
Predigt im Erzstift St. Peter zu Salzburg anläßlich der Tagung der Edith-Stein-Gesellschaft Deutschland am 18. April 2010 ... 145

ANTOINE LEVY
Edith Steins Schriften zur Jungfrau Maria. Eine Interpretation im Geiste von Leo Strauss 149

5. Edith-Stein-Bibliographie 2010 (U. Dobhan) 183

6. Rezensionen 187

7. Mitteilungen 209

Autorinnen und Autoren 221

Vorwort des Schriftleiters

Ein Beitrag der hochverdienten Edith-Stein-Forscherin und langjährigen Leiterin des Edith-Stein-Archivs im Kölner Karmel, Schw. M. AMATA NEYER, ist immer eine Bereicherung für das Jahrbuch. In diesem Band hat sie in der Abteilung *Biographie* den zahlreichen Geschwistern Edith Steins eine Darstellung gewidmet, die sogar von Frau Susanne Batzdorff, Edith Steins Nichte, durchgesehen worden ist. So werden wir von ihr in Edith Steins Lebenszeit geführt, und ein Höhepunkt in dieser Zeit ist sicherlich die Intervention zugunsten ihres Volkes beim damaligen Papst. Diesem Thema widmet BEATE BECKMANN-ZÖLLER seinen Beitrag. Während ihrer Zeit in Münster lernte Edith Stein auch Dompropst Adolf Donders kennen, dem HERGARD SCHWARTE mit ihrem prophetischen »Statement« über Edith Stein ein Denkmal setzt. Etwas aus dem Rahmen fällt der Beitrag des Benediktiners R.-FERDINAND POSWICK über Paul Claudel und Israel, weil darin auf die Bedeutung der Errichtung eines neuen jüdischen Tempels aufmerksam gemacht wird.

In der Abteilung *Aktualität* nimmt uns die irische Philosophin METTE LEBACH auf eine interessante Reise in Edith Steins philosophisches Herkunfts- und Zukunftsland mit, wie wir mit einem Bild sagen können; dabei wird auch deutlich, wie Edith Stein immer mehr zu einer wichtigen Gestalt für das entstehende Europa wird. ANDREAS UWE MÜLLER sagt uns überzeugend, warum und wozu man Edith Steins Schriften studieren sollte.

Zwei junge Philosophen, FRANCESCO ALFIERI und MARTIN HÄHNEL, wollen dem Leser bei seinem Bemühen um Edith Steins Verständnis von *Philosophie* helfen: ersterer, indem er Edith Steins Originalität bei der Beantwortung der Frage nach dem Individuationsprinzip aufzeigt, und letzterer, indem er Edith Steins Potenz-Akt-Schema und ihren Beitrag zu einer modernen Ontologie untersucht.

Wie schon in den Jahren zuvor wurde auch in dieses Jahrbuch jene Predigt aufgenommen, die bei der Jahresversammlung der Edith-Stein-Gesellschaft im Festgottesdienst gehalten wurde. Dem Leser vermittelt ALOIS KOTHGASSER, der Salzburger Erzbischof, in seiner Betrachtung über das Evangelium des entsprechenden Sonntags, in die er auch aktuelle Ereignisse aus seiner Diözese und aus der Kirche einbezieht, wertvolle *spirituelle Impulse,* die ihm durch Edith Stein geschenkt wurden. In einer tiefschürfenden Studie, die vielen Leserinnen und Lesern sicherlich neue Anregungen bietet, ihnen aber auch neue Fragen stellt, vertieft sich der Dominikaner ANTOINE LEVY in Edith Steins Schriften über Maria und eröffnet so eine neue Sicht auf die Betrachtung dieses Themas.

Wie früher haben auch in den vorliegenden Jahrgang die vorjährige deutschsprachige *Edith-Stein-Bibliographie,* einige *Rezensionen* und wieder viele *Mitteilungen* Eingang gefunden. Allen, die dazu beigetragen haben, sei an dieser Stelle herzlich gedankt.

München, den 15. Februar 2011

Ulrich Dobhan OCD

1. Biographie

M. Amata Neyer

Über die Geschwister Edith Steins

Was wir von Edith Steins Geschwistern wissen, stammt größtenteils aus den Aufzeichnungen, die sie im September 1933 begonnen hatte. Diese Aufzeichnungen nannte sie »Aus dem Leben einer jüdischen Familie«; jedoch gab sie ihnen privat auch öfter den Titel »Familiengeschichte«. Diese Familiengeschichte lag ihr sehr am Herzen. Das bestätigen auch die Schwestern des Karmel in der niederländischen Kleinstadt Echt, wo der letzte Teil der Familiengeschichte entstanden ist.

Es ging Edith Stein bei diesen Niederschriften nicht so sehr um private Familienforschung; vielmehr kam es ihr darauf an, jüdisches Menschentum zu schildern. Dabei betont sie, daß Nichtjuden aus allen Kreisen als Nachbarn, Bekannte und Freunde in jüdischen Familien verkehrten, wo sie »Herzensgüte, Verständnis, Hilfsbereitschaft und Teilnahme vorgefunden« haben. Zweifellos denkt Edith Stein auch an ihre eigene Familie und somit auch an ihre Geschwister, wenn sie diese Eigenschaften jüdischer Menschen schildert.

»Meine Mutter«, schreibt Edith in ihren Aufzeichnungen, »hat 11 Kinder geboren.« Zur besseren Übersicht werden im folgenden ihre Namen und, soweit sie zu ermitteln waren, auch ihre Lebensdaten zusammengestellt.

Paul	* 19.5.1872 Gleiwitz
	† 29.4.1943 Theresienstadt
Selma	* 1873 Gleiwitz
	† 31.5.1874 Gleiwitz

Hedwig[1]	* 5.1.1875 Gleiwitz † 25.4.1877
Else	* 29.6.1876 Petersdorf bei Gleiwitz † 23.11.1956 Bogotá/Kolumbien
Ernst Joseph	* 19.6.1877 Neudorf bei Gleiwitz † 1880 Gleiwitz
Arno	* 9.9.1879 Gleiwitz † 15.2.1948 San Francisco, CA, USA
Frieda	* 11.12.1881 Lublinitz † (vermutlich:) Theresienstadt
Rosa Adelheid	* 13.12.1883 Lublinitz † (höchstwahrscheinlich:) 9.8.1942 Auschwitz
Richard	* 1884 Lublinitz † 27.1.1887 Lublinitz
Erna	* 11.2.1890 Lublinitz † 1978 Davis, CA, USA
Edith	* 12.10.1891 Breslau † (höchstwahrscheinlich:) 9.8.1942 Auschwitz

Als Edith mit ihren Aufzeichnungen begann, hatte sie schon intensive Verbindung zum Kölner Karmel (in Lindenthal, Dürener Str. 89) aufgenommen und ihren baldigen Eintritt als Postulantin geplant. Am 14.10.1933 wurde dieser Plan dann verwirklicht. Edith Stein nahm dabei in den Karmel alles mit, was ihr an Konzepten und Niederschriften, etwa von Vorträgen oder Vorlesungen, gehörte, so auch den Beginn der schon erwähnten Familiengeschichte. Die da-

---

[1] Anm. von Susanne Batzdorff: Die Angaben zu Hedwig und Ernst Joseph habe ich zufällig in einem Buch über die Juden in Gleiwitz gefunden, das in polnischer Sprache geschrieben ist. Es enthält diverse Dokumente, wie Geburts- und Todesurkunden, etc. [auf deutsch], darunter diese beiden. Ich darf annehmen, daß sie richtig sind.

malige Priorin des Kölner Karmel, Mutter Josefa Wery, gestattete ihr großzügig, in freien Stunden an dem begonnenen Text weiterzuarbeiten. Als Edith Stein oder – wie man jetzt sagen muß – Sr. Teresia Benedicta vom Kreuz am 31.12.1938 nach Echt übersiedelte, konnte sie sich auch dort mit ihrer Familiengeschichte weiterbeschäftigen.

Kehren wir wieder zu obiger Aufzählung zurück. Die Mutter der Stein-Geschwister war Auguste Stein geb. Courant. Sie heiratete 1871 Siegfried Stein, der im Holzhandel seiner Mutter, Johanna Stein geb. Cohn, in Gleiwitz arbeitete. Johanna Stein war keine so geschickte Geschäftsfrau, wie es später Auguste Stein wurde.

Wegen mehrerer Mißgeschicke entschlossen sich Siegfried und Auguste Stein, nach Lublinitz/Oberschlesien in die Heimat der Courants überzusiedeln. Aber auch dort gelang es ihnen nicht, wirtschaftlich Erfolg zu haben, und so zogen sie 1890 nach Breslau. Edith Stein vermutete, daß auch wegen der heranwachsenden Kinder umgezogen wurde: In Lublinitz gab es nämlich keine höheren Schulen. Um solche besuchen zu können, wurden die Söhne Verwandten anvertraut. Wie Edith erzählt, kam einer ihrer Brüder nach Oppeln und Kreuzburg.

Edith war anderthalb Jahre alt, als ein schwerer Schlag die Familie traf: Nachdem Siegfried Stein 1893 an einem heißen Sommertag einen Wald besichtigt hatte, um Holz für sein Geschäft einzukaufen, war er unterwegs an einem Hitzschlag gestorben.

Von den 11 Kindern waren vier, nämlich Selma, Hedwig, Ernst und Richard, im frühen Kindesalter gestorben. Edith erzählt später, sie hätten bei einem Ferienaufenthalt in Lublinitz einen »Besuch auf dem schönen Friedhof am Walde« gemacht, »wo unsere Großeltern begraben liegen und in kleinen Kindergräbern Geschwister, die lange vor unserer Geburt gestorben sind«.

Nach Siegfried Steins Tod führte seine Frau mit ihrer kaufmännischen Begabung und großem Geschick den Holzhandel allein weiter. Großen Wert legte sie trotz aller Arbeit aber darauf, ihren Kindern eine gute Ausbildung zu ermöglichen.

Wie Edith später schreibt, war es Paul, der älteste von den Geschwistern, welcher auswärts das Gymnasium besuchte. Er verließ die höhere Schule, nachdem er die Primareife erlangt hatte. »Für ein Universitätsstudium reichten die Mittel nicht«, schreibt Edith, und sie fügt hinzu: »Vielleicht hätte man doch einen Weg gefunden,

wenn er darauf bestanden hätte.« Aber das lag nicht in Pauls Naturell. Er war ein leidenschaftlicher Freund guter Bücher und arbeitete zunächst in einer Buchhandlung. Jedoch behagte ihm das auf die Dauer nicht, und schließlich fand er eine lebenslange Anstellung bei einer Bank. Nach seiner Pensionierung widmete er sich seinen Lieblingsbeschäftigungen: Lesen, Musikhören, Wandern.
Paul hatte sich früh mit Gertrude Werther verlobt, einer musikalisch und künstlerisch begabten jungen Frau. Weil seine Mutter nicht gewillt war, dieser Verbindung zuzustimmen, verließ Paul heimlich das Elternhaus und reiste zu seiner Verlobten nach Berlin. Seine Geschwister suchten ihn, und schriftlich meldete er sich von dort. Schließlich wurde in Breslau seine Hochzeit als Familienfest gefeiert. Trotz dieses Zwischenfalls blieb die Beziehung zu seiner Mutter bis zuletzt ungetrübt. Jahrzehntelang kam er an jedem Freitagabend zum Sabbatbeginn in sein Elternhaus. Mit Paul verband Edith – wie mit allen Geschwistern – zeitlebens ein herzliches Verhältnis. In ihrer Jugend verbrachte sie mit ihm frohe Tage auf Helgoland. Und später in ihrer Klosterzeit wurde dann der Kontakt noch brieflich aufrechterhalten. – Paul hatte zwei Söhne, Gerhard und Harald. Harald war der jüngere von beiden und starb als Kind an Scharlach. Paul selbst starb im April 1943 in Theresienstadt.
Auguste Stein pflegte ihre Kinderschar (bis auf Else) in drei Paare einzuteilen: »die Jungen«, »die Mädel« und »die Kinder«. Bleiben wir zunächst bei »den *Jungen*«, den Söhnen Paul und Arno. Von Paul war ja schon die Rede.
In der Geschäftsführung des Holzhandels hatte Arno die Nachfolge angetreten. Deshalb wollte ihm seine Mutter eine besonders gründliche und vielseitige Ausbildung zuteil werden lassen. In Breslau hatte er die Realschule bis zum Einjährigen[2] besucht. Anschließend ließ ihn seine Mutter in einem auswärtigen Holzhandel ausbilden. Nach Beendigung dieser Lehrzeit vervollkommnete er seine Ausbildung noch in einer Breslauer Ölfabrik. Im Anschluß an die auswärtigen Lehrjahre nahm ihn Auguste zunächst als Gehilfen in ihr eigenes Geschäft auf. Danach war Arno eine Zeitlang in der Prokura tätig. Das Büro war zuerst in einem einfachen Holzhaus untergebracht. Mit dem Florieren des Geschäfts konnte es Auguste sich leisten, einen eigenen großen Holzplatz und auf ihm ein ge-

---

[2] Heute sagt man mittlere Reife (Anm. der Redaktion).

mauertes »Kontor« zu erwerben. Als Arno verheiratet war und vier Kinder hatte, trat Auguste die Stelle des »Chefs« an ihn ab und nannte ihn auch den Angestellten gegenüber den »Chef«.

Als Edith im Ersten Weltkrieg in Mährisch-Weißkirchen beim Roten Kreuz arbeitete, war es Arno, der ihr dorthin ihre angefangene Doktorarbeit mitbrachte und mit Edith am nächsten Tag die schöne Stadt Olmütz besichtigte. Obwohl er zunächst an keine Heirat gedacht hatte, verlobte sich Arno mit Martha Kaminski, einer Freundin seiner Schwester Else, die mit ihr das Lehrerinnenseminar besucht hatte. Die ganze Familie schätzte Martha und begrüßte sie freudig als Schwiegertochter und Schwägerin. Auguste Stein freilich vermißte bei der jungen Frau die hauswirtschaftlichen Fähigkeiten. Arno und Martha hatten vier Kinder, zwei Jungen sowie zwei Mädchen. Eine der Töchter, Eva, fiel schon früh als nicht ganz »normal« auf, und Auguste erregte sich immer wieder darüber, daß ihrer Meinung nach die Eltern ihre anderen Kinder keineswegs zur nötigen Rücksicht auf Eva erzogen.

Helmut ging 1934 oder 1935 als erster nach Amerika zu Verwandten seiner Mutter Martha, die ohne Schwierigkeiten in die USA einwandern konnte, da sie die amerikanische Staatsangehörigkeit besaß; sie folgte ihrem Sohn bald nach und plante, auch die restlichen Familienmitglieder nachkommen zu lassen. Lotte war die nächste; sie emigrierte 1936 und konnte auf dem Weg über die Niederlande Edith noch besuchen. Arno folgte erst im Herbst 1938. Da er Eva, die aufgrund ihrer Behinderung kein Visum bekommen hatte, nicht ihrem Schicksal überlassen wollte, konnte er sich zur Auswanderung lange nicht entschließen. Eva fand schließlich zusammen mit Frieda und Paul, den Geschwistern ihres Vaters, den Tod. Wolfgang, der am 9. November 1938 (Kristallnacht) nach Buchenwald abtransportiert wurde, kam nach mehreren Wochen wieder frei, ging anschließend nach England und erst im Juni 1940 nach Amerika.

Als Auguste Stein den Entschluß faßte, das Geschäft ihres verstorbenen Mannes allein weiterzuführen und alle Kraft aufzubieten, um es noch mehr auszubauen, mußte ihr klar werden, daß der Holzhandel sowie die Versorgung von sieben Kindern sie überfordern würden. So beauftragte sie ihre älteste Tochter Else, die Haushaltsführung in der Jägerstraße zu übernehmen und die kleineren Geschwister zu erziehen. Else war eine fähige Hausfrau und erfüllte ihre Pflichten mit größter Sorgfalt und äußerster Sparsamkeit. Sie hatte aber schon vorher beschlossen, Lehrerin zu werden, und Auguste erlaubte ihr, das Lehrerinnenseminar zu besuchen. Ohne Schwierigkeiten bestand sie das Examen, und als die beiden jüngeren Schwestern den Haushalt allein bewältigen konnten, sehnte sie sich danach, das Elternhaus zu verlassen und in fremden Familien als Hauslehrerin zu arbeiten. Sorgenkind ihrer Mutter war Else aber wegen ihrer ständigen Unruhe. Umso größer war die Freude darüber, daß Else sich in Hamburg mit einem Hautarzt verlobte; es war Dr. Max Gordon. Trotz der gegenseitigen Liebe wäre die Ehe fast gescheitert. Elses Mann verlangte schließlich, sie solle eine Zeitlang nach Breslau ins Elternhaus zurückkehren, für ihre Gesundheit sorgen und lernen, ihre ständige Unruhe zu beherrschen. In der Familie Gordon ist eine zweite Krise dann aber nicht mehr vorgekommen. Aus der Ehe gingen zwei Töchter und ein Sohn hervor.

Nachdem Edith vorzeitig die Schule abgebrochen und Auguste sie nach Hamburg in Elses Familie geschickt hatte, half dort Edith sowohl im Haushalt als auch bei der Betreuung der kleinen Tochter Ilse, die im September 1904 geboren worden war.

Der Sohn Werner wanderte 1928 nach Kolumbien aus und gründete da eine florierende Musikalienfirma, so daß er später die ganze Hamburger Familie dorthin retten konnte. Else starb am 23. November 1956 in Bogotá/Kolumbien.

Auf die Dauer brauchte Auguste Stein aber nicht nur eine Stütze für den Haushalt, sondern auch für den Geschäftsbetrieb; das Geschäft hatte sich unter ihrer Führung ja erfolgreich ausgedehnt. So wurde Frieda auf eine Handelsschule geschickt, nachdem sie sich schon Fertigkeiten in der Haushaltsführung erworben hatte.

Frieda, so meint Edith in ihren Aufzeichnungen, war im Vergleich zu allen anderen Geschwistern geistig am wenigsten begabt. Aber durch ihren Fleiß gelang es ihr, ebenso wie ihre Schwestern die Viktoriaschule erfolgreich abzuschließen. Es machte ihr auch Freude, im kürzlich erworbenen Haus in der Michaelisstraße gelegentlich eine Neuerung einzuführen.

Unter diesen Umständen ließ Frieda sich zu einer Ehe mit einem Witwer überreden, der zwei Kinder hatte. Sie mußte aber bald erkennen, daß dessen Haushalt auf keinem soliden Boden stand, und so faßte sie den Entschluß, die Ehe auflösen zu lassen. Mit ihrer kleinen Tochter Erika kehrte sie ins Elternhaus zurück, wo es dann ihre Aufgabe war, sich um die Wäsche der ganzen Familie zu kümmern und für alle auch schöne Wollsachen zu stricken. Außerdem arbeitete sie im Büro des Holzgeschäfts mit. In der Verfolgungszeit wurde Frieda in eine jüdische »Wohngemeinschaft« ausgelagert. Vermutlich ist auch sie in Theresienstadt ums Leben gekommen.

Zusammen mit Frieda bildete Rosa das Paar »die *Mädel*«. Rosa war nur zwei Jahre jünger als Frieda; die beiden wurden deshalb wie Zwillinge behandelt. Edith meint in ihren Aufzeichnungen, daß Rosa in ihrer Jugend von allen Geschwistern am schwierigsten zu erziehen war. Sie war keineswegs unbegabt, aber trotzdem nie eine gute Schülerin. Am liebsten spielte sie mit Straßenjungen und beteiligte sich an ihren Bubenstreichen. Als »Backfisch« verfiel sie in heftige alterstypische Schwärmereien und hatte keinen richtigen Berufswunsch. Auguste beschloß deshalb, sie für längere Zeit nach Lublinitz in die Familie der Courants zu geben, wo von zwei jungen Tanten ein vorbildlicher Haushalt geführt wurde. Rosa fühlte sich dort sehr wohl, kehrte zufrieden ein Jahr später nach Breslau zurück und übernahm hier die Führung des Haushalts. Dem erfolgreichen Holzhandel entsprechend konnte sie auf Elses und Friedas äußerste Sparsamkeit verzichten, und im Steinschen Haushalt kehrte eine neue Großzügigkeit ein.

Als »die *Kinder*« – nämlich Erna und Edith – Gymnasium und Universität besuchten, wünschte sich auch Rosa eine »bessere« Berufsausbildung. Sie versuchte verschiedenes, blieb aber dann doch bei ihrer »Haustochter«-Rolle. Edith schreibt darüber: »Sie hat allmählich auch einen Kreis von Menschen gefunden, mit denen sie freundschaftlich verkehrte und die sie hochschätzten. Vor allem aber hat ihre religiöse Entwicklung ihr eine Welt erschlossen, die es ihr ermöglichte, auf alle äußere Befriedigung zu verzichten und still an ihrem Platz auszuharren. Darüber werde ich später noch mehr sagen müssen.«

Wir wissen: Auch Rosa fand ihren Weg zur katholischen Kirche und erwarb sich einen tiefen religiösen Glauben. Das aufzuschreiben war Edith (wegen anderer Aufträge) leider nicht mehr vergönnt. Rosa gelang es, in die Niederlande zu kommen, wo sie im Echter Karmel an der Pforte eine sinnvolle Tätigkeit ausüben konnte.

Am 2. August 1942, zur Zeit der deutschen Besatzung und Verfolgung der jüdischen Mitbürger, wurden Rosa und Edith verhaftet und schließlich nach Auschwitz verschleppt. Rosa ist, wie auch Edith, höchstwahrscheinlich am 9. August in Auschwitz ermordet worden.

Nach Augustes Einteilung ihrer Kinder folgen auf Frieda und Rosa die jüngsten beiden: »die *Kinder*«, nämlich Erna und Edith.

Edith schreibt in ihren Aufzeichnungen, daß von den sieben Kindern der Familie »Erna von uns allen die glücklichsten Anlagen hatte: schön, offen und mitteilsam, von großer Herzensreinheit und -güte, überaus bescheiden und ihrer eigenen Vorzüge unbewußt, gut begabt, geschickt und anpassungsfähig. So war sie wie geschaffen, glücklich zu sein und glücklich zu machen.«

Die beiden, Erna und Edith, waren wirklich fast wie Zwillinge. Die Sommerferien 1906 verbrachten sie gemeinsam in Hamburg bei ihrer Schwester Else. Mit gemeinsamen Freunden machten sie in den großen Sommerferien oft Wanderungen im Riesengebirge, und wenn Vorlesungspausen waren, wurde auch im Winter einiges unternommen. In der Berufswahl allerdings unterschieden sie sich sehr: Erna wählte die Medizin und wurde Frauenärztin, Edith entschied sich für die Philosophie. Edith schreibt, ganz im stillen stelle sie sich oft einen idealen Haushalt vor, in dem Auguste für Edith und Erna allein sorgt.

Als Edith im Ersten Weltkrieg beim Roten Kreuz in Mährisch-Weißkirchen 6 Monate in Dienst stand, besuchte Erna sie und verbrachte mit ihr die Ferien. Erna verlobte sich am 26. Dezember 1918, also nach Ende des Ersten Weltkriegs, mit Hans Biberstein, einem Kommilitonen, der auch Medizin studiert hatte und später Hautarzt wurde.

Als Ernas erstes Kind Susanne 1921 in Breslau geboren wurde, war Edith ihr dabei behilflich. Auf diese glückliche Zeit fiel für Erna damals aber ein schmerzlicher Schatten. Edith vertraute ihr nämlich ihren Entschluß an, zum Katholizismus überzutreten, und bat sie, ihrer Mutter, die eine gläubige Jüdin war, dies behutsam nahezubringen. Auch 1933, als Edith sich in Münster entschied, aus dem Deutschen Institut für wissenschaftliche Pädagogik auszuscheiden, war Erna wieder ihre Vertraute: Sie teilte ihr mit, sich zum Eintritt in den Kölner Karmel entschlossen zu haben.

Auguste Stein starb am 14. September 1936. Im Sommer 1938, als die jüdischen Ärzte in Deutschland ihre medizinische Approbation verloren, reiste Hans Biberstein in die USA, wohin ihm Erna mit ihren beiden Kindern Susanne und Ernst-Ludwig am 16. Februar 1939 von Bremerhaven aus nachfolgte. So lange es noch möglich war, wurde der schriftliche Kontakt zwischen Erna und Edith aufrechterhalten.

In den auf das Kriegsende folgenden Jahren reiste Erna noch mehrfach nach Deutschland; bei einer solchen Gelegenheit lernte ich sie im Sprechzimmer des Karmel persönlich kennen. Ihre Besuche und zahlreichen Briefe bleiben für mich die lebendigste Erinnerung an Edith Stein und ihre Geschwister.

Anmerkung: Susanne Batzdorff geb. Biberstein, die Tochter von Edith Steins Schwester Erna, hat vorstehenden Artikel durchgelesen und ergänzt, wofür ihr herzlich gedankt sei.

Beate Beckmann-Zöller

Edith Stein als »Prophetin« und Mahnerin der Päpste Pius XI. und Pius XII. und die Bedeutung der Versöhnung mit dem Judentum für die Einheit der Kirche

Die Zeichen der Zeit verstehen

Edith Stein ist seit der Zeit der Apostel die erste Frau jüdischer Abstammung, die in einem offiziellen Verfahren von der Kirche heiliggesprochen wurde.[1] Ihre Bedeutung geht daher über das individuelle Schicksal einer »normalen« Heiligen des 20. Jhs. hinaus, die die Brutalität der nationalsozialistischen Ideologie am eigenen Leib erlebt und den Tod in Auschwitz erlitten hat wie andere Seliggesprochene auch (Maximilian Kolbe, Bernhard Lichtenberg, Karl Leisner u. a.). Daß Edith Stein als Deutsche jüdischer Abstammung in den Kreis der offiziell anzurufenden Heiligen aufgenommen wurde, hat auch eine symbolische Bedeutung: Es ist ein Zeichen der Mahnung, daß solch maßloses Unrecht nie mehr am Volk der Juden (und an überhaupt keinem Volk) geschehen darf. Edith Steins Heiligsprechung ist – zumindest aus christlicher Sicht – auch ein Symbol der Versöhnung, weil sie zeigt, daß die Opfer nicht ignoriert werden, sondern Beachtung durch uns Nachgeborene finden – zusammen mit Edith Stein eben auch die zahllosen anderen unschuldig Ermordeten. Zugleich können wir durch Edith Stein neu unser aller Wurzeln im Judentum entdecken und dadurch – so die These dieses Artikels – anhand der Trennung zwischen Juden- und Heidenchristen unsere Geschichte der Kirchenspaltungen neu verstehen, umkehren und hoffentlich einen neuen Weg zur Einheit der Kirche gehen. Diese große Linie beginnt mit Edith Stein als einer modernen Heiligen, die sich selbst als Atheistin bezeichnet hatte[2], bevor sie in ih-

---

[1] Teresa von Ávilas Vater war Jude, so weiß man erst seit kürzerer Zeit.
[2] Philomene Steiger berichtete: »Edith Stein gab an, sie sei Atheistin, gehe wohl zu Hause in Breslau mit der Mutter in die Synagoge, bete Hebräisch, aber durch Pro-

rer Studienzeit mit dem Christentum und einigen glaubwürdigen Zeugen in Kontakt kam und sich dann erst mit 30 Jahren taufen ließ. Interessanterweise waren es ihre Laien-Kolleginnen aus dem Lehrberuf, die ihre Heiligsprechung forderten – doch ab 1962 tatkräftig unterstützt vom Karmel, dem sie ab 1933 angehörte. Nach der Seligsprechung 1987 in Köln erfolgte die Heiligsprechung 1998 in Rom – ausgerechnet im Jahr des Heiligen Geistes (1998)[3]: Edith Stein ist tatsächlich eine mit dem Heiligen Geist begabte Prophetin. Denn als aufmerksame Philosophin war sie an politischen Zusammenhängen interessiert und bemühte sich, die Zeichen der Zeit zu deuten: Sie wirkte als Vorkämpferin für Frauenrechte, arbeitete als Sanitäterin im Ersten Weltkrieg und half beim Aufbau der *Deutschen Demokratischen Partei* (Vorläuferin der FDP), bevor sie erkannte, daß ihre Begabung doch nicht in der konkreten politischen Arbeit lag. Als junge Dozentin in Münster erlebte sie die Machtergreifung Hitlers und durchschaute von Anfang an Hitlers Strategie – worauf sie sich mit ihrer Analyse in einem Brief an Papst Pius XI. wandte und sein Eingreifen forderte. Damit reiht sie sich ein in die Tradition von leidenschaftlichen Mahnerinnen der Päpste, die die Gabe der prophetischen Erkenntnis, eine der Gaben (Charismen) des Heiligen Geistes, ausübten.[4] Sie war überzeugt, daß Frauen zwar von Jesus nicht zu *Priesterinnen* in der Kirche auserwählt seien; sehr wohl habe Gott aber Frauen zu allen Zeiten als *Prophetinnen* berufen, »als Verkünderinnen seines Willens an Könige und Päpste«[5] – und in diesen Dienst stellte sie sich bewußt selbst.

---

fessor Stern, der ein großer Atheist war, kam sie in atheistisches Fahrwasser.« Herbstrith, Waltraud, *Edith Stein. Jüdin und Christin*, München 1995, 53ff.
[3] Auf dem Weg ins dritte Jahrtausend hatte Papst Johannes Paul II. in seinem Apostolischen Schreiben vom 10.11.1994 *Tertio Millennio Adveniente* das Jahr 1997 »Jesus Christus«, 1998 dem »Heiligen Geist« und 1999 »Gott-Vater« gewidmet.
[4] Vgl. Beckmann-Zöller, Beate, *Frauen bewegen die Päpste. Leben und Briefe von Hildegard von Bingen, Birgitta von Schweden, Caterina von Siena, Mary Ward, Elena Guerra und Edith Stein*, Augsburg 2010.
[5] Stein, Edith, *Die Frau. Fragestellungen und Reflexionen* (kurz F), Freiburg ²2006, ESGA 13, 77.

EDITH STEINS PROPHETISCHE DIMENSION

Edith Steins Dienst als »Verkünderin von Gottes Willen« zeigte sich natürlich deutlich darin, wie sie den Papst auf die politische Lage hinwies, aber auch darin, wie sie zum Thema »Mann und Frau« Stellung bezog. Sie war als Frau in einem stark männlich dominierten Bereich berufstätig und dachte über das Wesen von Mann und Frau nach. Sie setzte sich von einem dezidert christlichen Standpunkt aus bereits mit Themen auseinander, die auch heute in der feministischen Diskussion stehen: die Vereinbarkeit von Familie und Beruf, aber auch die Sex-Gender-Problematik.[6]
Nicht nur in ihren Werken, sondern auch in ihrer geistigen Gestalt finden sich prophetische Züge, in denen wir Antworten für postmoderne Fragestellungen finden können. Kennzeichnend für Edith Stein war, daß sie es verstand, Glauben und Denken in Einklang zu halten. Als leidenschaftliche Philosophin liebte sie die gründliche Suche nach Wahrheit. Sie war erst dann bereit, etwas zu glauben, wenn es für sie verstandesmäßig einsichtig war, auch wenn diese Wahrheit ihren Verstand naturgemäß überstieg. Andererseits erfuhr sie auch, wo die Grenzen ihrer Verstandeskraft lagen: Sie konnte nicht einfach »glauben«, sie mußte sich diese Herzenstätigkeit »schenken lassen«; erst als sie sich für innere Gotteserfahrungen öffnete, konnte sie den persönlichen Schritt in den christlichen Glauben und den öffentlichen Eintritt in die Kirche wagen (1.1.1922).
Durch ihre jüdischen Wurzeln und ihre Bekehrung zum christlichen Glauben katholischen Bekenntnisses wird Edith Stein von Christen eine Brückenfunktion zugeschrieben zu den »älteren Brüdern«, den Juden. Umgekehrt wird sie selbstverständlich sachlich zutreffend als vom jüdischen Glauben Abgefallene betrachtet; auch ihre Verehrung als Märtyrerin wird von jüdischer Seite stark hinterfragt, da sie wegen ihrer jüdischen Abstammung sterben mußte. Doch die Umstände ihres Todes sind komplexer. Von Christen wird ihre Zustimmung zu ihrem Tod in Auschwitz als christliches

---

[6] Heute unter dem Schlagwort »gender mainstreaming«. F, 152; Stein, Edith, *Der Aufbau der menschlichen Person* (kurz AMP), ESGA 14, Freiburg 2005, 142. Vgl. dazu Beckmann-Zöller, Beate, »Edith Stein's Theory of the Person in Her Münster Years (1932–33)«, in: *American Catholic Philosophical Quarterly*, Vol. 82, Winter 2008, Issue No. 1, 47–70, besonders 53–55.

Zeugnis im Gesamtzusammenhang ihres Lebens verstanden; sie wurde dann allerdings doch als »Bekennerin«, nicht als Märtyrerin in den Kreis der Heiligen erhoben.

EDITH STEINS GEISTLICHE SICHT AUF DEN NATIONALSOZIALISMUS

Propheten und Prophetinnen werden gerade in bedrohlichen Zeiten aktiv, in denen Ungerechtigkeiten zunehmen, auf die sie mahnend hinweisen. So war auch für Edith Steins mahnendes Auftreten vor der Weltkirche – durch den Brief an Papst Pius XI. – das Schicksalsjahr 1933 äußerst bedeutsam. Sie hatte bereits seit ihrer Bekehrung den Wunsch gehabt, ins Kloster eintreten zu dürfen. Doch ihr geistlicher Begleiter Erzabt Raphael Walzer (Beuron) meinte, sie werde in der Welt noch gebraucht. So arbeitete sie als Dozentin in Münster am Deutschen Institut für Wissenschaftliche Pädagogik, als sie im März 1933 ein Gespräch mit einem ihr fremden Ehepaar über Ausschreitungen gegen Juden hatte, die in amerikanischen Zeitungen kommentiert worden waren.[7] Es hatte wilde Greueltaten gegeben, und es folgte dann am 1.4.1933 sogar ein regierungsamtlich geregelter Boykott, der sich gegen jüdische Ärzte, Rechtsanwälte und Geschäftsleute richtete. Keine der beiden Kirchen bezog dazu öffentlich Stellung, einige evangelische Persönlichkeiten mit Leitungsfunktion hatten die Aktion sogar gebilligt. Zwar hatte Papst Pius XI. den Berliner Nuntius am 4.4. angewiesen, »Möglichkeiten einer Intervention gegen die antisemitischen Exzesse in Deutschland zu erkunden«[8]. Man unternahm aber nichts, da die wilden Straßenaktionen inzwischen abgeklungen waren.
Im Gespräch mit einem fremden Ehepaar hatte Edith Stein plötzlich eine neue Sicht auf die Vorgänge gewonnen: »Ich hatte ja schon vorher von scharfen Maßnahmen gegen die Juden gehört. Aber jetzt ging mir auf einmal ein Licht auf, daß Gott wieder einmal schwer Seine Hand auf Sein Volk gelegt habe und daß das Schicksal dieses Volkes auch das meine war.«[9] Als sie zu den Kar- und Osterfeierta-

---
[7] »Wie ich in den Kölner Karmel kam« (1938), in: ESGA 1, 345–362.
[8] Repgen, Konrad, »Hitlers ›Machtergreifung‹, die christlichen Kirchen, die Judenfrage und Edith Steins Eingabe an Pius XI. vom [9.] April 1933«, in: *Edith Stein Jahrbuch* (kurz ESJ) 2004, Würzburg 2004, 50.
[9] ESGA 1, 346.

gen nach Beuron fuhr, hatte sie ein besonderes Anliegen: »Ich hatte in den letzten Wochen immerfort überlegt, ob ich nicht in der Judenfrage etwas tun könnte. Schließlich hatte ich den Plan gefaßt, nach Rom zu fahren und den Heiligen Vater um eine Enzyklika zu bitten. Ich wollte aber einen solchen Schritt nicht eigenmächtig tun.«[10] Der Begriff »Enzyklika« taucht in ihrem Brief an den Papst nicht auf, sie ließ es offen, wie der Papst das Schweigen der Kirche brechen solle. Vielleicht war sie wohl in ihrer Erinnerung von 1938 beeinflußt durch die gerade erschienene Enzyklika *Mit brennender Sorge* (1937).

In Beuron riet man ihr von einer Privataudienz ab wegen des großen Andranges im »Heiligen Jahr 1933«[11]. »So verzichtete ich auf die Reise und trug mein Anliegen schriftlich vor. Ich weiß, daß mein Brief dem Heiligen Vater versiegelt übergeben worden ist; ich habe auch einige Zeit danach seinen Segen für mich und meine Angehörigen erhalten. Etwas anderes ist nicht erfolgt. Ich habe aber später oft gedacht, ob ihm nicht dieser Brief noch manchmal in den Sinn kommen mochte. Es hat sich nämlich in den folgenden Jahren Schritt für Schritt erfüllt, was ich damals für die Zukunft der Katholiken in Deutschland voraussagte.«[12]

Als sie nach den Ostertagen 1933 aus Beuron nach Münster zurückkam, war bereits wegen ihrer Anstellung Druck auf den Geschäftsführer des Instituts ausgeübt worden. Denn am 7.4.1933 war das Gesetz zur »Wiederherstellung des Berufsbeamtentums« in Kraft getreten, das alle diejenigen, die von jüdischen Eltern oder Großeltern abstammten, von öffentlichen Ämtern ausschloß. Edith Stein gab darauf von sich aus ihre Stellung auf, um das Institut nicht zu gefährden.[13]

EDITH STEIN ALS LEIDENSCHAFTLICHE MAHNERIN DES PAPSTES

In der aufkommenden Juden-Feindlichkeit sah Edith Stein einen Angriff auf die menschliche Natur Jesu Christi, d. h., sie verstand

---

[10] ESGA 1, 347.
[11] Jesus starb nach der Tradition im Jahr 33. Heilige Jahre gibt es seit 1300, seit 1470 alle 25 Jahre, 1933 war ein »außerordentliches« Jubeljahr.
[12] ESGA 1, 348f.
[13] ESGA 2, Br. 270 (4.8.1933) an Werner Gordon.

den Antisemitismus als eine Verhöhnung von Gottes Plan, den er mit dem Volk Israel hatte und der in seiner Menschwerdung als Jude gipfelte. Sie war fest davon überzeugt, daß die Judenverfolgung auch eine Christenverfolgung nach sich ziehen werde. Daher wandte sie sich an die höchste kirchliche Autorität, den Papst, um ihre wachen Beobachtungen mitzuteilen und um ihn zu einer Verurteilung der nationalsozialistischen Häresie aufzufordern. Der Brief ist seit dem 15.2.2003 bekannt, als Papst Johannes Paul II. vorzeitig die Vatikanischen Geheimarchive (1922–1939) öffnen ließ, was normalerweise erst 70 Jahre nach dem Tod des betreffenden Papstes geschieht.[14] Es entsprach den damaligen Gewohnheiten der Behörden, daß Edith Stein keine persönliche sachbezogene Antwort erhielt. Darin liegt also kein Hinweis, daß ihre Eingabe nur ungenügend gewürdigt worden sei.

»Heiliger Vater! <Ohne Datum, wahrscheinlich 9. April 1933>
Als ein Kind des jüdischen Volkes, das durch Gottes Gnade seit elf Jahren ein Kind der katholischen Kirche ist, wage ich es, vor dem Vater der Christenheit auszusprechen, was Millionen von Deutschen bedrückt.

Seit Wochen sehen wir in Deutschland Taten geschehen, die jeder Gerechtigkeit und Menschlichkeit – von Nächstenliebe gar nicht zu reden – Hohn sprechen. Jahre hindurch haben die nationalsozialistischen Führer den Judenhaß gepredigt. Nachdem sie jetzt die Regierungsgewalt in ihre Hände gebracht und ihre Anhängerschaft – darunter nachweislich verbrecherische Elemente – bewaffnet hatten, ist diese Saat des Hasses aufgegangen. Daß Ausschreitungen vorgekommen sind, wurde noch vor kurzem von der Regierung zugegeben. In welchem Umfang, davon können wir uns kein Bild machen, weil die öffentliche Meinung geknebelt ist. Aber nach dem zu urteilen, was mir durch persönliche Beziehungen bekannt geworden ist, handelt es sich keineswegs um vereinzelte Ausnahmefälle. Unter dem Druck der Auslandsstimmen ist die Regierung zu ›milderen‹ Methoden übergegangen. Sie hat die Parole ausgegeben, es solle ›keinem Juden ein Haar gekrümmt werden‹. Aber sie treibt durch

---

[14] Veröffentlicht in *Stimmen der Zeit*, 128, 3 (2003), 147–150. Originale im Vatikanischen Geheimarchiv, S. Congregazione degli affari ecclesiastici straordinarii. Posizione Germania 643 fasc. La questione degli Ebrei in Germania, fol. 15 und 18, Steins Brief fol. 16/17.

ihre Boykotterklärung – dadurch, daß sie den Menschen wirtschaftliche Existenz, bürgerliche Ehre und ihr Vaterland nimmt – viele zur Verzweiflung: es sind mir in der letzten Woche durch private Nachrichten 5 Fälle von Selbstmord infolge dieser Anfeindungen bekannt geworden. Ich bin überzeugt, daß es sich um eine allgemeine Erscheinung handelt, die noch viele Opfer fordern wird. Man mag bedauern, daß die Unglücklichen nicht mehr inneren Halt haben, um ihr Schicksal zu tragen. *Aber die Verantwortung fällt doch zum großen Teil auf die, die sie so weit brachten. Und sie fällt auch auf die, die dazu schweigen.*
Alles, was geschehen ist und noch täglich geschieht, geht von einer Regierung aus, die sich ›christlich‹ nennt. Seit Wochen warten und hoffen nicht nur die Juden, sondern Tausende treuer Katholiken in Deutschland – und ich denke, in der ganzen Welt – darauf, *daß die Kirche Christi ihre Stimme erhebe, um diesem Mißbrauch des Namens Christi Einhalt zu tun. Ist nicht diese Vergötzung der Rasse und der Staatsgewalt, die täglich durch Rundfunk den Massen eingehämmert wird, eine offene Häresie?* Ist nicht der Vernichtungskampf gegen das jüdische Blut eine Schmähung der allerheiligsten Menschheit unseres Erlösers, der allerseligsten Jungfrau und der Apostel? Steht nicht dies alles im äußersten Gegensatz zum Verhalten unseres Herrn und Heilands, der noch am Kreuz für seine Verfolger betete? Und ist es nicht ein schwarzer Flecken in der Chronik dieses Heiligen Jahres, das ein Jahr des Friedens und der Versöhnung werden sollte?
Wir alle, die wir treue Kinder der Kirche sind und die Verhältnisse in Deutschland mit offenen Augen betrachten, fürchten das Schlimmste für das Ansehen der Kirche, wenn das Schweigen noch länger anhält. *Wir sind auch der Überzeugung, daß dieses Schweigen nicht imstande sein wird, auf die Dauer den Frieden mit der gegenwärtigen deutschen Regierung zu erkaufen.* Der Kampf gegen den Katholizismus wird vorläufig noch in der Stille und in weniger brutalen Formen geführt wie gegen das Judentum, aber nicht weniger systematisch. Es wird nicht mehr lange dauern, dann wird in Deutschland kein Katholik mehr ein Amt haben, wenn er sich nicht dem neuen Kurs bedingungslos verschreibt.[15]

---

[15] Am 14.6.1942 schrieb Erzbischof Gröber an Pius XII., »daß sich kein einziger treukatholischer Beamter mehr in führender Stellung befindet«. May, Georg, *Kirchenkampf oder Katholikenverfolgung*, Stein am Rhein 1991, 402.

Zu Füßen Eurer Heiligkeit, um den Apostolischen Segen bittend
Dr. Editha Stein
Dozentin am Deutschen Institut für wissenschaftliche Pädagogik
Münster i. W.
Collegium Marianum«

Das Begleitschreiben Raphael Walzers[16]

»Beuron, 12. April 1933
Eminentissime Princeps!
Eine Bittstellerin hat mich inständigst gebeten, den beigefügten Brief, den sie mir versiegelt übergab, an Seine Heiligkeit weiterzuleiten. Die Bittstellerin ist mir und überall in Deutschland bekannt als eine Frau, die durch ihren Glauben, ihren heiligen Lebenswandel und ihre katholische wissenschaftliche Bildung hervorragt.
Ich nutze die gute Gelegenheit, Euch verehrte Eminenz, untertänig zu grüßen und zugleich zu bitten, uns in diesen so traurigen Zeiten mit aller Kraft beizustehen. Denn wenn ich mich nicht täusche oder zwischenzeitlich sachliche und kluge Manner einschreiten, befindet sich unser Vaterland und somit auch unsere heilige Kirche in Deutschland in größter Gefahr. Das gegenwärtige Unheil erscheint um so schlimmer, weil so viele Menschen von trügerischen Reden und Taten getäuscht werden. Meine einzige irdische Hoffnung ist der Heilige Apostolische Stuhl. Wir werden nicht aufhören zu beten und zu flehen und ›schweigend zu hoffen auf Gottes Heil‹. [Klgl 3,36]
Demütig Ihren Segen erbittend und den hl. Purpur küssend bin ich Euer Eminenz unwürdiger Diener Raphael O.S.B. Erzabt.«

Antwortschreiben (vermutlich von Eugenio Pacelli, dem späteren Papst Pius XII.)

»Aus dem Vatikan, den 20. April 1933.
Hochwürdiger Herr Erzabt!
Mit besonderem Dank bestätige ich Euer Gnaden den Eingang des gütigen Schreibens vom 12. d. M. und der ihm angefügten Beilage. Ich

---
[16] ESJ 2004, 20f.

stelle anheim, die Einsenderin in geeigneter Weise wissen zu lassen, daß ihre Zuschrift pflichtmäßig Sr. Heiligkeit vorgelegt worden ist. Mit Ihnen bete ich zu Gott, daß er in diesen schwierigen Zeiten Seine hl. Kirche in Seinen besonderen Schutz nehme und allen Kindern der Kirche die Gnade des Starkmuts und großherziger Gesinnung verleihe, welche die Voraussetzungen des endlichen Sieges sind.
Mit dem Ausdruck besonderer Wertschätzung und mit meinen innigen Wünschen für die ganze Erzabtei
Euer Gnaden ganz ergebener« (ohne Unterschrift)

EDITH STEINS ADRESSAT PAPST PIUS XI. UND DAS KONKORDAT MIT NAZI-DEUTSCHLAND

Edith Stein wandte sich direkt an Papst Pius XI. (geb. 1857, Papst von 1922 bis 1939), mit bürgerlichem Namen Achille Ambrogio Damiano Ratti, der promovierter Philosoph, Theologe und Jurist war. Er vertiefte die Katholische Soziallehre im Anschluß an Leo XIII. (Enzyklika *Quadragesimo anno*, 1931) und schloß mit Mussolini die »Lateranverträge« (1929) ab, durch die der Vatikan endlich die Unabhängigkeit von Italien erlangte. Von der faschistischen Regierung distanzierte er sich 1931 in der Enzyklika *Non abbiamo bisogno*. Pius XI. war es auch, der zu Beginn der Regierungszeit Hitlers das Konkordat mit dem Deutschen Reich am 10.9.1933 abschloß. Die Vermutung, daß der Papst damit ein Zugeständnis an den Nationalsozialismus machte und mit Hitler paktierte, wird zwar immer wieder aufgestellt, verkennt aber den zeitgenössischen Hintergrund der katholischen Kirche in Deutschland. Sie war mit einem Drittel der Bevölkerung in der Minderheit und hatte unter der Bismarck-Regierung eine harte Einschränkung ihrer Religionsausübung erlitten. 1872 wurde z. B. der Jesuitenorden verboten, die konfessionellen Schulen wurden unter staatliche Aufsicht gestellt und die diplomatischen Beziehungen zum Vatikan abgebrochen. Auf dem Höhepunkt des sogenannten »Kulturkampfes« gewährleisteten neue Gesetze die staatliche Reglementierung der katholischen Kirche, der Zugang zu Ämtern in Wirtschaft und Verwaltung war für Katholiken erschwert. Der Vatikan konnte sich weder in der Kaiserzeit noch in der Weimarer Republik Gehör verschaffen für die freie Religionsausübung von Katholiken.

Erst Hitlers Regierung fand sich zu Verhandlungen bereit, da Hitler meinte, sich dadurch gegen jegliche politische Einmischung von seiten der Kirche absichern zu können. Pius XI. und sein Kardinalstaatssekretär Eugenio Pacelli, der spätere Papst Pius XII., waren sich bewußt, daß Hitler durch das Konkordat nur unter ständiger Vertragsverletzung gegen die Kirche vorgehen konnte, daß man aber vor den Angriffen des Nationalsozialismus keinesfalls sicher war. Es war keine »Allianz unter Freunden«, sondern »die vertragsrechtliche Form der Nicht-Anpassung der katholischen Kirche an das ›Dritte Reich‹«[17]. Der Vertragsentwurf, der 1933 verhandelt wurde, war keine Annäherung an den Nationalsozialismus, sondern stammte bereits von 1924.[18] Von den Nationalsozialisten hingegen wurde das Konkordat natürlich als Anerkennung der Nazi-Weltanschauung durch die Kirche gewertet, um bei den eigenen Getreuen einen Vertrag rechtfertigen zu können, der mit der verhaßten katholischen Kirche geschlossen worden war.

PAPST PIUS XI. UND SEINE VERLAUTBARUNGEN GEGEN DEN RASSISMUS

Papst Pius XI. antwortete später indirekt auf Edith Steins Brief, indem er die Enzyklika *Mit brennender Sorge* (1937) herausgab, in der er die Vertragsbrüche der Nationalsozialisten darstellte. Folgender Kernsatz wandte sich klar gegen den Nationalsozialismus: »Wer die Rasse, oder das Volk, oder den Staat, oder die Staatsform, die Träger der Staatsgewalt oder andere Grundwerte menschlicher Gemeinschaftsgestaltung – die innerhalb der irdischen Ordnung einen wesentlichen und ehrengebietenden Platz behaupten – aus dieser ihrer irdischen Wertskala herauslöst, sie zur höchsten Norm aller, auch der religiösen Werte macht und sie mit Götzenkult vergöttert, der verkehrt und fälscht die gottgeschaffene und gottbefohlene Ordnung der Dinge. Ein solcher ist weit vom wahren Gottesglauben und einer solchem Glauben entsprechenden Lebensauffassung entfernt.«[19] Diese Enzyklika sollte ein Warnschuß sein: »Nur ober-

---

[17] Repgen, a.a.O., ESJ 2004, 47.
[18] Senninger, Gerhard, *Glaubenszeugen oder Versager? Katholische Kirche und Nationalsozialismus. Fakten – Kritik – Würdigung*, St. Ottilien ²2005, 73ff.
[19] Repgen, ESJ 2004, 64.

flächliche Geister können der Irrlehre verfallen, von einem nationalen Gott, von einer nationalen Religion zu sprechen, können den Wahnversuch unternehmen, Gott, den Schöpfer der Welt, den König und Gesetzgeber aller Völker, vor dessen Größe die Nationen klein sind wie Tropfen im Wassereimer (Jes 40,15), in die Grenzen eines einzelnen Volkes, in die blutmäßige Enge einer einzelnen Rasse einkerkern zu wollen.«[20] Pacelli hatte mit diesen Sätzen den defensiveren Enzyklika-Entwurf von Kardinal Faulhaber (München) verschärft.[21]

Es gab verschiedene Versuche, die Irrtümer des Nationalsozialismus und des Kommunismus gemeinsam zu verurteilen. Es wurde aber 1936 zunächst beschlossen, dafür eine ruhigere kirchenpolitische Situation abzuwarten; dann aber vertagte man die Verurteilung des Rassismus auf unbestimmte Zeit.[22] Es folgte noch ein deutliches Schreiben der vatikanischen Kongregation der Seminarien und Studien vom 13.4.1938 an die katholischen akademischen Einrichtungen im Auftrag von Pius XI. Er forderte sie unmißverständlich auf, die Thesen des Rassismus zurückzuweisen.[23] Das Datum der Veröffentlichung war bewußt gewählt: Es fiel auf den Besuch Hitlers in Rom. Pius XI. starb jedoch, bevor er eine noch gezieltere Verlautbarung gegen den Judenhaß herausgeben konnte. Mit dieser sogenannten »verborgenen Enzyklika« (*Humani Generis Unitas/Societatis Unio, Die Einheit des Menschengeschlechts*)[24] hatte der Papst, der bereits klare Vorstellungen über den Inhalt hatte, den Jesuiten John LaFarge am 22.6.1938 mündlich in einer Privataudienz beauf-

---

[20] Zitiert nach Schwarte, Johannes, »*Die katholische Kirche und der Rassismus der Nationalsozialisten – konkretisiert am Enzyklika-Projekt Pius' XI. gegen den Rassismus*«, ESJ 2004, 69–98, hier 78.

[21] ESJ 2004, 78. Eugenio Pacelli war der geistige Urheber der Enzyklika *Mit brennender Sorge*, wie man an seiner Handschrift im Original erkennen kann. Außerdem prägte er zusammen mit Pius XI. 1938 den Ausdruck, Christen seien »im geistigen Sinne Semiten«.

[22] Schwarte, ESJ 2004, 76. Allein eine Verurteilung gegen den Kommunismus wurde am 19.3.1937 mit der Enzyklika *Divini redemptoris* herausgegeben, kurz nach dem milden »Rundumschlag« *Mit brennender Sorge* am 14.3.1937, der nicht die zunächst geplante gezielte Verurteilung von Hitlers »Mein Kampf« und dem Rassismus enthielt.

[23] Congar, Yves, *Die katholische Kirche und die Rassenfrage*, Recklinghausen 1961, 65.

[24] *Wider den Rassismus. Entwurf einer nicht erschienenen Enzyklika (1938). Text aus dem Nachlaß von Gustav Gundlach SJ*, hrsg., eingel. u. komm. von Anton Rauscher, Paderborn 2001, 67–167.

tragt.²⁵ LaFarge fühlte sich überfordert, zog den Jesuitengeneral Wladimir Leóchowski hinzu, dem er später auch den Entwurf zur Enzyklika übergab, statt ihn direkt zum Papst zu bringen. Damit ist Leóchowski letztlich dafür verantwortlich, daß die Enzyklika durch seine Verzögerungstaktik nicht veröffentlicht wurde.²⁶ Als Pole sah er eine stärkere Gefahr im Kommunismus und wollte die antikommunistische Haltung Deutschlands nicht geschwächt wissen durch eine scharfe Kritik am Nationalsozialismus. Erst im Januar 1939, einen Monat vor seinem Tod, erhielt der Papst den Entwurf, war aber zu krank, um die Enzyklika noch zu veröffentlichen.²⁷

DER NEUE PAPST PIUS XII. UND SEIN EINSATZ GEGEN DIE JUDEN-
VERFOLGUNG

Papst Pius XI. hatte Eugenio Pacelli (geb. 1876, Papst von 1939 bis 1958) gezielt als seinen Nachfolger vorbereitet. Pius XII. war sprachbegabt, intelligent, hochgewachsen und mit starkem Willen begabt. Durch seine Zeit als Nuntius in Deutschland hatte er den Nationalsozialismus bereits kennen- und fürchten gelernt. Schon kurz nach Kriegsausbruch wandte er sich in der Enzyklika *Summi pontificatus* (20.10.1939) gegen den Rassismus, den totalitären Herrschaftsanspruch von Diktaturen und gegen die Besetzung Polens, die er scharf und deutlich verurteilte, so daß von einer angeblichen Nazi-Freundlichkeit bei ihm keine Rede sein kann. Auf Anweisung des Papstes vom 19. Januar 1940 sendete Radio Vatikan am 21. Januar 1940: »Die Bedingungen des religiösen, politischen und wirtschaftlichen Lebens haben das edle polnische Volk, insbesondere in den von den Deutschen besetzten Gebieten, in einen Zustand von Terror, Abstumpfung und, wir möchten sogar sagen: von Barbarei versetzt [...] Die Deutschen benutzen dieselben Mittel und vielleicht noch schlimmere als die Sowjets.«²⁸

---
²⁵ Schwarte, ESJ 2004, 81.
²⁶ Schwarte, ESJ 2004, 82.
²⁷ ESJ 2004, 81f. Teile wurden aber von Papst Pius XII. in *Summi pontificatus* (20.10.1939) verwendet.
²⁸ Blet, Pierre, *Papst Pius XII. und der Zweite Weltkrieg. Aus den Akten des Vatikans*, Paderborn 2000, 74. Pius XII. bezog auch Stellung gegen die Euthanasie der Nationalsozialisten. *Dekret des Heiligen Offiziums*, 2. Dezember 1940; Acta Ap. Sedis, vol. XXXII (1940) 553–554.

In seinen Weihnachtsansprachen von 1941 und 1942 richtete sich Pius XII. deutlich gegen den Nationalsozialismus, ohne allerdings die Ideologie beim Namen zu nennen. Auf seine Weihnachtsansprache 1941 hin schrieb die New York Times: »Die Stimme von Pius XII. ist eine *einsame Stimme im Schweigen* und in der Dunkelheit, welche Europa an dieser Weihnacht umfangen. Er ist so ziemlich der einzige Regierende auf dem europäischen Kontinent, der es überhaupt wagt, seine Stimme zu erheben. […] Indem er eine ›wirklich neue Ordnung‹ forderte, stellte sich der Papst dem Hitlerismus in die Quere. Er ließ keinen Zweifel daran, daß die Ziele der Nazis mit seiner Auffassung vom Frieden Christi unvereinbar sind.«[29] Im Jahre 1942 sorgte er sich um die »Hunderttausende, die ohne eigenes Verschulden, bisweilen nur aufgrund ihrer Nationalität oder Rasse dem Tod oder fortschreitender Vernichtung preisgegeben sind«[30]. Aus seiner Sicht waren das klare Worte des Protestes, auch wenn er die jüdischen Opfer nicht deutlich beim Namen nannte.

Fünf Jahre nach dem Tod von Pius XII. schlug das ihm gegenüber bisher wohlwollende Geschichtsbild 1963 um, nicht durch historische Tatsachen oder Zeugenaussagen, sondern durch ein literarisches Drama: *Der Stellvertreter* von Rolf Hochhuth. Man warf Pius XII. nun Schweigen und sogar Mittäterschaft vor. Er habe aus Institutionen-Egoismus, aus Rücksicht auf päpstliche Finanzen und aus persönlicher Vorliebe für Deutschland geschwiegen. Ab 1964 kamen die haltlosen Vorwürfe des einseitigen Antibolschewismus und sogar des Antisemitismus hinzu. Dabei hatte Pius XII. viele Tausend Juden in den Kirchen, Klöstern und Häusern in und um Rom herum versteckt, ebenso wie in Castel Gandolfo.[31] Vor allem rettete er die Juden Roms und ihren Oberrabbiner Israel Zolli (1881–1956) durch eine Abgabe von Gold an den SS-Kommandanten, der verlangt hatte, daß die Juden innerhalb von 24 Stunden 50 kg Gold zusammentragen sollten. Nachdem sie nur 35 kg selbst aufbringen konnten, kam Israel Zolli zu Pius XII. mit der Bitte: »Das Neue Testament darf das Alte nicht im Stich lassen.« In wenigen Stunden war das Gold beisammen.[32] Israel Zolli ließ sich noch

---

[29] *New York Times*, 25.12.1941 (Spätausgabe), 24.
[30] *Discorsi e radiomessaggi di S.S. Pio XII*, Bd. 4, Città del Vaticano 1960.
[31] Vgl. dazu Dalin, Rabbi David G., *The myth of Hitler's Pope. How Pius XII. Rescued Jews from the Nazis*, Washington D. C. (Regnery / Gateway) 2005.
[32] Vgl. Zolli, Eugenio, *Der Rabbi von Rom. Die Autobiographie des Eugenio Zolli*, München 2005.

vor Ende des Zweiten Weltkriegs taufen und nahm aus Dankbarkeit für seine Rettung den Vornamen des Papstes an. Nach dem Einmarsch der Amerikaner sah Rabbi Zolli bei der Feier des Großen Versöhnungstages in der Synagoge mit den »Augen des Geistes« Jesus Christus und hörte die Worte: »Du bist heute zum letzten Mal hier. Von jetzt an wirst du mir nachfolgen!« Seine Frau Emma hatte zur selben Zeit Jesus neben ihrem Mann stehen sehen. Am 13. Februar 1945 wurden er und seine Frau getauft. Eugenio Zolli war bis zu seinem Tod bemüht, das Verhältnis zwischen Kirche und Synagoge zu verbessern, und gründete eine Gesellschaft für christlich gewordene Juden.

Eugenio Pacelli schrieb schon als Kardinalstaatssekretär im Mai 1934 an die Deutsche Reichsregierung: »Menschliche Norm ist undenkbar ohne Verankerung im Göttlichen. Diese Verankerung kann nicht liegen in einem gewillkürten ›Göttlichen‹ der Rasse, nicht in der Verabsolutierung der Nation. Ein solcher ›Gott‹ des Blutes und der Rasse wäre weiter nichts als das selbstgeschaffene Widerbild eigener Beschränktheit und Enge, eine Vergöttlichung kollektiven Stolzes, aber nicht das gläubige und demütige Anerkennen eines alles Geschöpfliche überragenden höchsten Seins, in dessen Vaterhand die ganze Menschheit geborgen ist als in ihrem Schöpfer, ihrem Erhalter und Lenker. Die von manchen Kreisen gepredigte Rückkehr zu einer ›Nationalreligion‹ wäre nicht nur ein ›Sündenfall‹ im übernatürlichen, sondern auch ein Rückfall im natürlichen kulturellen Sinn.«[33] Die Nationalsozialisten verstanden den Papst sehr wohl, wie der Deutsche Sicherheitsdienst formulierte: Der Papst führe »eine einzige Attacke gegen alles, für das wir einstehen. Der Papst sagt, daß Gott alle Völker und Rassen [als] gleichwertig ansieht. Hier spricht er deutlich zugunsten der Juden [...] Er beschuldigt das deutsche Volk, Ungerechtigkeiten gegenüber den Juden zu begehen, und macht sich zum Sprecher der jüdischen Kriegsverbrecher.«[34]

Auch von den verfolgten Juden wurde die Botschaft von Pius XII. seinerzeit deutlich verstanden: »Das Volk von Israel wird nie verges-

---

[33] Neuhäusler, Johannes, *Kreuz und Hakenkreuz. Der Kampf des Nationalsozialismus gegen die katholische Kirche und der kirchliche Widerstand*, München 1946, 28ff.
[34] Politisches Archiv des Auswärtigen Amtes, Inland I D/Kirche 17/9 (R 98833); Teil-Abdruck (mit falschem Datum) bei Rhodes, Anthony, *Der Papst und die Diktatoren*, Köln 1980 (engl. 1975), 233–235.

sen, was seine Heiligkeit für unsere unglücklichen Brüder und Schwestern in dieser höchst tragischen Stunde unserer Geschichte tut. Das ist ein lebendiges Zeugnis der göttlichen Vorsehung in dieser Welt«, schrieb Isaak HaLevi Herzog (1889–1959) am 28.2.1944.[35] Im Sinne der Juden entsandte Pius XII. seinen Nuntius in Berlin, Monsignore Cesare Orsenigo, am 21. Juni 1943 direkt zu Hitler. Orsenigo berichtete: »In allerhöchstem Auftrag bin ich vor einigen Tagen nach Berchtesgaden geflogen. Ich wurde vom Führer und Kanzler Hitler empfangen, aber sobald ich das Thema Juden und Judentum [...] angeschnitten hatte, drehte sich Hitler ab, ging ans Fenster und trommelte mit den Fingern gegen die Scheibe. Sie können sich vorstellen, wie peinlich es mir war, im Rücken meines Gesprächspartners mein Vorhaben vorzutragen. Ich tat es trotzdem. Dann drehte sich plötzlich Hitler um, ging an einen Tisch, wo ein Glas Wasser stand, faßte es und schleuderte es wütend auf den Boden. Mit dieser hochdiplomatischen [...] Geste durfte ich meine Mission als beendet und gleichzeitig leider als abgelehnt betrachten.«[36]

Pius XII. befürchtete, daß eine offenere Verurteilung eine noch stärkere Juden- und Kirchenverfolgung nach sich ziehen würde. Und tatsächlich hatte sich Hitler in einer Rede im Reichstag (30.1.1939) schon gegen jegliche Kritik aus dem Ausland immunisiert: »Es scheint im Ausland in gewissen Kreisen die Meinung zu bestehen, daß die besonders laute Bekundung einer Sympathie für Elemente, die in Deutschland mit dem Gesetze in Konflikt geraten sind, eine Erleichterung ihrer Situation mit sich bringen könnte. Vielleicht hat man die Hoffnung, durch gewisse publizistische Methoden auf die deutsche Staatsführung in diesem Sinne einen terroristischen Einfluß ausüben zu können. Die Meinung beruht auf einem kapitalen Irrtum: In der Unterstützung gewisser gegen den Staat gerichteter Unternehmen durch das Ausland ersehen wir die letzte Bestätigung ihres hochverräterischen Charakters! [...] Diese Unterstützung scheint also nur für jene bestimmt zu sein, die das Deutsche Reich

---

[35] Großrabbiner Irlands, ab 1937 Hauptrabbiner in Palästina, dann Israel. Actes et documents du Saint-Siège relatifs à la seconde Guerre Mondiale, Bd. X, 292.
[36] Erklärung Msgr. Orsenigos gegenüber Professor Edoardo Senatra wenige Tage nach der Intervention. Die Erklärung wurde wiedergegeben im *Petrus-Blatt*, dem Organ der Diözese Berlin, vom 7. April 1963, dort mit dem offensichtlich falschen Datum November 1943 (zu der Zeit war Hitler auf der Wolfsschanze und nicht in Berchtesgaden). http://www.catholicculture.org/library/view.cfm?recnum=1438 nennt den 21. Juni 1943.

zu zerstören beabsichtigen. Wir werden aus diesem Grund in ihr in jedem einzelnen Fall nur einen zwingenden Anlaß zu einer Verschärfung unserer Maßnahmen sehen.«[37]

EDITH STEINS JÜDISCHE WURZELN – OPFER UND SELBSTOPFER

Edith Stein erlebte 1933 die Ausgrenzung aus dem Berufsleben durch die rassistischen Gesetze des Nationalsozialismus trotz des allgemein sich düster anbahnenden Unheils erstaunlicherweise als eine Befreiung hin zu ihrer eigentlichen Berufung. Denn nun konnte auch ihr geistlicher Berater keine Einwände mehr gegen ihren Klostereintritt haben. Gründlich setzte sich Edith Stein im Kloster mit den biblisch-jüdischen Wurzeln des Karmel-Ordens auseinander.[38] Angeregt durch ihre eigene jüdische Herkunft erwuchs ihr eine neue Verbundenheit mit dem Glauben und der Tradition ihrer Vorfahren aufgrund ihrer engen Volks-Verwandtschaft mit Jesus. Gleichzeitig war sie sich aber auch der Nähe zu Jesu Kreuz bewußt, so daß sie den Ordensnamen Teresia Benedicta a Cruce – die vom Kreuz Gesegnete – annahm: »Unter dem Kreuz verstand ich das Schicksal des Volkes Gottes, das sich schon damals anzukündigen begann. Ich dachte, die es verstünden, daß es das Kreuz Christi sei, die müßten es im Namen aller auf sich nehmen. Gewiß weiß ich heute mehr davon, was es heißt, dem Herrn im Zeichen des Kreuzes vermählt zu sein. Begreifen freilich wird man es niemals, weil es ein Geheimnis ist.«[39] Einstehen wollte sie zunächst im Gebet, später mit ihrem Leben für ihre bedrohte jüdische Familie, für das jüdische und das deutsche Volk, wie sie es in ihrem Testament bezeugt: Sie sei zu jeder Art von Tod bereit und bat den Herrn, daß er ihr Leben und Sterben annehme, u. a. auch »zur Sühne für den Unglauben des jüdischen Volkes und damit der Herr von den Seinen aufgenommen werde und Sein Reich komme in Herrlichkeit«[40].

---

[37] Rede vor dem Reichstag am 30.1.1939.
[38] »*Über Geschichte und Geist des Karmel*«, in: ESGA 19, Freiburg 2009, 127–140. In ihrem Aufsatz von 1936 »*Das Gebet der Kirche*« zeigte sie die jüdischen Wurzeln der christlichen Liturgie auf, ESGA 19, 44–58.
[39] ESGA 3, Br. 580 (9.12.1938).
[40] »Schon jetzt nehme ich den Tod, den Gott mir zugedacht hat, in vollkommener Unterwerfung unter Seinen heiligsten Willen mit Freuden entgegen. Ich bitte den

Eine besondere Bedeutung hatte es für sie – und für ihre Mutter –, daß sie am jüdischen Versöhnungstag (12.10.1891) geboren worden war. Im Alten Testament, zur Zeit des Tempels, hatte an diesem Tag der Hohepriester alle Sünden des Volkes zwei Schafsböcken aufgebürdet, von denen der eine als Sündopfer für Gott geschlachtet wurde. Dem anderen sogenannten »Sündenbock« wurden per Handauflegung alle Sünden des Volkes übertragen, worauf er in die Wüste gejagt wurde, um dort zu sterben; beide sollten mit ihrem Leben die Sünden des jüdischen Volkes entschulden (Lev 16,8–22). Edith Stein fühlte sich als solch eine Stellvertreterin berufen: Wie der Schafsbock, der (zu biblischer Zeit) für die Sünden des jüdischen Volkes an Jom Kippur in die Wüste zum Sterben geschickt wurde, wollte sie ihr Volk mit Gott versöhnen. Sie nannte sich auch eine »arme kleine Esther«, die beim König (das ist für Edith Stein Jesus) für ihr Volk eintreten will.[41]

Als die Verfolgungen der Juden sich verschärften, wurde sich Edith Stein der Gefahr bewußt, die ihre Anwesenheit als Jüdin für den Konvent in Köln darstellte. Sie bat um Versetzung und floh Ende 1938 nach der Reichspogromnacht über die holländische Grenze ins Karmel-Kloster Echt. Als dann die deutsche Wehrmacht im Mai 1940 auch die Niederlande besetzte, hatte Edith Stein um Aufnahme für sich und ihre Schwester Rosa, die inzwischen ebenfalls in Echt lebte, in einem Schweizer Karmel gebeten; die Erlaubnis traf allerdings erst nach ihrem Tod ein.[42] Auf eine öffentliche Erklärung der katholischen Bischöfe Hollands am 26.7.1942 gegen die Judenverfolgung hin wurden 40 000 Juden, darunter wohl ca. 700 Katholiken jüdischer Abstammung, in einem Vergeltungsakt Anfang August 1942 von der Gestapo abgeholt, so auch Edith und Rosa Stein.[43]

Herrn, daß Er mein Leben und Sterben annehmen möchte zu Seiner Ehre und Verherrlichung, für alle Anliegen der heiligsten Herzen Jesu und Mariae und der Heiligen Kirche, insbesondere für die Erhaltung, Heiligung und Vollendung unseres heiligen Ordens, namentlich des Kölner und des Echter Karmel, zur Sühne für den Unglauben des jüdischen Volkes und damit der Herr von den Seinen aufgenommen werde und Sein Reich komme in Herrlichkeit, für die Rettung Deutschlands und den Frieden der Welt, schließlich für meine Angehörigen, Lebende und Tote, und alle, die mir Gott gegeben hat: daß keines von ihnen verloren gehe.« 9.6.1939, in: ESGA 1, 375.
[41] ESGA 3, Br. 573 an Petra Brüning (31.10.1938).
[42] Vgl. ESGA 3, Br. 760, 763, 776.
[43] Müller, Andreas Uwe / Neyer, Maria Amata, *Edith Stein. Das Leben einer ungewöhnlichen Frau*, Düsseldorf 1998, 274f.

Die von Edith Stein überlieferten Worte an ihre Schwester Rosa »Komm, wir gehen für unser Volk« sind eine Zustimmung zur Entscheidung der katholischen Bischöfe unter der Leitung von Kardinal Jan de Jong. Aus dem Lager Westerbork berichtete ein jüdischer Mitarbeiter, daß er Edith Stein am 7.8. fragte, ob er irgend etwas zu ihrer Rettung unternehmen solle.»Tun Sie das nicht, warum soll ich eine Ausnahme erfahren. Ist dies nicht gerade Gerechtigkeit, daß ich keinen Vorteil aus meiner Taufe ziehen kann? Wenn ich nicht das Los meiner Schwestern und Brüder teilen darf, ist mein Leben wie zerstört.«[44] Am 9.8.1942 wurde sie in Auschwitz-Birkenau vergast.

Papst Pius XII. und die politischen Umstände des Todes von Edith Stein

Der nähere Hintergrund von Edith Steins Schicksal beleuchtet beispielhaft den Druck, unter dem die Kirchenverantwortlichen standen: Sollten sie schweigen und im verborgenen helfen, oder sollten sie besser den Nationalsozialismus öffentlich verurteilen und damit möglicherweise noch härtere Maßnahmen gegen die Juden und die Kirche riskieren?

Im Juli 1942 erfuhren die Bischöfe in Holland von der bevorstehenden Massendeportation von Juden. Sie machten eine telegraphische Eingabe an Arthur Seyß-Inquart, den früheren Bundeskanzler von Österreich, dann Reichskommissar für die besetzten Niederlande, der nicht antwortete. Als nun die Kirchen in einem Hirtenbrief dieses unbeantwortete Telegramm verlesen und die Christen über die Vorgänge der Judendeportation informieren wollten, meldete sich die Besatzungsmacht. Man versprach, daß alle getauften Juden verschont bleiben würden, wenn sich die Kirchen ruhig verhielten. Die Protestanten zogen daraufhin ihr Hirtenwort zurück, und den protestantischen Juden geschah vorerst nichts. Die katholische Bischofskonferenz unter Bischof de Jong entschied anders. Sie verfolgte ihren Plan weiter, ließ ihr Hirtenwort am 26. Juli 1942 verlesen, woraufhin – genau wie geplant – 40 000 Juden abtransportiert wurden, darunter zuallererst die Katholiken jüdischer Abstam-

---

[44] Herbstrith, Waltraud, *Das wahre Gesicht Edith Steins*, Aschaffenburg 6. Aufl. 1987 (Orig. 1971), 174f. Bericht von Herrn Wielek, in: *De Tijd*, 1952.

mung: Familien und Ordensleute, so auch Edith Stein und ihre Schwester Rosa. Seyß-Inquart bezeichnete die Deportation von Katholiken jüdischer Abstammung in einer Stellungnahme vom 3. August als »Gegenmaßnahme gegen den Hirtenbrief vom 26. Juli«[45]. »Wenn die holländischen Bischöfe sich so für die Juden einsetzen, dann müssen wir annehmen, daß die katholischen Juden die schlimmsten sind. Deshalb haben wir uns entschlossen, zuerst die katholischen Juden zu verhaften.«[46] Auf diesem Hintergrund wird auch die Reaktion von Papst Pius XII. verständlicher. Er hatte nach der mißglückten Intervention von Nuntius Orsenigo noch einen Anlauf genommen und eine neue, schärfere Enzyklika gegen den Rassismus aufgesetzt. Pascalina Lehnert, seine Haushälterin, berichtet, er habe davon abgelassen, als er von Edith Steins Schicksal erfuhr, deren »Lebensweg Pius XII. mit starker Anteilnahme verfolgt hatte«[47], und dem der anderen holländischen Juden: »Man brachte die Morgenzeitungen in das Arbeitszimmer des Heiligen Vaters, der sich anschickte, zu den Audienzen zu gehen. Er las nur die Überschrift und wurde kreidebleich. Zurückgekehrt von den Audienzen [...] kam der Heilige Vater [...] mit zwei großen engbeschriebenen Bogen in der Hand in die Küche, wo die einzige Möglichkeit war, am offenen Feuer etwas zu verbrennen, und sagte: ›Ich möchte diese Bogen verbrennen, es ist mein Protest gegen die grauenhafte Judenverfolgung. Heute abend sollte er im Osservatore Romano erscheinen. Aber wenn der Brief der holländischen Bischöfe 40 000 Menschenleben kostete, so würde mein Protest vielleicht 200 000 kosten. Das darf und kann ich nicht verantworten. So ist es besser, in der Öffentlichkeit zu schweigen und für diese armen Menschen, wie bisher, in der Stille alles zu tun, was menschenmöglich ist.‹ – ›Heiliger Vater‹, erlaubte ich mir einzuwenden, ›ist es nicht schade zu verbrennen, was Sie hier vorbereitet haben? Man könnte es vielleicht einmal brauchen.‹ – ›Auch ich habe daran gedacht‹, antwortete Pius XII., ›aber wenn man [...] auch hier eindringt und diese Blätter findet – und mein Protest hat einen

---

[45] Schmid, Johanna, *Papst Pius XII. begegnen*, Augsburg 2001, 96.
[46] Wortlaut der entscheidenden Sondersitzung der engsten Mitarbeiter des Reichskommissars und dessen Geheimbefehl vom 31.7.1942, in: Senninger, 182. Schlafke, Jakob, *Kirche und Judenverfolgung*, Offertenzeitung, Verlag Josef Kral, Abensberg 7/1980.
[47] Lehnert, Pascalina, *Ich durfte ihm dienen*, Würzburg (2) 1983, 132. (Orig. 1982).

viel schärferen Ton als der holländische –, was wird dann aus den Katholiken und Juden im deutschen Machtbereich? Nein, es ist besser, ihn zu vernichten‹. – Der Heilige Vater wartete, bis die beiden großen Bogen vollständig verbrannt waren, und verließ erst dann die Küche.«[48] Die Bischöfe standen in einem dramatischen Konflikt. Prangerten sie die Judenverfolgung laut an – wie die holländischen Bischöfe –, konnten sie die ihnen als Hirten anvertrauten getauften Juden nicht schützen. Der Papst ließ den Bischöfen freie Hand zu Hirtenbriefen und anderen öffentlichen Kundgebungen, neigte aber selbst zur Zurückhaltung,»um Schlimmeres zu verhindern« (*ad maiora mala vitanda*), wie er sich ausdrückte:»Hier liegt einer der Gründe, warum Wir selber Uns in Unseren Kundgebungen Beschränkung auferlegen; die Erfahrung, die Wir im Jahre 1942 mit päpstlichen, von Uns aus für die Weitergabe an die Gläubigen freigestellten Schriftstücken[49] gemacht haben, rechtfertigt, soweit Wir sehen, Unsere Haltung.«[50] Pius XII. ermutigte die Bischöfe in Deutschland, sich nicht als Vaterlandsverräter zu fühlen, wenn sie für die Juden einstanden, und nannte den Berliner Prälaten Bernhard Lichtenberg als leuchtendes Beispiel, der zu jener Zeit im KZ Dachau war und 1996 seliggeprochen wurde.[51] Der Papst wandte sich also deutlich gegen die von der deutschen Bischofskonferenz verfolgte Strategie der Be-

---

[48] Lehnert, 132f.
[49] Pius XII. meinte hiermit den Protest der niederländischen Bischöfe, die ihrerseits in dem Protestschreiben selbst bekundet hatten, auf Weisung des Papstes zu handeln. Ein Protestschreiben solcher Tragweite hätte (seinerzeit wie heute) nicht ohne Billigung des Papstes veröffentlicht werden dürfen.
[50] »Den an Ort und Stelle tätigen Oberhirten überlassen Wir es, abzuwägen, ob und bis zu welchem Grade die Gefahr von Vergeltungsmaßnahmen und Druckmitteln im Falle bischöflicher Kundgebungen sowie andere vielleicht durch die Länge und Psychologie des Krieges verursachten Umstände es ratsam erscheinen lassen, trotz der angeführten Beweggründe, um Schlimmeres zu verhindern (*ad maiora mala vitanda*), Zurückhaltung zu üben.« Brief Pius' XII. vom 30. April 1943 an den Berliner Bischof Graf von Preysing, in: Schneider, Burkhart / Blet, Pierre / Martini, Angelo, *Die Briefe Pius' XII. an die deutschen Bischöfe 1939–1944*, Mainz 1966, Nr. 105.
[51] Ebd.: »Jenes mutvolle Eintreten für Recht und Menschlichkeit stellt euer Vaterland nicht bloß, wird euch und ihm vielmehr in der Weltöffentlichkeit Achtung schaffen […] Es hat Uns, um ein naheliegendes Beispiel zu nehmen, getröstet zu hören, daß die Katholiken, gerade auch die Berliner Katholiken, den sogenannten Nichtariern in ihrer Bedrängnis viel Liebe entgegengebracht haben, und Wir sagen in diesem Zusammenhang ein besonderes Wort väterlicher Anerkennung wie innigen Mitgefühls dem in Gefangenschaft befindlichen Prälaten Lichtenberg.«

schwichtigung und Nichtkonfrontation; dies galt vor allem für den Vorsitzenden Kardinal Bertram, den Erzbischof von Breslau.[52] Insgesamt war Pius XII. sanfterer Natur als Pius XI. und wollte niemanden beleidigen. Verteidiger von Pius XII. glauben, daß auch ein schärferer Protest die nationalsozialistische Vernichtung nicht aufgehalten hätte; er hatte ja nicht einmal seine eigenen Priester und Ordensleute retten können.[53] Die Kritiker von Pius XII. meinen, ein schärferer Protest hätte den Holocaust abgeschwächt oder sogar abgewendet, was vor allem auch im Hinblick auf Edith Steins Schicksal unwahrscheinlich klingt. Wenn man nicht allein in bezug auf mögliche Folgen argumentieren möchte, kann man allerdings sagen, daß es zur moralischen Glaubwürdigkeit der Katholiken beigetragen und den Widerstand ermutigt hätte, wenn Papst Pius XII. noch deutlicher die Judenverfolgung beim Namen genannt hätte, wie es auch Edith Stein von seinem Vorgänger gefordert hatte.

TOCHTER ISRAELS UND DES KARMEL – DIE PROPHETISCHE BEDEUTUNG DES JUDENTUMS

Johannes Paul II. war der erste Papst, der eine jüdische Synagoge betrat (1986) und die Juden unsere »älteren Brüder« nannte: »Die jüdische Religion liegt nicht ›außerhalb‹ von uns, sondern in gewisser Weise ›innerhalb‹ unserer eigenen Religion. Mit dem Judentum haben wir eine Beziehung, wie wir sie mit keiner anderen Religion haben. Ihr seid unsere innig geliebten Brüder, und in gewisser Weise könnte gesagt werden, daß ihr unsere älteren Brüder seid.«[54] In diesem neuen und vertieften Verständnis des Judentums bezeichnete Johannes Paul II. Edith Stein bei ihrer Heiligsprechung bewußt zugleich als »Tochter Israels und Tochter des Karmel«. Sie bleibt – auch aus christlicher Perspektive – Tochter Israels, auch wenn sie gleichzeitig auf den Namen Jesu getauft und durch Jesus erlöst ist

---

[52] Leugers, Antonia, *Gegen eine Mauer bischöflichen Schweigens. Der Ausschuß für Ordensangelegenheiten und seine Widerstandskonzeption 1941–1945*, Frankfurt a. M. 1996.
[53] Vgl. dazu Kühlwein, Klaus, *Warum der Papst schwieg. Pius XII. und der Holocaust*. Patmos-Verlag, Düsseldorf 2008; Hesemann, Michael, *Der Papst, der Hitler trotzte – Die Wahrheit über Pius XII.*, Augsburg 2008.
[54] *Information Service*, Sekretariat zur Förderung Christlicher Einheit, 60/I–II (1986), 27.

und als Tochter des Karmel gelebt hat. Durch Edith Stein und mit ihr können wir daher auf eine neue Art und Weise dem Judentum begegnen und seine prophetische Rolle neu entdecken, auf die im 20. Jh. vor allem evangelikale, pfingstliche und charismatische Bewegungen hingewiesen haben. Heute gilt es nun, durch die Begegnung mit dem Judentum die volle Bedeutung, daß Jesus als Mensch Jude war, tiefer zu verstehen.

Ein zweiter Punkt, an dem Christen durch die Begegnung mit Juden geistlich wachsen können, ist neben der eigenen Spiritualität auch eine zunächst unvermutete Möglichkeit für die Ökumene innerhalb des Leibes Christi. Wenn man sich nämlich theologisch bewußt mit der ersten Spaltung überhaupt auseinandersetzt, nämlich der zwischen Judenchristen und Heidenchristen, könnte es möglich werden, den Weg zurück zur Einheit unter den Christen zu finden – so die These von Peter Hocken[55]: Diese früheste und ursprüngliche Spaltung von Kirche und Synagoge hatte zur Folge, daß das »Judenchristentum« absterben mußte, also jene Form des Christseins, in der die jüdischen Feste weitergefeiert und jüdische Riten beachtet wurden, aber zugleich Jesus als Messias anerkannt wurde. Endgültig besiegelt wurde die Trennung nach der Zerstörung des Tempels in Jerusalem 70 n. Chr. und deutlich nach der Weigerung der Christen, zusammen mit den Juden den Aufstand von Bar Kochba 135 n. Chr. durchzustehen. Die Juden fühlten sich zu Recht im Stich gelassen. Die Kirchenväter begannen dann mit unmäßiger Polemisierung gegen die Juden, und nach der Konstantinischen Wende wurden Juden im sozialen Leben deutlich benachteiligt.[56] Die eigentlich gewaltsamen Verfolgungen begannen aber erst im zweiten Jahrtausend und reichten von den durch die Zünfte verfügten Einschränkungen auf den Beruf des Geldverleihers bis hin zu den Übergriffen gegen Juden während der Kreuzzüge. Leider wurden antijüdische Kampagnen sogar von den Erneuerungsbewegungen der Bettelmönche angeführt; dazu gehörten auch Zwangsbekehrungen und Vertreibungen. All diese Verbrechen gegen Juden[57] wurden nicht nur in West-

---

[55] Hocken, Peter, *Die Strategie des Heiligen Geistes?*, Ravensburg 1996, 251.
[56] Vgl. dazu *Kirche und Synagoge. Handbuch zur Geschichte von Christentum und Judentum. Darstellung mit Quellen*, hg. v. Karl-Heinrich Ringstorff und Siegfried von Kortzfleisch, Stuttgart 1988.
[57] Es gab natürlich immer auch Verteidiger des Judentums, allerdings wenige wie Bernhard von Clairvaux (1090–1153).

europa begangen, sondern auch von der orthodoxen Kirche. Ausfälligkeiten Martin Luthers prägten zudem die antijudaistische Haltung vieler Protestanten.

Hintergründe für den Judenhass und Chancen für die Ökumene der Christen

Wie konnte es zu diesen Verbrechen gegen die Juden kommen? Eigentlich war die Trennung von Juden und Nicht-Juden (Heiden) aufgehoben (Eph 2,15, Eph 3,6, Röm 11,17–24); durch den Tod Jesu Christi sind beide Seiten versöhnt. In Gal 3,28 heißt es: »Es gibt weder Juden noch Heiden [...]. Eins sind wir durch die Taufe in Christus.« Die Hauptsünde der Christen gegenüber den Juden war aber immer der Neid darauf, daß das Volk Israel ein auserwähltes Volk sei. Die Christen machten sich letztlich einer »Rebellion gegen Gottes besondere Liebe für Israel« schuldig.[58]

Aus dieser eifersüchtigen Haltung heraus suchte man nach Gründen für die Rechtfertigung der Verbrechen gegen die Juden. Man war bald jener Überzeugung, die glücklicherweise nie offiziell als Glaubenssatz formuliert wurde, aber dennoch negativ prägend wirkte: Daß nämlich die Kirche den Platz Israels in Gottes Plan übernommen habe und Israel verworfen und damit seiner besonderen Stellung bei Gott enthoben und durch die Kirche *ersetzt* worden sei. Interessanterweise war genau diese Lehre – die sogenannte Substitutionslehre – auch die Voraussetzung für die theologischen Rechtfertigungen aller weiteren Abspaltungen innerhalb der Kirche: Auch die Reformatoren und weitere Kirchengründer fühlten sich im Recht als die neue und reine Glaubensgemeinschaft, die die alte von Gott verworfene historische Kirche (orthodoxe, katholische, lutherische usw.) *ersetze*.[59]

Daher könnte es unter den christlichen Konfessionen einen förderlichen Effekt für die Ökumene haben, wenn Katholiken und Orthodoxe beginnen würden, sich mit dieser frühen Trennung von den Judenchristen zu beschäftigen und dafür vor Gott Buße zu tun. Erst dann können die anderen Abspaltungen im Leib Christi in den Blick genommen werden. Peter Hocken sieht die Buße wegen der

---

[58] Hocken, 255.
[59] Vgl. Lovsky, Fadiey, »*Christlicher Antisemitismus« und moderner Rassismus*, Bielefeld 1952.

Sünden gegen das jüdische Volk eng mit einem Fortschritt in der Ökumene verbunden: Erst wenn wir uns unserer Schuld gegenüber dem Judentum stellen, werden uns die Sünden gegen die Einheit der Kirche bewußter.⁶⁰ Im Zweiten Vatikanischen Konzil wurde dazu ein erster Schritt getan. Die »Erklärung über die Juden« hatte eine bewegte Geschichte, bevor sie in die Erklärung zu den nichtchristlichen Religionen (*Nostra Aetate*) eingefügt wurde. Papst Johannes XXIII. wollte antijudaistische Haltungen ein für allemal aus christlichen Riten, Predigten und Denkweisen entfernen.⁶¹ Gegendruck wurde aber von den arabischen Staaten ausgeübt, der Nahostkonflikt wirkte auch auf das Vatikanische Konzil ein.⁶² Dennoch wurde in *Nostra Aetate* festgehalten, die Juden seien »immer noch von Gott geliebt um der Väter willen«; die Gnadengaben Gottes und seine Berufung seien unwiderruflich. Man könne weder allen damals lebenden noch den heutigen Juden den Tod Jesu anlasten. Juden dürften nicht als von Gott verworfen oder verflucht angesehen werden, auch wenn die Kirche das neue Volk Gottes sei. Alle Haßausbrüche und jeglicher Antisemitismus seien zu beklagen.⁶³ Einen weiteren Schritt der Annäherung unternahm Johannes Paul II., der als Oberhaupt der Kirche im Heiligen Jahr 2000 für die an den Juden von Kirchenmitgliedern begangenen Sünden Buße tat (12.3.2000, *Erinnern und Versöhnen*).

Das Verhältnis zwischen dem »Ölbaum« und seinen »Zweigen«

Wie wenig Überheblichkeit von Christen gegenüber Juden am Platz ist, lehrte schon Paulus.⁶⁴ Die Juden gelten als »der Ölbaum Israel«, in den die Heiden – also alle Nicht-Juden – als »die wilden Zweige« eingepfropft wurden (Röm 11,17). Paulus schrieb weiter, Gott habe

---

⁶⁰ Hocken, 255.
⁶¹ Er bekam Unterstützung von Kardinal Augustin Bea SJ und Prälat Johannes Österreicher, einem getauften Juden, sowie auf jüdischer Seite von Jules Isaac und Nahum Goldmann.
⁶² Vgl. Riegner, Gerhart M., *Niemals verzweifeln. Sechzig Jahre für das jüdische Volk und die Menschenrechte*, Gerlingen 2001, 344ff.
⁶³ Nostra Aetate, 4. Artikel, in: *Kleines Konzilskompendium*, hg. von Karl Rahner und Herbert Vorgrimler, Freiburg 1971, 357–359.
⁶⁴ Vgl. dazu Gerloff, Johannes, *Verflucht und von Christus getrennt. Israel und die Heidenvölker. Eine Studie zu Röm 9–11*, Stuttgart 2007.

Israel nicht verstoßen, sondern es gebe hinsichtlich der Juden ein »Geheimnis Gottes«, damit wir uns »nicht auf eigene Einsicht verlassen« (Röm 11,25): »Verstockung liegt auf einem Teil Israels, *bis die Heiden in voller Zahl das Heil erlangt haben*[65]; dann wird ganz Israel gerettet werden« (Röm 11,25–26). Dieses Wort wurde in der Theologiegeschichte ebensowenig beachtet wie die Anweisungen, wie man sich gegenüber Israel trotz dieser geheimnisvollen zeitweiligen Verstockung verhalten solle: »So erhebe dich nicht über die anderen Zweige« (Röm 11,18) und »sei daher nicht überheblich, sondern fürchte dich!« (Röm 11, 20). Das Volk Israel, das er »mit ewiger Liebe [...] geliebt« hat (Jer 31,3), wird von Gott also weiterhin »wie sein Augenstern« gehütet (Dtn 32,10). Kardinal Lustiger brachte es auf den Punkt: Wer sich gegen Juden versündige, versündige sich gegen Gott.[66]

In der Eucharistie-Feier zur Heiligsprechung Edith Steins wurde Jesu Gespräch mit der Samariterin zitiert, in der Jesus die Universalität des Glaubens jenseits von Nationalität und Örtlichkeit anspricht: »Jesus sprach zu ihr: Glaube mir, Frau, die Stunde kommt, zu der ihr weder auf diesem Berg noch in Jerusalem den Vater anbeten werdet. Ihr betet an, was ihr nicht kennt, wir beten an, was wir kennen; denn *das Heil kommt von den Juden*. Aber die Stunde kommt, und sie ist schon da, zu der die wahren Beter den Vater anbeten werden *im Geist und in der Wahrheit*; denn so will der Vater angebetet werden. Gott ist Geist, und alle, die ihn anbeten, müssen ihn im Geist und in der Wahrheit anbeten« (Joh 4,21–24).

Das Heil, das von den Juden kommt, bleibt bestehen, es wird allerdings die Form der Anbetung »im Geist und in der Wahrheit« annehmen. Diese neue Form der Nachfolge »im Heiligen Geist« ersetzt nicht das leiblich-historisch Gewachsene, weder das Judentum noch die alten Kirchen. Sondern in dieser Nachfolge »im Geist und in der Wahrheit« hat jeweils beides seinen Platz: leiblich-historisch Gewachsenes und pfingstlich Neuaufgebrochenes, Juden- und Heidenchristen, sozial Schwache (Sklaven) und Reiche (Freie), Getaufte der alten Kirchen und der neuen Bewegungen, Priester und Laien und nicht zuletzt Mann und Frau.

[65] Herf. d. Verf.
[66] Himmelbauer, Markus, *Ein neuer Geist in Kirche und Gesellschaft 2005. Die internationale Tagung »Katholische Kirche und Judentum – 40 Jahre Konzilserklärung Nostra Aetate«*, Wien, www.jcrelations.net/de/?item=2588 (28.10.2009).

HERGARD SCHWARTE

Adolf Donders

Horcht man in das offizielle Münster, so scheint Donders fast schon vergessen. Begreiflicherweise! Seine Art gehört der Vergangenheit an. Seine Größe liegt in der repräsentativen Darstellung einer von tiefer Tragik überschatteten Übergangszeit ... Wir haben andere Aufgaben anzugehen und zu lösen. Mit diesen Worten faßt im Jahre 1950 sein ehemaliger Kollege Theoderich Kampmann die Erinnerung an Adolf Donders zusammen, als er die ein Jahr zuvor erschienene erste und einzige Biographie des Münsterischen Dompropstes rezensiert. Auffälligerweise fügt er noch einen anderen Eindruck hinzu:
Sitzt man nämlich in irgendeinem der lieben, mühsam sich wieder zurechtfindenden Münsteraner Bürgerhäuser und kommt ins Gespräch mit seinen ... Menschen, so ist die Rede schnell bei Donders: was er gesagt, wie er sich gehalten, auf welche Art er mit seinen Leuten gelebt und geduldet, gekämpft und gelitten habe. Und gar nicht so selten weist das Gespräch auch auf das eigentliche Geheimnis des ›guten Dompropstes‹: wie er das Buch der Bücher über alles geliebt, wie er immerzu aus ihm geschöpft und gelehrt und gelebt habe ... Bibel und Eucharistie, sagen seine Leute, seien die einzigen Kraftquellen ihres Dompropstes gewesen. Und damit werden sie recht haben. Nein, vergessen dürfen wir Adolf Donders nicht.
Und doch scheint es heute so, als sei er sehr schnell vergessen worden. Nur einige kleinere Studien und Zeitungsaufsätze wurden zwischen 1950 und 1985 verfaßt, in denen Donders erwähnt wird. Das verzeichnet das Biographisch-Bibliographische Kirchen-Lexikon. Eine umfassende wissenschaftliche Würdigung hat Adolf Donders bis heute nicht erfahren.
Der Rat der Stadt Münster ehrte ihn 1952 mit dem Straßennamen *Donders-Ring*. Die Straße verbindet die Weseler Straße mit der Geiststraße. Die studentische Verbindung *UV Burgundia* benannte ein Wohnheim für Studenten nach ihm. Das sind seine rein äußerlichen Spuren in der Stadt Münster.

Sucht man in den vorhandenen schriftlichen Quellen nach Informationen über sein Leben, dann tritt seine Lebensleistung in eindrucksvoller Weise hervor, zugleich das Bild eines großen Predigers und Theologen, einer der führenden Persönlichkeiten des deutschen Katholizismus der ersten Hälfte des 20. Jahrhunderts und eines wichtigen Weggenossen von Bischof Clemens August von Galen. Auch hat sich eine wenig bekannte Kurzcharakterisierung Edith Steins aus dem Jahre 1933 aus der Feder von Adolf Donders erhalten.

BIOGRAPHISCHE SKIZZE

Als ältestes von sechs Kindern wurde Adolf Donders am 15. März 1877 in Anholt geboren. Seine Eltern waren Wilhelm und Elisabeth Donders geb. Dithmer. Sein Vater stand als Rentmeister im Dienst des Fürsten Salm-Salm. Nach einer in Anholt glücklich verbrachten Kindheit besuchte Donders dort ab Ostern 1883 die Volksschule, danach ab 1887 die Rektoratsschule und wechselte 1891 nach Emmerich, um das Gymnasium zu besuchen. Dort bestand er 1896 das Abitur. Er entschied sich für den Priesterberuf. Sein Studium absolvierte er in Münster. Schon früh galt sein Interesse der Predigtkunde, in der er sich über das Lehr- und Ausbildungsangebot der theologischen Akademie hinaus auch selbst fortbildete und sich darin übte.

In dem Aufsatz *Die Predigt für die Menschen der Gegenwart* schreibt er über die innere Einstellung des Predigers: *Mit heiliger Freude und beglücktem Stolz muß der Prediger der Frohbotschaft Christi sich als Bote und Herold seines Herrn fühlen und das hohe heilige Predigeramt als eine Gnade und Verantwortung tragen, nicht aber als eine Last empfinden, darum auch jeweils rechtzeitig an die Arbeit und Vorbereitung herangehen. Denn nur dann, wenn man ruhig, langsam, ungestört meditieren, notieren, sich selbst vorbereiten kann, reifen die Gedanken unter Gottes Sonne und Regen langsam heran. Die alten Gotteswahrheiten bleiben und wirken ewig neu, wenn sie, aus der Tiefe geschöpft, stets auf neues Lebensverhältnis, neue Zeiten, neue Menschen, neue Fragen, in neuer Sprache angewandt werden.*

Schon während des Studiums errang er für einen Predigtzyklus über

das »dies irae« den Preis der Fakultät (27.1.1900). Am 9. Juni 1900 wurde er im Münsterischen Dom zum Priester geweiht. Seine erste Kaplanstelle war die in der Ruhrgebietspfarre St. Peter in Duisburg-Hochfeld. Nach der Erweiterung der Münsterischen Akademie zur Westfälischen Wilhelms-Universität erhielt Donders die Möglichkeit, nach Münster zu wechseln und seine theologischen Studien fortzusetzen. Er bekam eine Kaplanstelle an der Innenstadtkirche St. Aegidii. Neben der seelsorgerischen Arbeit dort fertigte er zum Thema »Der hl. Kirchenlehrer Gregor von Nazianz als Homilet« eine theologische Dissertation an und wurde am 27.7.1909 damit zum Dr. theol. promoviert.
Seit 1911 war er Domvikar und bekleidete von nun an das Amt des Dompredigers, das er dreiunddreißig Jahre lang innehatte. Im Ersten Weltkrieg war er als Militärpfarrer eingesetzt, auch als Feldprediger an der russischen Front.
Ab 1919 bekam er einen Lehrauftrag an der Katholisch-Theologischen Fakultät für die Fächer theologische Propädeutik und Homiletik als a. o. Professor. Per Handschlag verpflichtete ihn der Rektor am 3. Juni 1919 obendrein zum Amt des Universitätspredigers. Im Jahre 1921 wurde seine Professur in ein persönliches Ordinariat umgewandelt. Zweimal übernahm er in den zwanziger Jahren das Amt des Dekans der Katholisch-Theologischen Fakultät.
Im Jahre 1931 wählte ihn das Münsterische Domkapitel zum Dompropst. Schon im Jahre 1928 hatte er die ehrenvolle Kandidatur für das Amt des Bischofs von Hildesheim ausgeschlagen. Er wollte ausschließlich Professor und Prediger bleiben. Trotzdem hatten ihn bei der spektakulären Bischofswahl 1933 in Münster die Bistümer Aachen, Berlin, Breslau, Ermland, Hildesheim, Köln, Osnabrück und Paderborn doch wieder auf die Vorschlagsliste der Bistümer gesetzt und damit zum Ausdruck gebracht, welch hohe Wertschätzung Dompropst Prof. Dr. Donders in all diesen Bistümern genoß und wie gern diese große Anzahl von deutschen Bischöfen angesichts der schwierigen Zeiten, die nun in Form der Herrschaft des Nationalsozialismus auf sie zukamen, ihn in ihren Reihen gesehen hätten.
In einem Schreiben an den damaligen Nuntius Cesare Orsenigo bat Donders jedoch, aus Gesundheitsgründen von einer Kandidatur befreit zu werden. Und dem wurde stattgegeben, Donders blieb Dompropst und Domprediger am Hohen Dom zu Münster.

Bei dem großen Bombenangriff auf Münster am 10. Oktober 1943 erhielt die Dompropstei einen Volltreffer. Donders verlor all seine persönliche Habe und seine Arbeitsgrundlagen: Manuskripte, Akten, Notizen und seine ganze stattliche Bibliothek. Den Schock und den Schmerz über den unwiederbringlichen Verlust verwand er nicht. Im Februar 1944 erlitt er einen Schlaganfall, von dem er sich nicht wieder erholte. Nach einem längeren Krankenlager starb er am 9. August 1944 im Hause seiner Schwester in Langenhorst, Kreis Steinfurt. Er ruht auf dem Domherrenfriedhof in Münster.

DONDERS AUF DEN KATHOLIKENTAGEN: REDNER UND ORGANISATOR

Unter den akademischen Lehrern, die während des Studiums und nach diesem für Donders wegweisend wurden, war vor allem Franz Hitze, Professor für Christliche Gesellschaftslehre. Dieser führte die Studenten nicht nur in seine Sichtweise der gesellschaftlichen Verhältnisse zu Beginn des neuen Jahrhunderts ein, sondern forderte von ihnen auch gesellschaftliches Tun, öffentliches Engagement in den brennendsten Problemen ihrer Zeit, etwa in der Arbeiterfrage. Hitze vertraute auf eine mögliche gelingende soziale Integration der Arbeiterschaft und lehnte deren Konfrontation mit den Mächtigen der Wirtschaft (bei Karl Marx: den Kapitalisten) in Form einer Revolution ab. Donders ließ sich von Hitzes Ideen anregen und trat schon als Student auf Empfehlung von Hitze dem *Volksverein für das katholische Deutschland* als Mitglied bei. Außerdem wurde er Mitglied in der studentischen Verbindung *UV Burgundia*, in der er einem anderen Förderer, dem Prälaten und Domkapitular Dr. Franz Hülskamp, begegnete. Hitze und Hülskamp waren engagierte Förderer der »Generalversammlung der Katholiken Deutschlands«, heute kurz Katholikentage genannt. Dort bekleideten sie beide als Mitglieder des Zentralkomitees zur Vorbereitung der Generalversammlungen der Katholiken Deutschlands herausragende Ämter. Gleichzeitig mit den Katholikentagen fand traditionsgemäß stets die Generalversammlung des *Volksvereins für das katholische Deutschland* statt, in dem Hitze eine wichtige Führungsrolle übernahm. Namentlich durch ihn beeinflußt gingen von diesen Großveranstaltungen des deutschen Katholizismus am Anfang des 20. Jahrhunderts bedeutende gesellschaftspolitische Impulse und Initiativen aus.

Es steht zu vermuten, daß Donders, der sich an St. Aegidii in Münster eines guten Rufes als Prediger in bezug auf soziale Fragen erfreute, durch einen seiner Förderer den ehrenvollen Auftrag erhielt, auf der Generalversammlung der Katholiken in Straßburg 1905 einen kurzen Vortrag zu halten. Sein Thema: *Die Leistungen der katholischen Führer für das katholische Volk seit mehr als fünfzig Jahren*, eine Rückbesinnung auf die Geschichte des Volksvereins. Mit diesem erfolgreichen Auftritt war er der katholischen Öffentlichkeit vorgestellt. Seine rednerische Begabung, seine Einsatzfreude, seine geistige und geistliche Ausrichtung und seine Führungskraft waren für die Offiziellen erkennbar geworden.

Über die Qualifikation des Predigers Donders, des Chrysostomos (Goldmund) von Münster, wie junge Theologen ihn bald nannten, urteilt sein Freund und Konfrater, der Universitätsprofessor Dr. theol. Max Meinertz: *Nicht, daß Donders ein Theologe von hervorragender spekulativer Begabung war oder sich in historisch-kritischer Einzelforschung mit den modernen Methoden der Geschichte und Philologie um die Probleme bemühte. Wohl hatte er viel Verständnis für die Forschung, aber er übernahm doch mehr die Resultate und verarbeitete sie für seine praktischen Zwecke. Eben wegen dieser Aufgeschlossenheit für die Wissenschaft las er viel und ordnete das Gelesene zur praktischen Verwertung.*

Ein Jahr später (1906) wurde er durch den Präsidenten des Zentralkomitees Graf Droste zu Vischering zur Vorbereitung der Generalversammlung der Katholiken Deutschlands folgendermaßen eingeführt: *Da die laufenden Geschäfte im Zentralkomitee das Jahr hindurch sich mehr und mehr häufen, ist der Beschluß gefaßt worden, einen Generalsekretär für das Zentralkomitee zu berufen, dem die Aufgabe zufallen soll, die Geschäftsleitung zu unterstützen. Die Wahl ist auf den hochw. Herrn Kaplan Donders in Münster i. W. gefallen, wie ich der Generalversammlung mitzuteilen mich beehre. (Bravo).* Damit begann die überregionale Arbeit von Donders im Bereich des deutschen Katholizismus, ein Engagement, das ihn zum Architekten der deutschen Katholikentage bis zu deren Verbot durch die Nationalsozialisten werden ließ.

Seine Aufgaben und sein Arbeitsfeld schreibt die Satzung für die Generalversammlung der Katholiken Deutschlands vor, die 1906 in Essen endgültig beschlossen wurde. Sie war 1904 in Regensburg und 1905 in Straßburg diskutiert und vorberaten worden. In § 24

heißt es: *Das Zentralkomitee ist Mandatar der Generalversammlung und hat alle ihre Interessen bis zur Eröffnung der nächsten Generalversammlung zu vertreten und wahrzunehmen. Insbesondere fällt diesem die Aufgabe zu:*
1. *für die Ausführung der Beschlüsse der Generalversammlung nach Kräften zu sorgen;*
2. *für die nächste Generalversammlung, sofern dies nicht schon auf der Generalversammlung selbst geschehen ist, einen passenden Ort auszuwählen und in Verbindung mit dem dort zu bildenden Lokalkomitee die Vorbereitungen für diese Generalversammlung zu treffen. Das Zentralkomitee ist berechtigt, aus wichtigen, unvorhergesehenen Gründen Ort und Zeit der Generalversammlung zu verlegen.*
Zwar hatte Dr. Franz Hülskamp in den vorangegangenen Jahren das Amt des Generalsekretärs schon aushilfsweise ausgeübt. Es wurde mit Adolf Donders dann 1906 endgültig satzungsgemäß eingeführt. Der *Münsterische Anzeiger* vom 24. August 1906 kommentiert das wie folgt: *Nun ist es unser aller Pflicht, im Sinne des Katholikentags tätig zu sein und für die Durchführung der Beschlüsse desselben zu sorgen. Wer aber sorgt für die Durchführung derselben? Freilich ist man heuer um ein tüchtiges Stück vorwärts gekommen; man hat einen eigenen Generalsekretär – zu unserer lebhaften Freude einen Mann aus unserer Mitte, einen münsterischen Kaplan, der trotz seiner Jugend durch Gediegenheit und Vielseitigkeit des Wissens, Arbeitstüchtigkeit und Arbeitsfreudigkeit, durch eine glänzende rednerische Begabung sich einen Namen gemacht hat – eingestellt, der ein tüchtiges Stück Arbeit leisten kann. Aber ein Mann kann und soll nicht alles leisten! Alle deutschen Katholiken müssen mitarbeiten, in erster Linie die katholischen Vereine.*
Nun konnte der erst neunundzwanzigjährige Donders seine reichen Begabungen, sein Organisationstalent und seine Fähigkeit, Menschen anzusprechen und für eine Aufgabe zu gewinnen, auf vielfältige Weise einsetzen. Er tat es mit großem Erfolg. Bei der Gestaltung der Rednerliste für die Generalversammlungen stand ihm ein Rednerausschuß des Zentralkomitees zur Seite. Nachdem er 1920 das Amt des Generalsekretärs aufgegeben hatte, gehörte er diesem Ausschuß selbst an und blieb darin ein führendes Mitglied. Von dieser Stelle aus wirkte er durch die Einladung geeigneter Vortragsredner gestaltend auf die Themen aller folgenden Katholikentage ein

und beeinflußte ihre programmatische Behandlung. In Georg Schreibers Einschätzung *blieb er für den Wissenden die Seele des Ganzen, bis das Zentralkomitee vom Nationalsozialismus beseitigt wurde.*

Seinen zweiten rednerischen Auftritt auf einem Katholikentag hatte Donders 1906 kurz nach seiner Ernennung zum Generalsekretär des Zentralkomitees vor der studentischen Vereinigung »Unio Piana«. In einem kurzen beeindruckenden Redebeitrag warb er nachdrücklich für ein verstärktes Apostolat der Laien in der geistigen und materiellen Not der Zeit, um den Dienst der Priester in der Kirche zu unterstützen. Von nun an wird Donders mit zumeist großen und für die Teilnehmer unvergeßlichen Reden in der Öffentlichkeit des Katholizismus der ersten Hälfte des 20. Jahrhunderts präsent sein.

Zu diesen Reden gehört sein Beitrag auf dem 27. Eucharistischen Kongreß in Amsterdam 1924, der den Titel trägt: *Erlösungssehnsucht in alter und neuer Zeit.* Seine Drucklegung zusammen mit einem Erlebnisbericht über den Verlauf des Kongresses mußte mehrfach wiederholt werden. Die Reden von Donders wirkten von nun an über die Grenzen Deutschlands hinaus.

Einen Eindruck von seinem Predigtstil vermittelt der Schluß der Rede in Amsterdam: *Möchten diese heiligen gesegneten Tage Brücken schlagen von Volk zu Volk, im Pfingstgeist der einen heiligen Liebe, Brücken zu einem wahren, dauernden Völkerfrieden, auf daß sich die Losung unseres Hl. Vaters erfülle: ›Pax Christi in regno Christi – Der Friede Christi im Reiche Christi.‹ O Gott und Vater aller Völker der Erde, du Vater des Friedens und Vater der Liebe, laß die Sonne deiner heiligen Liebe hier wieder über uns allen aufgehen, laß sie bald wieder über der ganzen Gottesfamilie der Menschheit erstrahlen! O du Lamm Gottes, das du hinwegnimmst die Sünden der Welt, gib uns den Frieden!*
Met donderend applaus wird deze magistrale rede van den grooten Duitsen orator beloond, so berichtet das *Gedenkboek Amsterdam 1924.* Seine Mischung von appellativem und gehobenem, feierlichem Redeton, einer gefühlsgeladenen Metaphorik, Bibelzitaten, dazu Gebet und Gotteslob sprach die Zuhörer emotional an und schuf eine Gefühlsgemeinschaft, die sich in Glücksgefühlen, in Beifall und begeisterter Zustimmung zu den Ausführungen des Redners äußerte. Georg Schreiber erinnert sich: *Wie selten einen anderen Redner hatte die Natur Donders mit großen Vorzügen ausgestattet. Seine*

Stimme hatte die köstliche Verbindung von Kraft und Weichheit. Sie füllte die weitesten Räume und war doch in der Lage, feinste Modulationen auszulösen. Damit verband sich ein hinreißendes Temperament, der Sturm und Ansturm großer Affekte.

Die angenehme und wandlungsfähige Sprechstimme schuf für die Zuhörer über den Klang seiner Predigtsprache ein akustisch bedingtes Wohl- und Wirgefühl. Auf dieser emotionalen Grundlage aufbauend steigerte er rhetorisch die Aufnahmebereitschaft seiner Hörer, denen er die Augen für Probleme in Gesellschaft und Kirche öffnete und Glaubenswissen vermittelte – so z. B. auf dem Eucharistischen Kongreß 1912 in Wien, als er die Wirkung der nationalpatriotischen Predigt seines Vorredners, der sich zu einer Glorifizierung der Frömmigkeit des Habsburger Kaiserhauses verstieg, mit einer klar sozialkritisch gemeinten Rede über *das irdische und das himmlische Brot des Arbeiters* abkühlte.

Er begann mitten in die nicht enden wollenden Hochrufe auf den Kaiser mit den Worten: *Nach dieser majestätischen Kundgebung und der Wanderung durch die Jahrhunderte der Geschichte müssen wir wieder zurück ins wogende Leben von heute, in die Welt der sozialen Probleme, die uns von allen Seiten umfluten, wir sehen in so vielen bleichen Gesichtern auch die Runenzeichen der harten Not des Lebens und des heißen Ringens ums tägliche Brot.* Und es folgte eine Darstellung der Arbeitswelt und der sozialen Folgen der Industrialisierung, die es an Deutlichkeit nicht fehlen ließ, zugleich aber durchdrungen war von dem Bemühen, die neuen wirtschaftlichen und technischen Entwicklungen zu bejahen und den in ihrer Arbeit damit befaßten Menschen mit Achtung und Wohlwollen zu begegnen. Und Donders warb nachdrücklich für ein angemessenes Sozialprestige der Arbeiterschaft, zukunftsorientiert und wohlbegründet ganz im Sinne seines Lehrers Franz Hitze. Ähnlich zeitnah und deutlich wird er zwanzig Jahre später in der NS-Zeit Stellung beziehen.

Als Generalsekretär des Zentralkomitees zur Vorbereitung der Generalversammlungen der Katholiken Deutschlands war es für ihn eine große Herausforderung, die 61. Generalversammlung 1914 in Münster vorzubereiten. *Die Katholikentage jener Jahre,* so schreibt Gottfried Hasenkamp, *sind in ihrer universalen Planung und weiten Wirkung nicht zuletzt ihm zu verdanken.*

Es ist verständlich, daß Donders für Münster all seine Arbeitskraft

einsetzte. Die Veranstaltung sollte vom 9. bis 13. August 1914 stattfinden. Umfangreiche Vorbereitungen wurden getroffen, Redner wurden verpflichtet, Ausschüsse von Freiwilligen übernahmen die vielfältigen Aufgaben der Festgestaltung, des kulturellen Rahmenprogramms, der Bewirtung und der Unterbringung der Gäste. Vorsitzender des Lokalkomitees war Kommerzienrat Hüffer. Bis in die letzten Julitage 1914 hinein liefen die Vorbereitungen auf vollen Touren, auch noch nach den Schüssen von Sarajewo, die den Ersten Weltkrieg mit all seinen schrecklichen Folgen am 1. August 1914 auslösten. Eine mögliche Verschiebung des Katholikentags 1914 wurde zunächst ins Auge gefaßt. Nur ein kurzer Zeitungsbericht vom 5. August 1914 gibt dann Kenntnis von einer Sitzung, auf der der Vorsitzende des Zentralkomitees, Graf Droste zu Vischering Erbdroste, den Mitgliedern des Lokalkomitees unter der Leitung von Kommerzienrat Hüffer für die Mühen bei der Vorbereitung des Katholikentags dankte und Generalsekretär Dr. Donders in den Dank mit einschloß und damit die formelle Absage der Veranstaltung vollzog. Die geplante 61. Generalversammlung der Katholiken Deutschlands in Münster fand also nicht statt. Erst im Jahre 1930 sollte wieder ein Katholikentag in Münster stattfinden. Rückblickend auf diesen Katholikentag schreibt Donders im *Katholischen Kirchenblatt für die Stadt Münster* am 14. September 1930 über die große Enttäuschung von 1914: *Nun sind wir entschädigt, hundertmal entschädigt für das, was uns 1914 entgangen ist und worauf wir schweren Herzens damals haben verzichten müssen. Wer weiß, ob der Katholikentag von 1914, wenn er zustande gekommen wäre, so glänzend geworden wäre wie der von 1930 nun geworden ist.* Das war schließlich die 69. Generalversammlung der Katholiken Deutschlands.
Nach der Gründung der Weimarer Republik widmete sich Donders zunächst intensiv seinen Pflichten als Universitätsprofessor für Homiletik. Er verwirklichte, was er lehrte, auch in der Praxis, nicht nur in seinen beiden offiziellen Predigerämtern, sondern überall da, wo er um eine Predigt, eine Rede oder einen geistlichen Vortrag gebeten wurde.
Nicht nur in London, Wien, Temesvár, sondern an vielen größeren und kleineren Orten, auch außerhalb des Bistums Münster, sprach er zu den Menschen. Vorbehaltlos stellte er sich den katholischen Vereinen zur Verfügung, besonders dem *Volksverein für das Katho-*

lische Deutschland, dann aber auch den katholischen Frauenverbänden wie dem *Verein katholischer deutscher Lehrerinnen (VkdL)* oder dem *Katholischen deutschen Frauenbund (KdF).* Auf einer Veranstaltung des *Volksvereins für das Katholische Deutschland* zum siebzigsten Geburtstag von Papst Pius XI. (1927) sprach Donders zum Thema *Papst und Papsttum in der Gegenwart* vor fünftausend Zuhörern in den Kölner Messehallen über Pius XI. wie folgt: *Welch eine Wohltat, ein fester Punkt in einer so fluktuierenden Zeit! Wie viel Irrungen und Wirrungen, wie viel ängstliches Suchen und schmerzhaftes Nichtfinden werden uns dadurch erspart! Wir sind durch den Anschluß an diese gottgegebene Autorität wahrhaft frei geworden in jener heiligen Freiheit Gottes, über die Paulus jubelte, während Unzählige, die das Wort Freiheit im Munde führen, doch nichts anderes sind als Sklaven des Unglaubens oder nur Halbglaubens, der Schlagworte und Phrasen, der Tagesmeinungen und Zeitgötzen. Es gibt heutzutage viele edle Konvertiten, die nach allem Fragen und Forschen, Ringen und Suchen gerade dies Bewußtsein der kirchlichen Autorität als festesten Halt schützen, als frohes Gefühl der sichersten Geborgenheit: wir haben der Fluten übergenug gehabt – wir wollen den rettenden Felsen, der aufragt aus den Fluten. Es gibt kein schöneres Sinnbild des Papsttums und der katholischen Kirche: sie ist eine Lampe, eine Leuchte, die alle Nacht der Finsternisse erhellt und uns in alle Wahrheit einführt; sie ist ein Schiff, das Schifflein Petri, immer umstürmt, immer im Schoße eines Weltmeeres, immer das Schiff, in dem Christus steht und lehrt wie einst auf dem See zu Genezareth. Er ist und bleibt bei ihr bis ans Ende der Welt. Das ist der Grund unseres Vertrauens, unserer Festigkeit, unserer Sicherheit.*

Ohne größere Unterbrechungen schrieb er jahrelang wöchentlich kleine pastorale Betrachtungen im *Katholischen Kirchenblatt für die Stadt Münster,* das 1925 ins Leben gerufen wurde. Gekennzeichnet sind sie durch sein Kürzel A. D. Er verfaßte eine Unzahl größerer und kleinerer Artikel zu Glaubensinhalten und christlicher Lebensgestaltung in den ihm zugänglichen Publikationsorganen. Auch für den Rundfunk schrieb er Texte, die er selbst vortrug. Hinzu kamen Bücher, wissenschaftliche Aufsätze zur Predigtkunde und Predigtentwürfe, Rezensionen und Kommentare. Die bei Maria Römer-Krusemeyer (1949) dokumentierten Veröffentlichungen und die Übersicht über sein Gesamtwerk im *Biographisch-Bibliographi-*

schen Kirchenlexikon (2006) stellen eine nicht überschaubare Zusammenstellung seiner Schriften dar, die längst nicht alle erfaßt sind. Mitte 1930, nach seinem Umzug vom Krummen Timpen zur Burse an der Neubrückenstraße, begannen die organisatorischen Vorbereitungen für den 69. Katholikentag in Münster. Einführungsvorträge, Zeitungsartikel, Verhandlungen – die Arbeit wurde zuviel. Auf einer Vortragsreise mußte er sich in Heidelberg unerwartet in ärztliche Behandlung begeben. Drei Wochen blieb er im Krankenhaus. Danach trat er eine Kur auf Norderney an. Er hatte sich zuviel zugemutet, seine Gesundheit war angegriffen. Aber er schaffte es zur Freude der Münsteraner und ihrer Gäste, bei der Eröffnung des Katholikentags in Münster dabeizusein. Rednerisch und organisatorisch ist er ausgerechnet bei diesem Katholikentag nicht hervorgetreten. Aber er hatte einen fähigen Mitarbeiter gefunden: Pater Friedrich Muckermann SJ, mit dem ihn bald eine herzliche Freundschaft und Weggenossenschaft verband. Dieser berichtet in seinen Memoiren: *Zuerst wurde ich häufig eingeladen zu den Beratungen, die den Katholikentagen vorangingen. Es mußten Redner ausgewählt werden, die Themen bestimmt, die Tagesordnung erörtert und viele andere Dinge erledigt werden. In diesen Sitzungen kam es darauf an, daß man Ideen hatte, daß man Anregungen geben konnte, daß man die eigene Zeit verstand, daß man eine umfassende Kenntnis des deutschen Katholizismus überhaupt besaß.* Und über Donders schreibt er in diesem Zusammenhang: *Es ist dies einer der ausgezeichnetsten Prälaten, die im Dienste des deutschen Katholizismus gewirkt haben. Mit großer Selbstlosigkeit hat dieser edle und fromme Priester einen Großteil der Arbeit auf sich genommen, der bei der Vorbereitung der Katholikentage zu leisten war.*
Die Katholikentage der späten Weimarer Zeit hatten ihr Gesicht verändert. Der Zulauf von Teilnehmern war so groß geworden, daß die zentralen Veranstaltungen aus den Kirchen, Sälen und Hallen ins Freie verlegt werden mußten. In Münster fanden sie auf dem Schloßplatz statt. Die räumlichen Veränderungen brachten auch eine Wandlung des Selbstverständnisses der Veranstaltungen mit sich. Sie wurden Kundgebungen der Gemeinsamkeit der Auffassungen der Teilnehmer, Darstellung ihres gemeinsamen Wollens, sie wurden Demonstrationen. Den Veranstaltern ging es nun vor allem um die Demonstration der Gemeinsamkeit und des Zusammenhalts der Gläubigen angesichts der instabilen gesellschaftlichen und poli-

tischen Verhältnisse in Deutschland und der wachsenden kommunistischen und nationalsozialistischen Hetzpropaganda gegen Glauben und Kirche. Sie waren 1931 in Nürnberg und 1932 in Essen noch möglich. Durch den Einfluß der Nationalsozialisten konnte danach kein Katholikentag mehr durchgeführt werden. Der 71. Katholikentag fand nach dem Zweiten Weltkrieg 1948 in Mainz statt. Adolf Donders hat ihn nicht mehr erlebt.

DOMPROPST DONDERS AN DER SEITE SEINES BISCHOFS

Um Donders hatte sich im Laufe der Jahre, in denen er sein Amt als Domprediger versah, eine Gemeinde von begeisterten Hörern gebildet, die seiner Predigten wegen regelmäßig *sonntags um elf* den Dom aufsuchten. Durch sein Amt als Dompropst war Donders der Mutterkirche des Bistums noch mehr verbunden. Nicht nur Münsteraner Gottesdienstbesucher kamen, sondern mehr oder weniger regelmäßig füllten Christen und Nichtchristen aus der ganzen Region den Dom. Jahrzehntelang habe sie unter seiner Kanzel gestanden, bekennt die Schriftstellerin Nanda Herbermann. Die Predigtgedanken, mit denen Donders seine Zuhörer aufbaute, inspirierte, ja beglückte, wurden auch ins Umland mitgenommen. *Erstaunlich war der kommunikative Ton, also der latente Dialog mit den Zuhörern,* den Donders Schreiber zufolge besonders in der Zeit der Herrschaft des Nationalsozialismus einsetzte, auch um ungefährdet politisch heikle Dinge anzusprechen. Er wurde trotzdem verstanden. Dazu eine Erinnerung von Schreiber: *Mehr als einmal kam er in der Nazizeit zu mir in Hinsicht auf erneute Zwischenfälle in Westfalen, die ernste Verwahrungen gegen die Tyrannis nahe legten. Er wollte diese Ausführungen in der nächsten Predigt bringen. Er schwankte mehr als einmal, ob er schärfer oder milder zum erregenden Zeitgeschehen sich äußern sollte. Ich habe ihm damals wieder und wieder den Rat gegeben, bei aller grundsätzlichen Entschiedenheit die Tonart etwas abzumildern. Er müsse sich die Domkanzel erhalten. Sie war Ausspracheforum ersten Ranges und Münster damals ein Großkampfraum. Die Hörer in der Domkirche wären, wie ich weiter bemerkte, feinfühlig genug, mehr als eine Wendung gegen den angreiferischen und zugleich volksfremden Nationalsozialismus von vornherein zu verstehen. Über der Stadt lagen ja gewaltige Spannungen.*

Da es keinen Nachlaß Donders gibt, sind die *Elf-Uhr-Predigten* nicht dokumentiert. Einen Eindruck davon erhält man, wenn man einen Blick in die religiöse Zeitschrift *Sanctificatio Nostra* wirft, in der er unter dem Titel: *Contemplata aliis tradere* Predigtskizzen für den Klerus veröffentlichte, z. B. zur Jahreswende 1932/33: *Diese Welt ist nicht vollkommen. Welche Katastrophen hat unsere Generation durchlebt: Krieg, Revolution, Inflation, Leiden und Sterben von Millionen aus unserer Mitte. Der Atem stockt, und dann geht das Leben doch seinen Gang weiter. Millionen Arbeitsloser stehen am Wege und tragen unendlich schwer an ihrem Los. Nur Hoffnung auf ein ewiges Leben erklärt uns den Sinn des diesseitigen Lebens. Sonst gibt es für uns kein wahres Glück.* Wem man, wie den Massen in der Gottlosenbewegung, die Hoffnung auf die Unendlichkeit und die Ewigkeit geraubt hat, dem hat man den Sinn des Lebens zerschlagen, dem ist das Glück nicht mehr zu bringen. Für die Zuhörer war die *Gottlosenbewegung* unschwer zu identifizieren, und die Botschaft von Donders wurde verstanden.

Vom öffentlichen Leben rückte Donders um so mehr ab, je mehr sich gegen Ende der Weimarer Republik die politischen Auseinandersetzungen zwischen den Parteien verschärften. Die von den Nationalsozialisten provozierten *Saalschlachten* widerten ihn an: *O, wie mich diese ruchlose Politik abstößt! Sie verdirbt alles. Sie bringt ihre Vertreter in einen Mächterausch ohnegleichen hinein und zerstört alle Innerlichkeit.*
Als die Nationalsozialisten mit zwanzig Abgeordneten in den Rat der Stadt Münster einzogen, erklärte Donders: *Nun zieht der Antichrist ein, mag er sich vorläufig auch einen christlichen Mantel umhängen. Nun werden wir die Zerstörung des Glaubens Schritt für Schritt erleben. Ist denn all mein Predigen vergeblich gewesen? Nun geht es um das ganze Christentum.*
Für den Sonntag *Quadragesima* 1933 schlägt er das Thema *Unsere Blindheit* vor und führt aus: *Unsere Zeit und Welt leidet heute an geistiger Blindheit, an Verblendung. Ist sie nicht geblendet vom Schein aller Irrlichter, ist sie nicht dadurch irregeleitet? Sie hat Gott verloren, Christus verloren, den Weg, die Wahrheit und das Leben, sie folgt der Gottlosenbewegung, macht die Gottlosenpropaganda mit. Wie einst seinem Jerusalem ruft der Herr ihr zu: O, daß du es doch erkannt hättest!* Donders reiht sich mit diesen Predigtgedanken in die Reihe seiner Münsteraner Mitbrüder und seines Bischofs

ein, die die Auseinandersetzung mit der nationalsozialistischen Bewegung auf geistiger, weltanschaulicher Ebene suchten und sie damit an ihrer verwundbarsten Stelle trafen.
Als Alfred Rosenberg, Verfasser der ideologischen NS-Kampfschrift *Mythus des zwanzigsten Jahrhunderts,* zum Reichsleiter für die weltanschauliche Ausrichtung des deutschen Volkes ernannt wurde, traf Donders diese Nachricht Römer-Krusemeyer zufolge *wie ein Faustschlag ins Gesicht.* Und als in der nationalsozialistischen Zeitschrift *Nordland* die Kampfparole zu lesen stand, jetzt heiße es *nicht rasten, bis Deutschland vom Christuskreuz erlöst ist,* verstand Donders dies als Herausforderung und nahm sie an.
Nachdem Rosenberg im Juli 1935 in Münster auf dem Neuplatz (heute Hindenburgplatz) eine große Propagandarede gehalten hatte, entwarf Donders für die fünfzehn Kirchen der Stadt Münster Predigten, die sich vier Monate lang mit der Weltanschauung Rosenbergs auseinandersetzten und sie widerlegten. Die Themen waren: *Was ist positives Christentum? Was ist deutscher Glaube? Nationalkirche. Die Macht und Gewalt der Sünde. Die katholische Kirche und der Zölibat. Brauchen wir eine Erlösung? Gibt es eine Selbsterlösung?*
Donders wurde von der Gestapo überwacht. Gottesdienstbesucher wurden auf dem Domplatz angehalten und befragt. Schreiber berichtet: *Die Stellung von Donders in den breiten Massen und nicht minder in akademischen Kreisen war so stark, daß man sich nicht getraute, sich an ihm zu vergreifen.* Wie den Bischof von Galen schützte ihn seine große Popularität vor Repressalien der Nationalsozialisten.
Die beiden Türme – so wurden Adolf Donders und Bischof Clemens August im Volksmund genannt, wie der Bischofskaplan und spätere Biograph des Bischofs, Heinrich Portmann, zu berichten weiß. Weiter schreibt er: *Als der Nationalsozialismus sein Haupt erhob, wurde Donders noch größer.* Und Georg Schreiber blickt zurück: *Schon die Figur des Predigers beeindruckte. Das war ein Längenmaß von 1,98 m. Ein gleiches besaß Clemens August, Bischof von Münster. Wenn beide Riesen zusammen in der Öffentlichkeit auftraten, waren sie von einer repräsentativen Art, wie sie kaum einem anderen deutschen Bistum beschieden war. Sie wirkten wie Dioskuren, denen Bedeutung und Macht innewohnte.* Und Portmann weiter über Donders: *Er wußte um die Sendung und Verant-*

wortung einer Domkanzel in solchen Kampfzeiten und scheute sich nicht, dem neuen Heidentum die Wahrheit ins Gesicht zu sagen (...). Das wußten auch die Feinde der Kirche. Sie wußten – einer ihrer Führer hat es offen eingestanden –, daß der Dompropst durch seinen stetig sich wiederholenden Kampf von der Kanzel ebenso verhängnisvoll ihre Front ins Wanken brachte wie der Bischof Clemens August. Denn um seine Beliebtheit und Verehrung im Volke wußten sie ebenso wie um die Gefährlichkeit seiner weltanschaulichen Gegnerschaft.

Das Bild der *Türme* ist sprechend genug, um die herausragende Bedeutung der beiden für die Diözese Münster und darüber hinaus aufzuweisen. Zugleich steckt darin eine unverkennbare Bewunderung für das Wegweisende, die Festigkeit, die Grundsatztreue, die Wahrheitsliebe und die menschliche Verläßlichkeit, die beide Kirchenmänner ausstrahlten. Schreiber in seiner Erinnerung: *Beide Männer konnten sich in der Ablehnung des Nazismus einmütig verbinden. Namentlich Donders hat den kämpferischen Bischof in seiner heroischen und beispielhaft unerschrockenen Haltung, in seinem geradezu monumentalen Stil der Ablehnung und Abwehr ermutigt und gestützt, nicht nur auf der Domkanzel, sondern in zahlreichen stillen Besprechungen, die er mit Freunden draußen im Lande hielt.* Wie weitgehend diese Unterstützung war, zeigt eine Quelle, die sich im Pfarrarchiv der Pfarrgemeinde St. Clemens in Telgte befindet. Es handelt sich um einen Abschnitt aus der Pfarrchronik, die Propst Clemens Bringemeier nach dem Zweiten Weltkrieg angelegt hat. Darin schreibt er aus der Erinnerung: Bischof Clemens August von Galen *machte hier in Telgte den Anfang mit den großen Predigten zum Zeitgeschehen, die ihn in der ganzen Welt bekannt und berühmt gemacht haben. Er war sonst kein bedeutender Prediger. Deshalb drängt sich die Frage auf: Ist er ganz allein der Verfasser dieser Predigten? Der Dompropst Donders sagte dem Propst von Telgte in jener Zeit folgendes: Der Bischof von Münster war entschlossen, gegen die Gewaltmaßnahmen der Nazis in Predigten Stellung zu nehmen. Diese Predigten wurden ausgearbeitet, und ich (der Dompropst) habe mit dem Bischof diese Predigten Satz für Satz durchgesprochen. Wenn sie nun im Volke ein entsprechendes Echo finden sollten, mußte ein Zeitpunkt abgewartet werden, an dem eine Gewaltmaßnahme der Naziregierung eine entsprechende Antwort von seiten der Kirche*

notwendig machte. Zwischen dem H. H. Bischof und mir wurde folgendes vereinbart: Wenn der Bischof den rechten Augenblick für die vorbereitete Predigt gekommen hielt, würde er bei mir (dem Dompropst) am Samstagvormittag anrufen und sagen: Morgen übernehme ich die Predigt um 11 Uhr im Dom bzw. in Lamberti.
Daß Schreiber von den *zahlreichen stillen Besprechungen mit Freunden draußen im Lande* Kenntnis hatte, gibt der Quelle die Bedeutung. Clemens August von Galen hatte die Worte seiner berühmten Predigten mit Bedacht gewählt und mit Vertrauten vorher durchgesprochen. Einer von ihnen war Dompropst Dr. Adolf Donders, Professor für Homiletik. Er hat den Bischof – so weiß Propst Bringemeier zu berichten – bei seinen Formulierungen beraten und ihn dabei in seinem Vorhaben unterstützt. Die Predigten von Galens waren keine Spontanreaktion, und der Bischof konnte sich der Zuneigung und Zustimmung der Gottesdienstbesucher sicher sein, wie er sich auch auf die qualifizierten Mitarbeiter, die Diskretion und den Zuspruch seiner Vertrauten verlassen konnte. Der Kondolenzbrief seines Arztes und Dondersfreundes an Bischof Clemens August bezeugt dessen Nähe zum Bischof: *Ich weiß, daß Herr Professor Donders gerade Ihnen, Excellenz, stets so freudig und treu in allem, was Euer Excellenz für unsere hl. Kirche und alle ihre Diözesen haben durchmachen müssen, zur Seite stand. Ich hoffe, daß diese Zeilen Eure Excellenz gesund antreffen. Gott schütze und erhalte Sie, Excellenz, noch lange uns allen, besonders unserer hl. Kirche.*
Dompropst und Bischof nutzten beide während der Herrschaft der Nationalsozialisten, besonders im Krieg, die Kanzel als Kommunikationsorgan. Sie vertrauten darauf, daß die von der Kanzel ausgehende Festigung im Glauben zur geistigen Immunisierung der Gläubigen gegen die Verführung der verbrecherischen NS-Ideologie beitragen werde. Am Grab des Dompropstes würdigte Bischof von Galen dessen Lebenswerk: *Es war besonders auch die klare Erkenntnis der heutigen Zeit, ihrer Fragestellungen, ihrer Vorzüge und Gefahren, und die meisterhafte Darstellung der tiefsten Quellgründe und Hintergründe des Zeitgeschehens, die klare Wegführung zu einem Leben der Ordnung für den einzelnen und für die Gemeinschaft in Gottesfurcht und Gottesliebe, die seine Predigten so anziehend machten. So hat Adolf Donders durch Jahrzehnte reichlich gesät.*

DER »FALL« DONDERS

Mit der Vollendung des 65. Lebensjahres wurde Professor Donders emeritiert. Da es an der Universität wegen des Krieges an Dozenten mangelte, war man dazu übergegangen, emeritierte Universitätsprofessoren zu bitten, ihre Lehrtätigkeit über die Altersgrenze hinaus fortzusetzen. Der erhaltene Schriftverkehr zwischen Fakultät, Rektorat und Gauleitung der NSDAP läßt erkennen, daß Donders trotz eines politischen Unbedenklichkeitszeugnisses von seiten des Dekans die von Hitler und Göring unterzeichnete Entpflichtungsurkunde erhielt.

Sie lautet: *Im Namen des Deutschen Volkes entbinde ich den ordentlichen Professor Adolf Donders von den amtlichen Verpflichtungen und spreche ihm für seine akademische Wirksamkeit und dem Deutschen Volke geleisteten treuen Dienste meinen Dank aus. Führerhauptquartier, den 23. Februar 1942*

Der Führer
gez. Adolf Hitler
ggez. Göring

Dieser Entpflichtung ging ein vertraulicher Briefwechsel zwischen der Gauleitung der NSDAP und dem Kurator der Universität zur Entpflichtung von Donders voraus. Am 31. Januar 1942 teilt der Leiter des Gaupersonalamtes dem Kurator der Universität mit, *daß es nicht miteinander vereinbar ist, Beamter auf Lebenszeit im nationalsozialistischen Staat und Dompropst und Vorsitzender des Domkapitels des Bischofs von Münster zu sein. Nach Ansicht der Gauleitung ist es unmöglich, daß ein Universitätsprofessor ein hohes kirchliches Amt gleichzeitig bekleidet. Da der Genannte in Kürze die Altersgrenze erreicht, bitte ich Sie, auch von dort aus dafür einzutreten, daß eine Verlängerung der Amtszeit des Angefragten über die Dienstaltersgrenze hinaus aus den angedeuteten schwerwiegenden Bedenken unterbunden wird.*

Heil Hitler!
Dr. Graeßner
Leiter des Gaupersonalamtes

Im Juli 1942 erhält der Dekan der Katholisch-Theologischen Fakultät die Nachricht, der Minister setze ihn in Kenntnis, *daß eine Wie-*

derbesetzung der durch die Entpflichtung freigewordenen Stelle des Professors Dr. Donders freigewordenen Professur nicht beabsichtigt ist.

Damit setzten die Nationalsozialisten der akademischen Lehrtätigkeit von Donders ein Ende.

ADOLF DONDERS ALS WOHLTÄTER UND SEELENFÜHRER (AUCH EDITH STEINS)

Maria Römer-Krusemeyer zeichnet aus der Erinnerung ein besonders anrührendes Bild von Donders, das an anderer Stelle mehrfach bezeugt ist. Sie schreibt: *Aber noch etwas anderes, was Herrn Dompropst Donders so beliebt machte und seine Zuhörer immer wieder fesselte und unter seine Kanzel, ja viele einzelne auch in seinen Beichtstuhl und in sein viel besuchtes Sprechzimer führte, das war die unbedingte Lauterkeit und Überzeugungstreue dieser männlichen Persönlichkeit: Ein ganzer Mann, und welch ein Mann, stand hinter jedem Wort, das er sprach. Es war die unverhüllte Herzensgüte und Hilfsbereitschaft, die er jedem bezeugte. In unerschöpflicher Geduld stand er jedem zur Verfügung. In erfinderischer Liebe suchte er allen Gutes zu tun, jedem Freude zu machen. Er war die absolute Selbstlosigkeit und Uneigennützigkeit, die jeder empfand, der ihn hörte und mit ihm sprach. Adolf Donders hat niemals sich selbst gesucht, noch den eigenen Vorteil oder Ruhm. Das Einkommen, das ihm zufloß, diente zum kleinsten Teil der Befriedigung seiner eigenen, stets sehr bescheidenen Bedürfnisse; zum größeren Teil diente es guten Zwecken, der Unterstützung armer Studenten, der Hilfeleistung an Notleidende, besonders an verschämte Arme. Wohl kaum jemals wird ein Bittsteller, der an seine Tür klopfte, ungehört und ungetröstet fortgegangen sein.*

Donders starb am 9. August 1944, auf den Tag genau zwei Jahre nach der Ermordung Edith Steins. Er hatte sie während ihrer Zeit in Münster seelsorgerisch betreut, als sie (1932–1933) als Dozentin am Deutschen Institut für wissenschaftliche Pädagogik lehrte. Trotz der Zerstörungen des Bombenkrieges hat sich ein Brief erhalten, in dem ein anderer Donders erkennbar wird: der Seelsorger mit einem ungewöhnlichen Scharfblick und sensiblem Gespür für Persönlichkeit und menschliche Größe. Es handelt sich um einen Brief an die Priorin des Kölner Karmel vom 9. Juni 1933:

Ehrwürdige Mater Oberin! Es hat Fräulein Dr. Edith Stein am Karmel-Kloster angeklopft. Die Vorsehung Gottes, die ihren Weg geebnet hat, führt sie nun auch dorthin. Sie ist eine begnadete Seele, reich an Gottes- und Menschenliebe, erfüllt mit dem Geiste der Hl. Schrift und der Liturgie, aus der sie schöpft, betet, betrachtet, lebt. Zwar hat sie durch Wort und Feder, besonders im Katholischen Akademikerverband und Katholischen Frauenbund, vieles geleistet. Aber auf solches äußere Wirken möchte sie verzichten, um im Karmel (die eine Perle) Jesus Christus nach dem Vorbild der hl. Theresia zu finden. Als Priester und Seelenführer kann ich Ihrem Convent und Ihrem Wohlwollen diese edle treue Seele nur aufs angelegentlichste empfehlen. Sie wird allen ein Vorbild tiefster Frömmigkeit und Gebetseifers, eine Gemeinschaftsfreude voll Güte und Nächstenliebe sein und still wie ein Strahl Gottes unter Ihnen wandeln.

Gott zum Gruß
Adolf Donders
Dompropst

In diesem Empfehlungsschreiben an den Kölner Karmel charakterisiert Donders Edith Stein aus seiner Erfahrung mit ihr als ihr geistlicher Begleiter, ohne zu ahnen, daß er geradezu visionär das Porträt einer späteren Heiligen der katholischen Kirche entwarf.

Hüter des Domes ist Adolf Donders von Gottfried Hasenkamp poetisch genannt worden. Als solcher ist er seinen Zeitgenossen, den Münsteranern vor allem, im Gedächtnis geblieben. Während noch bis in die siebziger Jahre des 20. Jahrhunderts Zeitungsartikel an seinen Sterbetag erinnerten, ist er im 21. Jahrhundert im öffentlichen Gedächtnis nicht mehr präsent.

LITERATUR

Quellen: Ein Nachlaß Donders existiert nicht. – Materialien finden sich im Bistumsarchiv Münster, im Stadtarchiv Münster, im Universitätsarchiv Münster sowie im Pfarrarchiv St. Clemens Telgte.
Schriftenverzeichnisse von Adolf Donders bei: Maria Römer-Krusemeyer: Adolf Donders 1877–1944, Münster 1949; Heinrich Roth: Adolf-Donders-

Bibliographie, in: Joseph Leufkens (Hg.): Adolf Donders. Ein Gedenkbuch seiner Freunde, Münster 1949; Frank Sobieck: Donders, Adolf, in: Biographisch-Bibliographisches Kirchenlexikon, Band XX (2002), Spalten 396–400. – Die Schriftenverzeichnisse sind insgesamt unvollständig, besonders hinsichtlich der Zeitungs- und Zeitschriftenartikel.

Berichte: über die Katholikentage von 1905, 1906, 1921/22, 1930.

Veröffentlichungen:
Theoderich Kampmann: Adolf Donders, in: Gelebter Glaube, Warendorf 1957. – Georg Schreiber: Adolf Donders (1877–1944) und sein Kreis, in: Neuzeitliches Westfalen in kirchengeschichtlicher Sicht, Münster 1957. – Gottfried Hasenkamp: Adolf Donders (1877–1944). Künder des Wortes – Hüter des Domes, in: Alois Schröer (Hg.): Das Domkapitel zu Münster 1823–1973, Westfalia sacra Bd. 5, Münster 1976. – Ders.: In Memoriam Clemens August Kardinal von Galen (und) Adolf Donders, Warendorf 1946. – Friedrich Muckermann: Im Kampf zwischen zwei Epochen. Lebenserinnerungen, Mainz 1973. – Heinrich Portmann: Kardinal von Galen. Ein Gottesmann seiner Zeit, Münster 16. Aufl. 1961. – E. Filthaut: Deutsche Katholikentage 1848–1958 und soziale Frage, Essen 1960. – Heinrich Portmann: Der Bischof von Münster, Münster 1946.

R.-FERDINAND POSWICK

Paul Claudel und Israel

Eine vehemente Anfrage des großen Katholiken
an den neugegründeten Staat[1]

EINLEITUNG[2]

In unterschiedlichen Kontexten hat Paul Claudel immer wieder den nationalsozialistischen Rassismus, insbesondere den Antisemitismus mit seiner menschenverachtenden, systematischen Judenvernichtung, aufs schärfste angeprangert. Wie für viele ist auch ihm der Name Auschwitz ein Synonym für den erschütternden Holocaust von Millionen Juden – die Karmelitin Edith Stein ist eine von ihnen. Ein fundamentales Glaubensanliegen eint diese beiden Konvertiten unterschiedlicher religiöser Provenienz, die den Katholizismus in ihrer Zeit und über ihre Zeit hinaus bleibend prägten: die Aussöhnung zwischen Juden- und Christentum auf der Grundlage eines vorurteilsfreien, geschwisterlichen, authentischen interreligiösen Dialogs. Mit ganzer Geistes- und Glaubenskraft, mit ihrer ganzen Person setzten sich beide dafür ein – der eine unter Inkaufnahme harter persönlicher Konsequenzen während des Vichy-Regimes, die andere bis zum Martyrium.

Die Gründung des Staates Israel 1948 bildete politisch wie religiös gesehen ein derart epochales Ereignis, daß es die Reaktion eines Mannes wie Claudel regelrecht provozieren mußte. Diese erfolgte prompt bereits 1950 mit der kleinen – aber brisanten – Schrift *Une voix sur Israël*, der sich der folgende Artikel widmet.

Sein Autor ist Benediktiner der 1872 von der Erzabtei Beuron gegründeten belgischen Abtei Maredsous (Nähe Namur), ebenjener Erzabtei, zu der Edith Stein, wie 15 bekannte Besuche belegen, zwischen 1927 und 1933 intensiven Kontakt pflegte – eine Gedenktafel erinnert dort an sie; der damalige Erzabt Raphael Walzer beeinfluß-

---

[1] Schriftleitung und Redaktion distanzieren sich vom Inhalt dieses Beitrags.
[2] Einleitung und Übersetzung: Isolde Dumke.

te Steins Lebensweg maßgeblich und litt selbst schwer durch seine geistige Opposition zu den Nationalsozialisten.

War es nur ein »seltsames Zusammentreffen von Zufällen« (Claudel, *Figaro littéraire* vom 10.3.1951), daß zum 60jährigen Bestehen des israelischen Staates R.-Ferdinand Poswick, ein Benediktiner ausgerechnet dieser Filiation, auf Claudels in Vergessenheit geratene Abhandlung stieß und auf ihre weit über den aktuellen Anlaß hinausreichende Bedeutung hinwies?

Sehen wir im folgenden, wie der renommierte Diplomat, Literat und Bibelinterpret Claudel die zukünftige Rolle des Staates Israel innerhalb der Völkergemeinschaft sieht und begründet.

Vor mehr als 60 Jahren brüskierte Paul Claudel das im Heiligen Land wiedererstehende neue Israel mit einer prophetischen Anfrage.
Wie es der Zufall will, springt mir beim Stöbern in der Auslage eines Antiquariats ein ungewöhnlicher Titel in die Augen: Paul Claudel, *Une voix sur Israël* [*Eine Stimme zu Israel*], Paris, Gallimard, 1950 (92 S., Auflagenhöhe 450). Beim Durchblättern und Überfliegen lese ich starke Sätze und Fragen:

> Im zweiten Buch der Könige steht geschrieben, daß König Salomo bei der Tempelweihe Gott zweiundzwanzigtausend Rinder und hundertzwanzigtausend Schafe darbrachte. Wahrlich, ein schäbiges Brandopfer, das dem gefräßigen Krematorium von Auschwitz nur wenige Tage genügt hätte! Damals handelte es sich nur um unglückselige Vierfüßler! Heutzutage hat man es besser gemacht. Für Israel war endlich der Augenblick da, seine ganze Schuld, seinen ganzen Rückstand auf einen Schlag zu tilgen. An Stelle des Opfertieres der Opferpriester (S. 12–13). Also wirklich!
> Und doch, es ist wirklich passiert! Passiert vor unseren Augen, stinkt noch immer, qualmt noch immer! Es gab sie, diese Millionen Juden – Männer, Frauen, Kinder –, die die Schornsteine von Auschwitz und anderen Orten unermüdlich in den Himmel jagten, fortwehten – *omnis adeps Domino*.[3] Kein Vergleich mit den mongolischen Vernichtungszügen, beides so unterschiedlich wie das Morden eines Frettchens im Hühnerstall und ein religiöses Schlachtopfer, dem man in meinen Augen schwerlich den Charakter einer Aufopferung absprechen kann. »*Es ist besser, wenn ein einziger Mensch für das Volk stirbt*« [Johannes

---
[3] »Alle Fettstücke [des Heilsopfers] für den Herrn« [S. 1. Könige 8, 62–64].

11,50], sagte einst der Hohepriester Kajaphas. Was soll man angesichts dieses bürokratisch betriebenen Scheiterhaufens sagen, zu dessen Versorgung mit lebendem Fleisch die ganze Christenheit beitrug? Das ist kein sekundäres Lokalereignis, sondern eines der eindeutigen Mahnmale am Wegrand der Menschheitsgeschichte, ein feierlicher *Akt*, der wahrhaft die Bezeichnung *Autodafé* verdient, ein zugleich kulminierendes und inaugurierendes Ereignis. Und tatsächlich, was sehen wir gleich danach? Aus eigener Kraft nimmt Israel das Land seiner Väter wieder in Besitz, verjagt die Besatzer, wird von der Völkergemeinschaft als eigenständige Nation anerkannt!»*Lapidem quem reprobaverunt aedificantes, hic factus est in caput anguli* (man bedenke die geographische und religiöse Position des Heiligen Landes). *A Domino factum est istud et est mirabile in oculis nostris*«[4] (S. 15–16).

Wie schön wäre es, wenn Israel seine wiedererlangte Stellung als erstes dazu nutzte, den Neuen Tempel am Schnittpunkt dreier Kontinente und Religionen zu errichten oder einfach die Initiative dazu ergriffe und die ganze Welt aufriefe, ihm bei diesem Unterfangen zu helfen! (S. 17).

Diese wenigen Seiten scheinen fast die ganze Prophezeiung aufzugreifen: die Shoa als Wort Gottes sowie Israels Neugeburt im Heiligen Land als Bestätigung ebendieses Wortes und zugleich als Gottes Erinnerung an Israels ursprüngliche Berufung, die an Gottes Verheißung an sein Volk gegenüber den Völkern gebunden ist.

Über diesen prophetischen Aufruf Paul Claudels, den ich bei der 60-Jahr-Feier der ersten Verfassung des Staates Israel (1948–2008) nicht erwähnt fand, wollte ich mehr erfahren.[5]

Dem Vorwort des Bändchens ist zu entnehmen, daß es sich um *»Auszüge aus einem gerade in Vorbereitung befindlichen umfangreichen Band zum Jesaja-Evangelium«* handelt (S. 9).

Wie der kleine »Auszug« ist auch dieses opus magnum, das dann Anfang 1951 bei Gallimard erscheint, prophetisch gefärbt. Seine Art

---

[4] »Der Stein, den die Bauleute verwarfen, er ist zum Eckstein geworden. Das hat der Herr vollbracht, vor unseren Augen geschah dieses Wunder« [Psalm 118 (117),22–23].

[5] Erstaunlicherweise erwähnt Pierre Pierrard in seinem auf diesem Gebiet maßgeblichen Werk *Juifs et catholiques français, d'Édouard Drumont à Jacob Kaplan, 1886–1994* [*Französische Juden und Katholiken, von Édouard Drumont bis Jacob Kaplan, 1886–1994*], Paris, Le Cerf, 1997 Paul Claudel nur andeutungsweise zusammen mit Bloy und Péguy. Auf Paul Claudels Haltung vor der Naziherrschaft in Deutschland und Frankreich und während dieser oder die jüdisch-christlichen Kontakte und Gespräche anläßlich der hier zu behandelnden Publikationen Claudels verweist er überhaupt nicht.

entspricht dem nun reifen und selbstsicheren Stil der *symbolischen* und *prophetischen* Kommentare des Dichters.⁶ Einer vom August 1949 datierten handschriftlichen Variante nach ist »*das Jesaja-Evangelium dem Volk Israel gewidmet*«⁷.

Das Bändchen selbst, das spätere vorletzte Kapitel des *Jesaja-Evangeliums*, erscheint im Oktober 1950 und löst in der jüdischen Welt eine ganze Reihe von Reaktionen aus: Edmond Fleg, Emmanuel Levinas, Janine Auscher⁸ melden sich zu Wort, aber auch André Chouraqui, der dabei erstmals mit Paul Claudel in Kontakt tritt.⁹ Chouraqui, damals Vizepräsident der Jüdischen Allianz, veröffentlicht dann in *Le Monde* vom 3. April 1952 einen Artikel und besucht Paul Claudel noch am 5. April 1952 und 6. Februar 1953.¹⁰

---

⁶ Die Zeit, in der Claudel bis zu seinem Tod (23. Februar 1955) täglich die Bibel meditiert und kommentiert. Er hält sich über die Fortschritte der katholischen Exegese auf dem laufenden und wünscht wie viele seiner Zeitgenossen, »*den Christen das Alte Testament wiederzugeben*«. Die »*Jerusalemer Bibel, die von Übersetzungsfehlern wimmelt*«, beurteilt er äußerst kritisch; er wettert gegen den Abbé Steinmann und dessen ätzende Exegese; die zwischen 1948 und 1950 erschienene *Bibel von Maredsous* tadelt er wegen dreier aufgrund einer Textvariante fehlender Verse im 1. Johannesbrief. Leidenschaftlich verfolgt er die Handschriftenfunde von Qumran.
⁷ S. Paul Claudel, *Le Poète et la Bible* [*Der Dichter und die Bibel*], II, *1943–1955*, hrsg. von Michel Malicet, Paris, Gallimard, 2004, S. 565 und 1717.
⁸ S. ebd. S. 1781 sowie *Cahiers Paul Claudel* [*Paul-Claudel-Hefte*], 7, *La figure d'Israël* [*Israels Gesicht*], Gallimard, 1968. Hier sind alle Einzelheiten der Kontroverse zusammengefaßt sowie (S. 323–333) alle Dokumente veröffentlicht, die seit 1936 dem Jüdischen Weltkongreß, ferner dem Großrabbiner von Frankreich im Jahr 1941 zugingen und in denen sich Claudel über die Behandlung der Juden in Deutschland und später in Frankreich entrüstet. Diese Stellungnahmen sollten ihm die Observierung durch das Vichy-Regime eintragen.
⁹ Schon am 21. März 1951 besucht André Chouraqui (1917–2007) Paul Claudel: »*Besuch von André Chouraqui wegen meines Buchs und langes Gespräch darüber, das seine Zustimmung bewirkt*« (Paul Claudel, *Journal*, Heft IX, La Pléiade, 1969, S. 757). Chouraqui besucht ihn dann noch am 9. Mai, 11. Juli, 14. September, 6. sowie 29. November desselben Jahres und setzt so einen wichtigen Dialog in Gang, dessen Basis die Bibel, ihre Übersetzung und Interpretation bilden. Während meiner persönlichen Gespräche mit André Chouraqui anläßlich der Ausarbeitung der Anmerkungen zu *L'Univers de la Bible* [*Die Welt der Bibel*] (Lidis-Brepols, 1982–1985) verblüffte mich seine wiederholte Versicherung, man könne das Christentum als einen Zweig des Judentums ansehen, der sich im Gegensatz zu diesem dem Universalismus geöffnet habe. Damals ahnte ich weder etwas von Chouraquis Beziehung zu Paul Claudel noch von Claudels Ansichten zu diesem Thema. Heute glaube ich fest, daß diese Auffassung auf Gespräche zurückgeht, die er mit dem Dichter beim Erscheinen von *Eine Stimme zu Israel* geführt hatte.
¹⁰ Die Quintessenz seiner Gedanken findet sich in *Cahiers Paul Claudel*, 7, 1968, S. 175–196.

Der Hauptkritikpunkt der jüdischen Persönlichkeiten an der gerade erschienenen *Stimme zu Israel* richtet sich gegen einen interessanten, gewagten, freilich heiklen Gedankengang, in dem Paul Claudel die Rolle Israels, des »*Ältesten Sohnes der Verheißung*«, als von Gott festgelegt ansieht: die Verwaltung und Abwicklung der materiellen, wirtschaftlichen und finanziellen Angelegenheiten einer um den Neuen Tempel geeinten Menschheit, bei dessen Aufbau in Jerusalem alle Nationen Israel unterstützen sollen – das aus der Shoa, dem höchsten Opfer, neu erstandene Israel.

Jetzt ist es Zeit, Israel, dir Rechenschaft abzulegen. Bedenke nach dem Rat des Psalmisten in deinem Herzen all die Jahre, die du in der Diaspora gelebt hast. Erforsche anhand dieses Dokuments deine Berufung. Du, der Geschnittene, Abgeschnittene, Beschnittene, du, den die Heiden den Feind der Menschheit nannten, warst du nicht zum Mittelsmann bestimmt, zum Wirtschafts- und Finanzvermittler, d. h. zum Vermittler des Guten, das die Menschen einander zu tun in der Lage sind, zum Vermittler des Vertrauens, das sie ineinander setzen, zum Vermittler der Verträge, die sie miteinander schließen? Für dich existieren keine Grenzen, keine Klassenunterschiede, es gibt nur Menschen, nur eine Wertebeziehung. *Da mihi animas, coetera tolle.*[11] Und sowohl an der Ideen- wie an der internationalen Börse warst du nicht der ungeschickteste Makler. Sollen denn all dieser Trainingsaufwand, all dieser Erfahrungsschatz, dieser Sinn für Vertrags- und Friedensschlüsse brach liegen? (S. 49–50)

Was symbolisiert denn dieses Geld, das so ernst zu nehmen und nach dem dich die Finger jucken man dir immer wieder vorgeworfen hat? Bedeutet Geld nicht nur die Möglichkeit, Privateigentum in eine Aktie am Gesamteigentum zu wandeln? Und ist Nächstenliebe (französisch charité = lateinisch caritas: man sagt, eine Sache ist teuer = est chère, ist uns teuer = nous est chère) nicht nur die Möglichkeit, das individuelle Gute, das wir einem unserer Brüder tun, in eine Teilhabe am Urheber und Herrn des Ganzen, Gott, zu wandeln? (S. 51–52)

Den zeitgenössischen jüdischen Kritikern erschienen diese Passagen als eine Wiederholung der alten, von den Christen systematisch transportierten Bilderbogenvorstellung à l'Épinal vom gierigen und vor allem geldgierigen Juden (eine Geschäftstüchtigkeit, derer sich übrigens die Christenheit im Laufe ihrer Geschichte bedient und von der sie profitiert hat).

---

[11] »Gib mir Seelen, alles andere nimm« [Genesis 14, 21].

André Chouraqui sollte jedoch erkennen, daß diese Ansicht im Gesamtzusammenhang von Paul Claudels eigentlichem Appell einen, wenn auch bedeutenden, Nebenaspekt hinsichtlich des Bewußtwerdungsprozesses bildet, der sich im innersten Denken des Volkes Israel vollziehen muß.[12]
Im *Figaro littéraire* vom 10. März 1951 äußert sich Paul Claudel persönlich zu der an ihm geübten Kritik:

> Ein seltsames Zusammentreffen von Zufällen, in dem ein Katholik schwerlich keine Absicht [Entwurf: kein *Eingreifen*] der Vorhersehung erkennen kann, hat Israel entsprechend der Prophezeiungen nach zweitausend Jahren ins Land seiner Väter zurückgeführt, und dadurch hat es den Schutz eines Großteils der Heiligen Stätten der Christenheit übernommen. Nazareth und der Karmel unterstehen völlig seiner Jurisdiktion. Wenn es auch noch nicht Herr über [Entwurf: *ganz*] Jerusalem und Bethlehem ist, darf man es doch seinen obligatorischen Pförtner nennen. Für einen Gläubigen ergibt sich daraus eine neue und höchst spannende Situation. Zwischen den beiden »Konkurrenten« [Entwurf: *Betroffenen*] Altes und Neues Testament etabliert sich erstmals praktische Solidarität. Jesus vertraut Seine Geburtsstätte der Obhut Israels an.
> Genau diese Situation hat mich alten Propheten-Studiosus, insonderheit des außergewöhnlichen Jesaja, zu einem Büchlein mit dem Titel *Eine Stimme zu Israel* inspiriert. Alle Propheten sprechen von Israels Rückkehr ins Land seiner Väter nach einem langen Exil, und alle knüpfen diese Rückkehr an das, was ich eine ökumenische, eine universale Berufung nenne.
> Diese Berufung war, wie ich zu zeigen versuchte, seit je Israels Existenzberechtigung und manifestierte sich tatsächlich in seiner Rolle als Spezialist für Geld und Kredit, für Kredit, der, weil supranational, es bei der ganzen Menschheit akkreditierte, für dieses vitale Bedürfnis, das jedes Mitglied der menschlichen Gesellschaft gegenüber allen anderen verspürt.
> Das neue Domizil des klassischen Verleihers schien mir neue Horizonte zu eröffnen.

---

[12] Das Thema Geld und Finanzverwaltung läßt sich im Hinblick auf die Heilsgeschichte nach biblischem Bericht positiv lesen, wenn man sich der unzähligen Konnotationen des Rechnungs- und Finanzwesens sowohl im Juden- wie im Christentum bewußt wird, die das geistige Raster des Ersten und Zweiten Bundes bilden: daß z. B. für den Begriff *Konto* (ökonomisch genauer Finanzkonto) der lateinische Ausdruck *ratio* und dessen griechisches Äquivalent *logos* ist. S. dazu R.-F. Poswick, *Le salut: une comptabilité pour un résultat divin* [*Das Heil: ein Rechnungswesen für ein göttliches Resultat*], in: *Interface* Nr. e-114, März 2009 (www.cibmaredsous.be).

Ziemlich verlegen und irritiert sehen mich meine jüdischen Freunde auf eine Tradition pochen, die sie in einer entwürdigenden Rolle zu fixieren scheint. Reden wir Klartext. Worin ist die Rolle eines Bankiers entwürdigender als die eines Landwirts oder Transportunternehmers? Er tut tausendmal mehr Gutes. Brot halten alle zu Recht für heilig. Was soll man vom Geld sagen, das Brot und gleichzeitig viele andere wunderbare Dinge verschafft, z. B. Bücher, Wissenschaft, Fortschritt, Nächstenliebe, Liebe? Geht es beim Barmherzigen Samariter, beim Groschen der armen Witwe nicht um Geld? Ist Ökonomie nicht das Opfer eines unmittelbaren Guts im Hinblick auf etwas Ideales? Die Errichtung einer möglichst rationellen Ordnung unserer Lebensweise?

Das Evangelium verbietet uns, dem Geld, dem *mammona iniquitatis*, zu dienen, ebenso unserem Bauch, unseren Leidenschaften, Ambitionen, egoistischen Vorstellungen. Das alles ist Götzendienst. Es verbietet uns aber nicht, uns des Geldes zu bedienen, um Gutes zu tun. Im Gegenteil.[13]

Und wie zur Bestätigung der Ansichten des Dichter-Propheten sind jüngst auch noch die Qumran-Handschriften aufgetaucht, speziell die große Jesaja-Rolle. Dieses Ereignis ist eine göttliche Botschaft, die über 2000 Jahre des Umherirrens und von Entwicklungen hinweg den universalistischen Anruf des Gottes Abrahams an sein Volk bestätigt, eine Botschaft, die die Christen seit ihrer Trennung von der Synagoge umzusetzen versuchen.

Das ganze Buch Jesaja, das ganze Jesaja-Evangelium seit Jahrhunderten vor Christus dort in einem mit Pech bestrichenen Gefäß sorgsam bewahrt wie die Samen des Lebens in der Arche, vollständig, unversehrt, die Urschrift, wie sie von Generation zu Generation in Abschrift auf uns gekommen ist, ohne daß auch nur ein vom heiligen Kalamus gezogenes Jota fehlt! Dein authentischer Titel, Israel! Und nicht nur dein Titel, sondern auch dein Gebot! Dieses tief in deinem Innern wurzelnde Protestgeschrei, dessen Echo du jetzt bis ans Ende der Erde zu verbreiten hast.[14]

---

[13] Paul Claudel, *Le Poète et la Bible*, II, a. a. O., S. 1752–1781.
[14] *L'Évangile d'Isaï* [*Das Jesaja-Evangelium*], 1951, S. 321. S. a. Paul Claudel, *Journal*, Heft II, La Pléiade, 1968, S. 667–668: Am 12. Januar 1949 erhält Paul Claudel durch einen Brief von A. Brunot einen Hinweis auf den Artikel von P. Bea S. J. (Bibelinstitut Rom) im *Osservatore Romano* vom 25. Juli 1948, in dem dieser die Handschriftenfunde von Qumran bespricht; s. a. S. 679 (14. April 1949).

Anläßlich der Wiedergeburt eines modernen Vaterlandes für das Bundesvolk vor gut 60 Jahren ist es vielleicht nicht unangebracht, es – und uns – an diese Vision und diese geballten Prophetenworte zu erinnern. Die 1950 publizierte Ausgabe des Büchleins *Eine Stimme zu Israel* schließt mit »*Höre, Israel!*« und ist mit »1949« datiert.[15]

Höre also, Israel!
Christ, höre auch du!

---

[15] Dieses »*Höre, Israel!*«, eine Anspielung auf das tägliche Hauptgebet der Juden, das »*Shema Israel*«, findet sich bei der in das *Jesaja-Evangelium* integrierten Textversion am Ende des letzten Kapitels (abgeschlossen am 3. Februar 1950). Im übrigen variieren der 1950 als separates Buch erschienene Text und seine Fassung im *Jesaja-Evangelium* noch an einigen anderen Stellen: So ist das vorletzte Kapitel des *Jesaja-Evangeliums* mit *Israels Restaurierung* statt mit *Eine Stimme zu Israel* betitelt. Demgegenüber wird in *Eine Stimme zu Israel* zusätzlich Psalm 89 (88), 51 als Motto [frei?] zitiert: »*Herr, denke an all die Völker, die ich unter meinem Herzen trug.*« Ebenso veröffentlicht Paul Claudel als Anhang zu dieser Ausgabe »*einen bemerkenswerten Artikel der Revue de la Pensée juive* […] *zu Shalom Ben Chorins Buch über die Religion und den Staat Israel*«. Émile Zuckerkandl »*hat ihn verfaßt und wird mir den Abdruck nicht verübeln*«. Der Beitrag befaßt sich mit den Spannungen zwischen orthodoxen und liberalen Juden im aufstrebenden Staat Israel. Diesem Artikel fügt Claudel noch an: »*Ein anderer Artikel von Herrn Guy Braibant hebt die labile Wirtschaftssituation des neuen israelischen Staates hervor.*«

2. Aktualität

METTE LEBECH

Edith Stein als europäische Philosophin

Die aus Schlesien stammende Philosophin Edith Stein ist bekannt als Denkerin des Problems der persönlichen Identität. Was dabei oft übersehen wurde, ist die Entwicklung persönlicher Identität in bezug auf soziale Identität und damit die Phänomenologie der sozialen Welt, die daraus abgeleitet werden kann. Dieser Artikel stellt zuerst vor, wie dieses Denken in Steins eigener Erfahrung von umstrittener sozialer Identität wurzelt und wie es uns nötigt, sie als europäische Philosophin zu verstehen. Zunächst wird ihre Verankerung in der europäischen Philosophie aufgezeigt, insbesondere der Einfluß Edmund Husserls und Thomas' von Aquin. Es wird versucht, Steins erste Prägung zur Phänomenologin des Sozialen als Vorgabe ihrer christlichen Philosophie nachzuweisen.[1]
Wenn wir nach Vorbildern suchen, die uns bei der Gestaltung des zukünftigen Europa helfen können, so konfrontiert uns die Geschichte des letzten Jahrhunderts besonders mit zwei verwandten Problemen, zu denen eine glaubwürdige Haltung in den uns inspirierenden Vorbildern vorgefunden werden muß. Es geht einerseits um die Gefahr von »Totallösungen« und andererseits um das große Leiden, das von tiefgehenden politischen Veränderungen verursacht werden kann.
Eigentlich versuchen wir eine totale Lösung anzustreben, weil stetige Veränderungen nicht nur unbequem sind, sondern auch unaus-

---
[1] Herzlichen Dank bleibe ich meinen »Verdeutschern« schuldig: Frau Carola Hähnel, Quilombo – Eine Welt Verein Dresden, Herrn René Kaufmann und Herrn René Raschke, beide vom Lehrstuhl für Religionsphilosophie, TU Dresden, und Susi Gottlöber, NUIMaynooth. Dieser Aufsatz wurde ursprünglich als Vortrag auf der Tagung der Edith-Stein-Gesellschaft Deutschland am 17. April 2010 in Salzburg gehalten.

sprechliches Leiden bringen können; Leiden, das aus Gewalt, Zerstörung der Infrastruktur, Verlust von Gütern, rechtlosen Zuständen oder Unklarheit über die Zukunft folgen kann. Wenn Grenzen sich stetig verschieben, wenn neue Staatsformen ständig um Autorität, Recht, Sprache und Kultur verhandeln oder kämpfen, bleiben wir immer im dunkeln. Unsere Zukunftserwartungen können dann keine konkrete Gestalt annehmen, wir können keine langfristigen Pläne machen, und wir müssen zusehen, wie andere Erwartungen entwickeln, die mit unseren unvereinbar sind, was wiederum eine neue politische Realität darstellt, mit der wir dann auch leben müssen. Wir sind auf die Hoffnung angewiesen, daß wir verstehen werden, wie wir morgen leben können.

Nur für den, der erfahren hat, daß »Totallösungen« immer zu fürchten sind, weil sie ihrer Logik nach in ihre eigene totalitaristische Verherrlichung führen, ist solche Hoffnung eine echte Alternative. Der weiß darum und kann auch anderen beibringen, daß wir als Menschen nicht die Kraft haben, etwas immer als dasselbe zu bewahren, ohne es zu zerstören. Diese Einsicht kann uns mit ungeplanten oder von anderen geplanten Veränderungen versöhnen. Doch ist wohl die persönliche Erfahrung von totalitaristischer Manipulation notwendig, um tiefe Veränderungen als Gelegenheiten zu akzeptieren, um anders zu sehen und anders zu werden. Denn bei solchen Veränderungen wird das systematische Denken abgelenkt oder zerstreut – auf die einzige Art und Weise, auf die man das funktionierende soziale System ablenken oder zerstreuen kann: durch Zufall und Neubeginn, durch die Geburt (wie es Hannah Arendt sagt). Wenn man aber von solchen Veränderungen sehr ermüdet ist, steigert sich andererseits auch die Versuchung durch »Endlösungen«. Man muß also nicht nur hoffen, um den Totalitarismus vermeiden zu können, man darf auch nicht darin ermüden. Die europäische Philosophie hat sich seit dem Ende des Zweiten Weltkriegs intensiv mit diesen beiden Problemen beschäftigt, weil die beiden Weltkriege viele Veränderungen und viel Schmerz gebracht haben und weil man versuchte, gerade diese schmerzhaften Veränderungen mit einer Totallösung zu bewältigen. Mit beiden Problemen – der Gefahr von Totallösungen und dem durch Gesellschaftskrisen bedingten Leiden – versöhnt zu leben, ist keine einfache Aufgabe; es heißt, Hoffnung und Schmerz als unentbehrliche Momente meines und unseres Lebens zu akzeptieren und die nächsten Generationen so zu erziehen, daß sie beides willkommen heißen können. Genau bei diesen Vorhaben kann uns Edith Stein Vorbild, Inspiration und sogar Hilfe sein. Das soll im folgenden aufgezeigt werden, indem einerseits Edith Stein als Europäerin und andererseits ihre Verankerung in der europäischen Philosophie behandelt wird.

1. Edith Stein als Europäerin

Die besondere persönliche Flexibilität Edith Steins, die ihren eigenen Lösungsversuch charakterisiert, stammt aus ihrem Bemühen, Mensch zu sein, zu werden und zu bleiben. In ihrer philosophischen Sprache heißt es, sich selber so zu konstituieren oder zu identifizieren, daß man den *typos* Mensch als den bedeutendsten unter allen möglichen Typen für sich selbst ansieht; das heißt, andere Typen diesem Typ unterzuordnen: Frausein oder Mannsein, Nationalität, Staatsangehörigkeit, Konfession, sozialer Status oder Funktion, Begabung etc.[2] Wenn ich den Typ Mensch als den meinen anerkenne, dann betrachte ich mich wesentlich und vor allem als *Mensch*, allen anderen Menschen gleich. Wer das versucht hat, weiß, daß es nicht so einfach ist, wie es scheint: Wir (und andere) identifizieren uns oft mit unserem sozialen Status, nehmen Privilegien unseres Geschlechts, unserer Nationalität oder Staatsangehörigkeit als selbstverständlich hin. Unsere konkrete soziale Existenz ist damit durch und durch von diesen Identifikationen geprägt. Um wirklich menschlich handeln zu können, muß ich eigentlich mit diesem ganzen intersubjektiven Gewebe sehr vertraut sein, um in seinem Netz nicht hängenzubleiben, statt mich frei damit kleiden und darin bewegen zu können. Steins Bildungsanthropologie ist wesentlich ein Versuch, das Menschsein gegen alle möglichen anderen Ansprüche zu verteidigen: besonders gegen den Anspruch auf Nütz-

---

[2] Zum Thema *typos* siehe *Zum Problem der Einfühlung*, ESGA Bd. 5, III, § 5p und IV, § 7b; *Beiträge zur philosophischen Begründung der Psychologie und der Geisteswissenschaften*, ESGA Bd. 6, II, II, § 4d; *Aufbau der menschlichen Person* ESGA Bd. 14, VIII, II–III. Daß Stein auch den Juden in erster Linie als Menschen in ihrer Autobiographie verteidigt, sieht man an den bedeutenden Stellen, wo sie von »jüdischem Menschentum« spricht, *Aus dem Leben einer jüdischen Familie*, ESGA 1, Vorwort, S. 2–3.

lichkeit in der Gesellschaft, des Nationalismus und den von verschiedenen Sonderinteressen, die in Diskriminierungen führen. Auf diesem Weg lernt sie das Christentum als unentbehrlichen Schutz und Stütze für das reine Menschenbild zu schätzen.[3] Ihr Aufwachsen in Schlesien war für sie eine prägende Lehre: Obwohl sie sich als Preußin sah, war die sehr wechselnde Geschichte Schlesiens der Hintergrund, vor dem sie akzeptieren mußte, daß Familienmitglieder nach dem Ersten Weltkrieg nach Oppeln und Berlin umsiedeln mußten.[4] Als Rote-Kreuz-Schwester im Lazarett in Mährisch Weißkirchen (heute Hranice na Moravě in Tschechien, 37 km östlich von Olomouc) war sie damals an der Front in Österreich.[5] Schlesien selbst war (1526–1742) auch österreichisch und noch früher (1335–1526) böhmisch. Zu Beginn des Mittelalters war es unter schlesischen Piasten zeitweise Teil Großmährens oder Polens.[6] Daß sich die Nationalität als Grundlage des Staates nicht durchsetzte, öffnete einen Raum, in welchem Minderheiten, darunter auch Juden, in Mitteleuropa leben konnten. Sonst ist Mitteleuropa – vielleicht mehr als Westeuropa – von dynastischen und pragmatischen Herrschermustern geprägt worden. Das machte es zu einem reichen Kulturgebiet mit starken Lokaltraditionen, vielleicht gerade weil es weniger ›natürliche‹ Grenzen gab, was aber andererseits den für Europa so wichtigen Nationalstaatsgedanken auch weniger förderte.

Daß Stein Schlesierin war, obwohl sie sich als Preußin sah, bringt mit sich, daß wir es heute als ein wenig problematisch empfinden, wenn wir sie als Philosophin bestimmter Nationalität bezeichnen wollen. Wir sagen dann vielleicht deutsch-jüdische Philosophin. Aber ihre Heimat, wo sie auch gestorben ist, liegt im heutigen Polen, und wir möchten das gern einbeziehen und anerkennen. Diese Heimat war früher auch die Heimat von Österreichern, Tschechen und Moraven, und so kommen wir auf den Gedanken, daß es vielleicht einfacher wäre, sie als mitteleuropäische Philosophin zu betrachten.

Insofern der Staat Träger geschichtlichen Geschehens ist, wie es Stein behauptet, darf man Stein wohl einfach als deutsche Philosophin betrachten. Wenn man das nicht zutreffend findet, so erklärt es

---

[3] Hierzu besonders *Was ist der Mensch?*, ESGA 15.
[4] *Aus dem Leben einer jüdischen Familie*, ESGA 1. Zur Umsiedlung vgl. I, S. 12.
[5] Ibid. Kap. VIII.
[6] Helmut Neubach: *Kleine Geschichte Schlesiens*, Senfkorn, Görlitz, 2007.

sich vielleicht mit dem philosophischen Problem der Existenz des Staates selbst, auf das Edith Stein noch früher als die meisten jungen Menschen stieß. Als 28jährige hat sie *Eine Untersuchung über den Staat* zum größten Teil in Breslau oder Wrocław in den Jahren nach dem Ende des Erstens Weltkriegs geschrieben.[7] Dieses Buch spiegelt die komplizierten Heimatverhältnisse wider, und zwar so, daß die darin versuchte Wesensbestimmung des Staates viel an Genauigkeit und Einsicht gewinnt. Die eidetischen Variationsmöglichkeiten, in die sich die politischen Umstände nach dem Ersten Weltkrieg für Stein umgewandelt hatten, erlauben ihr, den Staat wesentlich *als* Souveränität anzusehen. Daß der Staat Souveränität *ist*, heißt, daß er die reale und prinzipielle Möglichkeit hat, positives Recht festzusetzen und aufrechtzuerhalten. Es heißt ebenso, daß, wenn er nicht mehr souverän ist (zum Beispiel, wenn er von einem anderen Staat erobert oder unter verschiedene Staaten aufgeteilt wird), er zu existieren aufhört. Das Volk, das vielleicht früher die gemeinschaftlichen Grundlagen für das Leben dieses Staates ausgemacht hat, hört damit nicht zu existieren auf; es hat ein eigenes Konstitutionsprinzip, das unter anderem von der Sprache und der Kultur bestimmt ist. Dieses Prinzip bietet eine reale Möglichkeit, die sozialen Bedingungen des Staates zu schaffen. Es ist aber dafür nicht unbedingt notwendig, und es bewirkt auch nicht durch sich selbst die Entstehung des Staates. Zum Staat gehören essentiell Menschen, die sich als seine Vertreter verstehen und in seinem Interesse handeln: Wesentlich für den Staat ist also die Machtausübung in seinem Namen. Ob ein Führer Imperator, König oder Präsident genannt wird, ist für den Staat als solchen ebenso unwesentlich wie seine Regierungsform. Vielleicht ist der Regent nur dem Titel nach Regent, während die wirkliche Macht unabhängig davon, ob es sich um eine Monarchie oder eine Demokratie handelt, bei Beamten liegt. Was zum Wesen des Staates gehört, ist nur, daß diese Macht im Namen des Staates ausgeübt wird – und das in solcher Weise, daß der Staat souverän bleibt. Die Macht so ausüben zu können, heißt ›Staatsraison‹ zu besitzen, und es ist kein Zufall, daß dieser Begriff entstanden ist, als Beamte zunehmend Königen beistehen mußten, den Staat zu verwalten und zu regieren. Die Königreiche und Herzogtümer des

---

[7] *Eine Untersuchung über den Staat*, ESGA Bd. 7. Zur Datierung siehe *Selbstbildnis in Briefen III*, ESGA Bd. 3, Brief 72.

Mittelalters stellten nur einen rudimentären Staat dar, der wenig Ordnung stiftete und auf persönliche Loyalität zum König gegründet war. Der moderne Staat aber hat genug Ordnung hervorgebracht, um die persönliche Loyalität zu transzendieren und in unpersönliche Macht übergehen zu lassen. Dazu benötigt der Staat viele Personen, die ›wie der Staat denken‹, d. h. Staatsraison haben und ausüben: Er braucht Diplomaten (in dynastischen Zeiten zum großen Teil durch Heirat ›geschenkte‹ Frauen), Politiker und Beamte.[8]

In dem Begriff der Souveränität liegt aber auch das riesige Gewaltpotential des Staates, das mit seiner Entpersonalisierung noch gesteigert wurde. Nach innen muß der Staat die Staatsangehörigen seinem Recht unterwerfen und organisieren, um seine eigene Kraft aufzubauen. Nach außen muß er seine Souveränität unter den Staaten behaupten und sein Territorium verteidigen oder erobern. Insofern das definierende Prinzip des Staates darin besteht, seine Souveränität zu erhalten, ist er als solcher weder gut noch schlecht. Er ist manchmal gut, wenn er die Gemeinschaft so zu organisieren vermag, daß das menschliche Leben, Kunst und Kultur blühen können. Aber er ist manchmal schlecht, wenn er menschliches Leben opfert, Familien zerstört und freie Lebensentfaltung verhindert, um seine Souveränität zu bewahren. Wesentlich und der Staatsraison gemäß versucht der Staat immer zu realisieren, was wir eine Totallösung genannt haben. In diesem Prozeß schafft er für eine Weile Ordnung. Nur die Menschlichkeit und Weisheit der Machtausübenden sowie ihre Gebundenheit an andere Werte oder auch schlichtweg die einfache Machtlosigkeit verhindern solche Totallösungsversuche, die darin bestehen, die eigene Logik bis zum Ende zu verfolgen. Es ist daher wichtig, die Menschlichkeit der Machtausübenden so zu bilden und zu stärken, daß sie so tief in menschlichen Werten verankert sind, daß sie diese nicht aufgeben, wenn die Versuchung, Ordnung zu schaffen (und für sie heißt das ja: Macht auszuüben), bedrohlich wird.[9] Die für den Staatsvertreter wesentliche Spannung zwischen Macht und Menschlichkeit hatte Stein schon gleich nach dem Ersten Weltkrieg erkannt. Anstatt in die Politik zu gehen und so diese Spannung selbst direkt und öffentlich auszuhalten, faßte sie

---
[8] *Staat*, I.
[9] *Staat*, II.

den Entschluß, sich ganz für die Bildung zur Menschlichkeit einzusetzen. Ihr erster Schritt in dieser Richtung war ihre Taufe. Mehrere Faktoren haben dazu beigetragen: Einer von ihnen war aber das Bewußtsein, daß der Staat dringend Vertreter braucht, die von höheren Werten motiviert werden.
Stein war geborene Jüdin, gab aber den Glauben schon als Kind auf. Ihr Judentum hat vermutlich ihr Bewußtsein dafür gesteigert, daß ihre Herkunft eine gemischte war – zumindest in den Augen ihrer Zeitgenossen, die sich mehr und mehr der Sehnsucht nach einem Nationalstaat, auch für die Deutschen, hingaben. Wie es schien, war es in einem deutschen Nationalstaat aber prinzipiell schwierig, eine große Minderheit von Juden einzubeziehen, besonders wenn man es zur selben Zeit auch mit Grenzproblemen zwischen den mitteleuropäischen Völkern zu tun hatte. Die Juden waren unter all diesen Völkern verstreut und stellten in diesem Zusammenhang ein ›störendes Mischungsphänomen‹ dar, das die Grenzen zwischen mitteleuropäischen Nationalstaaten aufweichte. Stein erkannte wohl, daß die Judenverfolgung tiefliegende systembedingte Ursachen hatte; sie scheint auch überhaupt nicht davon überrascht worden zu sein, daß die Verfolgung sich so relativ schnell ausbreitete. So sprach sie sich zwar gegen Hitler aus, aber sonst war ihre Antwort auf das nationalsozialistische Ereignis nicht von persönlichen Vorwürfen geprägt: Sie wußte, daß sie wahrscheinlich ihr Leben hingeben mußte, weil sich ein Staat auf die Versuchung einer Endlösung eingelassen hatte.
Ihre Art und Weise, sich gegen das Dritte Reich zu engagieren, war, sich für die Bildung der Menschen einzusetzen, und zwar konkreter Menschen: Kinder, Männer und Frauen und nicht abstrakter Teile eines so oder so gestalteten Staates.[10] Dieses Engagement speiste sich aus ihrem Christsein. Als ihr diese pädagogische Betätigung nicht mehr erlaubt war, hat sie als Karmelitin gebetet und geschrieben – christliche Ontologie und Kreuzeswissenschaft: Versuche zur Grundlegung einer Wissenschaft jenseits von weltlicher Macht.[11]
Schlesierin, Preußin, Jüdin und *Christin*: Edith Steins Leben war im mitteleuropäischen Kulturraum verwurzelt. Als Philosophin hielt

---

[10] *Bildung und Entfaltung der Individualität*, ESGA Bd. 16; *Die Frau*, ESGA Bd. 13; *Aufbau der menschlichen Person*; *Was ist der Mensch?* ESGA Bd. 14–15.
[11] *Endliches und ewiges Sein*, ESGA Bd. 11–12; *Wege der Gotteserkenntnis*, ESGA Bd. 17; *Kreuzeswissenschaft*, ESGA Bd. 18.

sie in ganz Deutschland Vorträge, insbesondere im Westen: Bayern, Rheinland-Pfalz und Nordrhein-Westfalen. Auch in Frankreich, in der Schweiz, in Österreich und Holland war sie philosophisch tätig – in Österreich während der ersten ›Salzburger Woche‹ (30.8.–3.9. 1930). Auch Polen dürfen wir zu ihrem Tätigkeitsgebiet zählen: So hat sie ihre Vorlesungen zur *Einführung in die Philosophie* in Wrocław gehalten.[12] Von Anfang an in Schlesien verwurzelt, ist ihr Leben das einer Europäerin geworden.

Stein hat sich wohl nie als Europäerin in einem bewußten Sinne bezeichnet, wie sie sich auch nicht als Schlesierin in einem politisch bewußten Sinn sah. Aber sie war beides, und gerade weil ihre Selbstkonstitution als Schlesierin und Preußin nicht ohne Spannung blieb, ist die Identifikation als Europäerin wohl passender. Ihrer Anthropologie nach müssen wir ernst nehmen, daß sie als höchsten Typ der Selbstkonstitution nur den des Menschen anerkannte. Am Menschen lag ihr am meisten, nicht an Schlesien, nicht an Deutschland, nicht an Europa, nicht am Judentum und nicht einmal am Christentum. Obwohl der Mensch nach Gottes Bild gebildet zu werden verlangt und darum die Offenbarung in Christus benötigt, kann der Mensch kein Mittel zur Realisierung des Gottesreiches sein. Der Mensch ist auch – obwohl vorübergehend – zuhause auf der Erde und eben in der Welt. Stein wußte darum, und ihr Leben lehrt uns, daß die Grausamkeit dann ganz nahe liegt, wenn wir versuchen, solche Heimatorte als dauerhaft und absolut notwendig anzusehen. Wir *müssen* in der Hoffnung leben.

2. Edith Steins Verankerung in der europäischen Philosophie

Als Mensch an einem Ort, in einer Landschaft und in einer Kultur zu leben heißt, mit diesen in ständigem Austausch zu stehen. Es bedeutet, sich in diesen zu verwurzeln oder zu verankern, von diesen geprägt zu sein. Es heißt auch, zu diesem Ort, dieser Landschaft, dieser Kultur beizutragen. Genau in diesem Sinn ist Stein eine europäische Philosophin geworden: Sie steht in der Tradition der europäischen Geistesgeschichte, im Fluß des europäischen Geisteslebens. Sie ist von beiden durchdrungen und hat zu beiden Wesentli-

---

[12] *Einführung in die Philosophie*, ESGA Bd. 8.

ches beigetragen. Eine europäische Philosophin ist sie ganz bewußt gewesen: Ihre genauen Ausführungen über die Teilnahme am geistigen Leben einer Gemeinschaft machen deutlich, daß sie das Aneignen von Kulturgütern und die Schaffung solcher, das Lesen und das Schreiben, als Beiträge zum geistigen Leben dieser Gemeinschaft ansieht.[13] Eine geistige Gemeinschaft schöpft ihre Kraft und speist sich selbst aus solcher Teilnahme. Steins ›Methode‹ dieser Teilnahme ist auch die ›Methode‹ ihres Lebens: Es ist Nachdenken, Durchdenken, Weiterdenken, radikaler Gehorsam – was auch als radikales Vertrauen charakterisiert werden kann. Es ist, mit den Mitmenschen das Leben zu teilen. Der Einfluß Diltheys auf Steins Phänomenologie läßt ihre besondere Art von Phänomenologie immer sehr hermeneutisch erscheinen.[14] Genau diese hermeneutische Phänomenologie erlaubt es ihr, in Denkgebäude hineinzugehen, die sonst der Phänomenologie und ebender modernen Philosophie artfremd sind. Sie erlaubt es ihr, Gedankengänge zu verfolgen, zu durchdenken und weiterzudenken, die von ihrem eigenen Ausgangspunkt sehr verschieden sind. Die Schwierigkeit, die mit dem Lesen von Steins Werken verbunden ist, hat mit ihrem besonderen ›textnahen‹ Auslegungsstil zu tun. Stein glaubt, daß die Texte, mit denen sie sich beschäftigt, sich um etwas drehen, was seine eigene verstehbare Form hat, der man nachgehen muß, um sie genau in ihrer Wesensnotwendigkeit zu verstehen. Wenn man das getan hat, hat man nicht nur den Text verstanden, sondern darüber hinaus auch etwas Wesentliches vom Aufbau der Welt begriffen. Das sei das eigentliche Ziel der Philosophie, so Stein. Das Verständnis eines Textes kann selbstverständlich nicht ohne Bewußtseinsgewinn über den eigenen Standpunkt geschehen, wie es auch später Gadamer und Ricœur unterstreichen. Aber das ist für Stein eigentlich Teil des Aufbaus der Welt, insofern dieser Aufbau und die Auffassung von ihr abgestuft sind, so daß gewisse Teile für das oberflächliche Bewußtsein verhüllt bleiben und nur für den zugänglich sind, der aus der Tiefe der eigene Seele lebt.

---

[13] *Beiträge zur philosophischen Begründung der Psychologie und der Geisteswissenschaften*, II, erscheint bald als ESGA 6.
[14] Peter Freienstein: *Sinn verstehen. Die Phänomenologie Edith Steins*, Turnshare, 2007 hat das gut verstanden, obwohl es den Anschein hat, daß der Autor mit der frühen Philosophie Edith Steins merkwürdigerweise nicht vertraut ist.

Es ist wohlbekannt, daß Steins Philosophie besonders in der Philosophie zwcier weiterer Europäer verankert ist: in der von Edmund Husserl einerseits und in der von Thomas von Aquin andererseits. Hinter diesen beiden stehen noch viele andere europäische Philosophen: Bei Husserl handelt es sich besonders um Descartes, Berkeley, Hume, Kant und Brentano, bei Thomas besonders um Aristoteles, Platon und Dionysios Areopagita (der vielleicht Syrer, vielleicht Byzantiner war). Das Europa des Aquinaten war wiederum wesentlich von außen beeinflußt, und so kommt es, daß seine Philosophie ebenso von den Arabern Avicenna und Averroes geprägt ist wie auch vom römischen Nordafrikaner Augustinus. Neben diesem breiten Spektrum europäischer Philosophen und solchen, die zur Geistesgeschichte der europäischen Philosophie beitrugen, stehen viele andere europäische Philosophen und Denker, wie Teresa von Jesus, Johannes vom Kreuz, Georg Wilhelm Friedrich Hegel, Wilhelm Dilthey, Max Scheler, Alexander Pfänder, Adolph Reinach, Hedwig Conrad-Martius, Roman Ingarden, Martin Heidegger, Hans Lipps, Sigmund Freud und Albert Einstein, die ebenfalls einen direkten Einfluß auf Steins Philosophie ausübten, von denen sie sich inspirieren ließ oder mit denen sie sich direkt auseinandersetzte.

Wir wollen uns hier auf ihre Haupteinflüsse beschränken und ihrer Verankerung in Husserl einerseits und Thomas von Aquin andererseits sowie der Wirkung nachgehen, welche diese auf sie ausgeübt haben.

Bei Husserl ist es das phänomenologische Projekt, das Stein so faszinierte, daß sie von Breslau nach Göttingen umsiedelte, um daran teilzunehmen und dazu beizutragen. Dieses Projekt, die Wissenschaften neu zu begründen, um Schärfe und Klarheit hervorzubringen, wo Verwirrung und Unklarheit herrschten, ist eines der ältesten europäischen geistigen Projekte, welches jedoch von Husserl neu initiiert wurde, um die nachreformatorischen Spaltungen zu überwinden und die modernen erkenntniskritischen Bedenken mit dem klassischen Projekt zu vereinbaren. Für Stein war dieser Neubeginn überzeugend, weil er einen unbezweifelbaren Ausgangspunkt anbot. Dieser Ausgangspunkt ist die phänomenologische Ursprungsbetrachtung, die Husserl von Descartes übernahm: Im Erlebnis des Zweifels selbst steckt die Gewißheit des zweifelnden Selbst, der Gewißheit des Erlebnisses des Zweifels selbst. Mit die-

sem Erlebnis des Erlebnisses, das nicht bezweifelt werden kann, eröffnet sich der ganze Bezirk der phänomenologischen Untersuchung: Alles, was erlebt wird, kann auch als solches untersucht werden, und wenn man präzise observiert und beschreibt, bleibt man bei solcher Untersuchung auch im Feld des Unbezweifelbaren.
Stein hat sich dieses phänomenologische Programm früh in ihrem Leben angeeignet, so daß sie später nicht mehr ohne dieses Fundament denken konnte oder wollte. Sie hat wohl auch deshalb Verständnis für das Projekt der Moderne, das diese Ursprungsbetrachtung notwendig gemacht hat, weil es ohne diese Grundlage zwar sehr systematische, aber weniger methodische Ansätze gegeben hat. Um diese Systeme miteinander zu vergleichen und zu bewerten, braucht man solch eine Ursprungsbetrachtung, da sonst die Grundlagen und Grundbegriffe solcher systematischer Ansätze als dogmatisch und unbegründet stehenbleiben müßten.[15]
Stein konnte vom Neukantianismus, Idealismus und Hegelianismus mit Husserl lernen, weil sie an diese Ursprungsbetrachtung anknüpfte und meinte, so die epistemologische Grundlage dieser Denksysteme nachprüfen zu können. Später eignete sie sich Aspekte des Denkens von Thomas von Aquin, Aristoteles und vom Neuplatonismus an, weil sie schon einen methodischen Zugriff hatte, der es ihr erlaubte, über deren Grundbegriffe nachzudenken und ihre Fundamente mit anderen möglichen Grundlagen zu vergleichen und in Einklang zu bringen. In diesem Sinn hat sie ihr ganzes Leben lang die Phänomenologie betrieben und erweitert, nicht aber grundlegend geändert.
Ihre Abwandlung der Husserlschen Phänomenologie, wenn man von Abwandlung sprechen darf, tritt schon zu Beginn ein, und zwar mit Steins Betonung der Einfühlung als unentbehrlicher Grundlage des intersubjektiven Objektivitätsverständnisses. Mit ihrer Analyse der Einfühlung gewinnt Stein die Möglichkeit, den Aufbau der sozialen Welt zu verstehen und zu untersuchen. Als sie das in ihren *Beiträgen zur philosophischen Begründung der Psychologie und der Geisteswissenschaften* tut, gewinnt sie zudem eine Basis, auf der das intersubjektive Urteilen selbst beurteilt werden kann. Insofern das Urteilen nur als Seinsbehauptung möglich ist – so eine Einsicht in die Phänomenologie des Urteils, die sie Reinach und Conrad-Mar-

---

[15] *Endliches und ewiges Sein*, II.

tius verdankt[16] –, liefern diese Untersuchungen des sozialen Gewebes und der entsprechenden Weltanschauungen auch eine tiefe Analyse der sozialen Bedingungen jeder möglichen Ontologie. Da Philosophie nicht ohne Urteilen möglich ist, ist eine solche Analyse eine gute Vorbereitung für ontologische Untersuchungen, wie sie Stein später auch durchführt. *Die* Wirklichkeit beurteilen kann nur der, der alles überprüft und alle Erfahrungen anderer mit einbezogen hat. Obwohl das vielleicht für uns endliche Wesen – auch für solche, die sich von der Offenbarung begleiten lassen – nicht vollständig möglich ist, ist es ebenso unmöglich, auf diesen Anspruch ganz zu verzichten und dennoch Philosophie zu betreiben. Wenn es also eine Suche nach Weisheit gibt, dann müssen wir auch einerseits akzeptieren, daß wir tatsächlich etwas lernen können, und andererseits, daß das, was wir lernen können, immer überprüft werden kann und vielleicht in einem neuen Kontext ganz anders erscheint. Ontologie zu betreiben bedeutet für Stein immer, ein Lernender unter Lernenden zu sein, eine Haltung, die besonders ihre letzten Werke prägt.[17] Und gerade diese Einstellung, gestärkt durch ihre Beschäftigung mit der Mystik, lernte sie ursprünglich von der Husserlschen Phänomenologie.

Von Thomas von Aquin eignete sie sich dieses auf eine andere Weise an. Daß man ohne Urteil keine Philosophie betreiben kann, ist hier in der Aristotelischen Wesensanalyse verankert: Etwas ist, was es ist, sonst könnten wir davon nicht sprechen.[18] Gerade das Aristotelische Wesensverständnis ist aber so an seine Platon-Kritik gebunden, daß es nicht ohne weiteres mit dem phänomenologischen Wesensverständnis vereinbar ist. Damit kommt es zu einer Auseinandersetzung zwischen zwei Seins- und Wesensbegriffen, die eine radikale Aristoteles-Kritik veranlaßt. In dieser Kritik wirft Stein Aristoteles vor, einen Wesensbegriff zu haben, der zwei verschiedene und unvereinbare Zwecke verfolgt: Einerseits soll das Wesen die

---

[16] Adolph Reinach: ›Theorie des negativen Urteils‹, Münchener Philosophische Abhandlungen, 1911, und *Gesammelte Schriften*, hg. von Stein und Conrad-Martius, Halle, 1921 (Textkritische Ausgabe in 2 Bänden. Herausgegeben von Karl Schuhmann und Barry Smith. München, Philosophia, 1989). Hedwig Conrad-Martius: ›Zur Ontologie und Erscheinungslehre der realen Außenwelt‹, *Jahrbuch für Philosophie und phänomenologische Forschung, III*. Ideen später entwickelt in *Das Sein*, Kösel Verlag, München, 1957.
[17] *Endliches und ewiges Sein*, Vorwort.
[18] Aristoteles: *Metaphysik*, V–VII.

Substanz als fundamental sichern, und zwar als konkret und empirisch faßbar. Andererseits soll es gleich der Form auch rein Intelligibles ausdrücken und so von der Materie nicht nur getrennt, sondern ihr auch entgegengestellt werden. Dann aber muß die Materie zwei unvereinbare Rollen spielen: Sie muß das, was ist, als solches faßbar machen und dabei selbst prinzipiell unfaßbar sein. Hierin besteht aber ein Widerspruch, weil ihre Wesensbestimmung als ›das, was ist, faßbar zu machen‹ gerade verstehbar ist und insofern also nicht prinzipiell unfaßbar sein kann.[19]
Stein hat aber für diesen Widerspruch eine Erklärung und damit auch einen Ausweg vorgeschlagen. Die Platonische Vorstellung von der Sinnwidrigkeit der Materie, die bei Aristoteles paradoxal wiederkehrt, wie sie es auch im Verlauf der gesamten Philosophiegeschichte – und so auch bei Thomas – in verschiedenen Formen tut, sieht sie als Ausdruck unserer gefallenen Natur, welche die konkrete Welt als Widerstand auffaßt, anstatt ihr als gottgegeben zu begegnen. Die erlöste Menschheit dagegen sieht nicht die Materie als prinzipiell unfaßbar oder sinnwidrig.[20] Sie fragt nach dem Sinn der Materie, wie es auch in der modernen Wissenschaft so erfolgreich und mit großen technologischen Fortschritten im Gefolge geschehen ist. Das heißt zwar nicht, daß die moderne Menschheit endgültig erlöst worden sei – davon dürften die Zwecke, zu dem die technologischen Fortschritte gebraucht worden sind, überzeugen –, es bedeutet aber, daß es möglich und auch produktiv ist, die Materie als sinnvoll zu verstehen. Und daraus folgt, daß es nicht sinnvoll ist, sie als sinnlos zu verstehen.
Wenn die Materie als sinnvoll aufgefaßt wird, braucht der Wesensbegriff nicht zwei widerstreitenden Zwecken zu dienen, sondern kann als gestuft verstanden werden, ohne daß das konkretere Wesen sich der Unverstehbarkeit annähert. Daher ist es möglich, Einsicht in das Wesen des Individuums zu bekommen (Thomas zufolge ist solch eine Erkenntnis nur für den Engel und Gott möglich)[21]. Dann können wir behaupten, wie es die Liebe immer behauptet hat, daß die menschliche Individualität als solche unendlich intelligibel und

---

[19] *Endliches und ewiges Sein*, IV.
[20] *Endliches und ewiges Sein*, IV, § 4, 5.
[21] *Übersetzungen III. Thomas von Aquin, Über die Wahrheit* I, ESGA Bd. 23, Q. VIII, art. 11.

entdeckbar ist und sich nicht prinzipiell unserem Intellekt entzieht (obwohl wir sie nie in ihrer Fülle ganz begreifen können). Damit können auch andere Geschöpfe in ihrer Individualität erkannt werden.[22] Mit dem gereinigten Wesensbegriff wird auch ein zweites Ergebnis von der gefallenen Auffassung der Materie als sinnwidrig hinfällig. Es handelt sich um das hierarchische Modell der Weltordnung, das aus der binären Abwechslung von Akt und Potenz bei Dionysios Areopagita entstanden ist und bei Thomas von Aquin als Modell der *Analogia entis* übernommen wurde.[23] Die neuplatonische Idee ist vom Begriff der »sinnwidrigen Materie« abhängig, insofern es genau die Sinnwidrigkeit ist, die das Potentielle als Untergeordnetes und von der Aktualität Abhängiges kennzeichnet. Die *Analogia entis*, wie Stein sie sich vorstellt, ist komplexer gegliedert. Für sie handelt es sich um wesensverschiedene Seinsformen (Natur, Geist und absolutes Sein), die in verschiedenen Beziehungen stehen und sich darüber hinaus in ihrer internen Gliederung verstehen lassen, so daß zum Beispiel auch dem Sein von Wesenheiten und den Transzendentalien ihre eigene Art von ewigem Sein zugestanden wird. Die *Analogia entis* von Stein ähnelt mehr der biologischen Klassifikation als der Areopagitischen: Es gibt zwar Stufen unter den Seienden und den verschiedenen Seinsformen, aber diese sind nicht nur durch ihren Aktualitätsgrad charakterisiert. Die verschiedenen Seinsformen bilden nicht eine einfache Stiege, sie bilden ein Universum.

Und so kommt Stein auch dazu, die Schriften des Areopagiten zu ergänzen, indem sie die verlorene Abhandlung neu schreibt, die es nach Auskunft des Areopagiten gegeben haben soll: die Abhandlung zur symbolischen Theologie.[24] Diese Abhandlung, zusammengestellt aus den Werken, die wir von Dionysios besitzen, und durchdacht nach seinen eigenen Prinzipien, zeigt, wie das Geschaf-

---

[22] *Endliches und ewiges Sein*, VIII.
[23] *Wege der Gotteserkenntnis* ESGA 17, Zweiter Teil: Edith Steins Übersetzungen der Schriften des Dionysios Areopagita, ›Himmlische Hierarchie‹ und ›Kirchliche Hierarchie‹, pp. 160–245. *De Veritate* verweist immer wieder auf Dionysios, und so hat Stein sich entschlossen, auch Dionysios zu übersetzen, um ihre christliche Tradition kennenzulernen.
[24] ›Wege der Gotteserkenntnis. Die symbolische Theologie des Areopagiten und ihre sachlichen Voraussetzungen‹ in *Wege der Gotteserkenntnis*.

fene symbolisch Gott widerspiegelt und offenbart und so, wie die ganze Schöpfung, Gotteslob und Gottesbild ist. Dieser Lobgesang der Mannigfaltigkeit gehört auch zum Verständnis des Begriffs der *Analogia entis* bei Stein und damit zum Verständnis ihrer Thomasrezeption. Das Wichtigste, das sie von Thomas gelernt hat, ist, daß die Offenbarung Wesentliches zur Philosophie beitragen kann und muß, wenn die Philosophie ihrer Grundkonzeption treu bleiben will: alles einzubeziehen, um auf ein Verständnis der Welt hinzuarbeiten.[25] Den Vorwurf Hannah Arendts gegenüber jeder Metaphysik, totalitär zu denken, der wohl besonders an das Denkgebäude des Thomas von Aquin gerichtet war, hat Stein nicht gehört, da sie den Krieg nicht überlebte.[26] Zwar denkt Stein auch von einer Ursprungsbetrachtung aus und blickt bis zum Sein selbst. Aber obwohl sie systematisch vorgeht, d. h. gründlich und bemüht, alles Relevante einzubeziehen, entsteht daraus nicht ein leicht faßbares System, das mit einfachen Kommunikationsmitteln schnell Breitenwirkung entfalten könnte. Stein ist von ihrer eigenen Machtlosigkeit wohl so überzeugt, daß ihr eine Totallösung aller philosophischen Probleme utopisch fern erscheint. Sie hatte sich aber vielleicht genau das von der Phänomenologie erhofft und an deren Umwandlung in eine Reihe von phänomenologieähnlichen Projekten sehr gelitten. Das Denkgebäude der Phänomenologie, das Edith Stein eine Stadt, eine Wohnung in der geistigen Welt hätte bieten können, wurde niemals fertiggestellt und war schon von Anfang an eine Ruine, besonders wenn man von dem Beitrag Steins absieht. Gerade ihr Beitrag hätte aber das große Projekt weiter voranbringen können. Ob man darin einen Vorteil sehen kann, daß ihr Beitrag nicht verstanden wurde, ist eine weitere Frage. Denn so konnte dieser besondere Totallösungsversuch, die europäischen Wissenschaften neu zu begründen, zumindest andere nicht sofort bedrohen. Vielleicht ist die Komplexität der sozialen Welt selbst Impfung gegen Totalitarismus. In diesem Fall kann unser Verständnis davon nicht bedrohlich sein. Eigentlich müssen wir wohl auch dies hoffen, um (überhaupt weiter) denken zu können.

---

[25] *Endliches und ewiges Sein*, I.
[26] Hannah Arendt: *Life of the Mind* (1–2), Harcourt Brace Jovanowich, New York, 1978.

Steins Verankerung in der europäischen Philosophie läßt sie Kulturgüter Europas in einer Form vermitteln, die sie überzeugend gefunden hat. Sie bietet uns die Grundideen der Philosophie neu aufbereitet in einer Weise, von der sie glaubt, daß sie unserer Menschlichkeit dienen können. Wir müssen wie alle Lernenden selber entscheiden, was wir davon brauchen können und was nicht. Es gibt so viele Angebote. Bei uns liegt die Entscheidung.

Andreas Uwe Müller

Schwierige Erinnerung
Warum und zu welchem Zweck studiert man Edith Stein?[1]

Sehr verehrte Anwesende,
vor wenigen Tagen eröffnete Shimon Peres, der Präsident des Staates Israel, seine Rede im Deutschen Bundestag anläßlich des internationalen Gedenktags für die Opfer der Shoa mit folgenden Worten: »Und während es mein Herz zerreißt, wenn ich an die Greueltaten der Vergangenheit denke, blicken meine Augen in die gemeinsame Zukunft einer Welt von jungen Menschen, in der es keinen Platz für Haß gibt.«
Ich empfinde hier heute ähnlich, an diesem Ort und in dieser Stunde unter dem Bild Edith Steins, deren Leben als unschuldiges Opfer in den Gaskammern von Auschwitz endete.
Es gibt immer wieder Stunden in der Geschichte, die Sinn und Unsinn des Daseins, die den Abgrund und das Geheimnis des Menschen wie keine anderen offenlegen. Zu diesen Stunden zählt die Shoa im Schlechten wie im Guten. Im Schlechten, weil sie die dunkle Seite des Menschen beleuchtet, die wir nicht verdrängen dürfen, wenn sich das Böse nicht noch einmal wiederholen soll. Und im Guten, weil sie uns zeigt, wie man die dunkle Seite besiegen kann. Zu diesem Guten gehört auch das Zeugnis Edith Steins.
Junge Menschen haben heute ein Interesse daran zu wissen, wie es dazu kommen konnte und aus welchen Kräften eine gemeinsame Welt entstehen kann, die Intoleranz, Haß und Diskriminierung von Menschen durch Menschen überwindet. Und sie fragen danach, welche Bedeutung auch die Religionen von heute für diese Zukunft und für das eigene Leben haben können.
Aber wir leben fast siebzig Jahre nach dem Holocaust in einer ganz anderen Welt. Wir sind räumlich ziemlich nah am Karmel in Köln-Lindenthal und auch an Echt, wo Edith Stein zuletzt gelebt hat und wo sie verhaftet wurde; aber innerlich sind wir Lichtjahre davon

---
[1] Festvortrag bei der Einweihung des neuen Edith-Stein-Archivs am 7. Februar 2010 in Köln.

entfernt. Und je weiter diese Zeit in die Vergangenheit rückt, je mehr uns die Alltagssorgen einer sich rasch verändernden, von Terror, Kriegen, Wirtschafts- und Klimakrise gezeichneten Welt gefangenhalten, je mehr Menschen in unserer Gesellschaft leben, die anderer Herkunft sind, anderen kulturellen Welten entstammen und andere Sozialisationen haben, und je mehr Zeitzeugen uns entschwinden, desto mehr kommt es darauf an, daß wir nicht vergessen und uns erinnern.

Ja, die Jugend und noch die künftigen Generationen müssen sich erinnern, dürfen nicht vergessen und müssen wissen, was geschehen ist, damit sie lernen, sich andere Ziele zu setzen, die ihnen nie wieder Krieg und Mord, sondern eine friedvolle Zukunft verheißen.

Aber dabei drängt sich uns heute, wenn wir das neue Edith-Stein-Archiv einweihen und seiner Bestimmung übergeben, die Frage auf, wie uns diese entscheidende geschichtliche Stunde und darin das Zeugnis Edith Steins gegenwärtig bleiben können, damit wir die richtigen Weichen stellen und lernen, an einer Zukunft des Friedens, der Versöhnung und der Liebe zu bauen. Es geht um lebendige Überlieferung. Diese beginnt nicht gleich mit dem Sammeln von Überresten, sondern mit dem lebendigen Funken, der vom anderen ins Herz fällt.

1. INITIALZÜNDUNG LEBENDIGER ERINNERUNG

Im Falle von Edith Stein spürten die Mitschwestern (und Freunde) gerade daran, wie sehr und wie schmerzlich sie ihre Mitschwester Teresia Benedicta vermißten, daß sie einen Menschen verloren hatten, der nicht alltäglich, dessen Leben kostbar und heilig war und etwas zur Sprache gebracht hatte, was weit über die Mauern des Klosters hinausging. Im Lichte ihres Todes wurde ihr Testament, das sie am 9. Juni 1939, drei Monate vor Ausbruch des Zweiten Weltkriegs, verfaßte, so etwas wie die Summe ihres Lebensweges. Darin findet sich ein Schlüsselsatz, der den Geist ihres ganzen Lebens und ihres Daseins für den anderen erhellt: »Schon jetzt nehme ich den Tod, den Gott mir zugedacht hat, in vollkommener Unterwerfung unter Seinen heiligsten Willen mit Freuden entgegen. Ich bitte den Herrn, daß Er mein Leben und Sterben annehmen möchte zu Seiner Ehre und Verherrlichung ...« Es folgen »insbesondere« zwei Bitten für den

Karmel und das jüdische Volk; der Ausdruck Sühne fällt in diesem Zusammenhang, und danach folgt vor einer abschließenden Bitte für die Angehörigen: »für die Rettung Deutschlands und den Frieden in der Welt«. Zwei Formulierungen stechen dabei besonders ins Auge: »den Tod, den Gott mir zugedacht hat« und »für die Rettung Deutschlands«. Zu Recht hebt Frau Prof. Gerl-Falkovitz hervor: »Ein solcher – selbst ungeheurer – Satz will bedacht sein, vor allem vereint mit einem ›von Gott zugedachten Tod‹. Damit betritt man unwegsames Gelände.«[2] Bevor wir das tun, halten wir zunächst einmal fest: Wenn nicht erkennbar gewesen wäre, wie sehr sich in den Jahren ihres Karmellebens und schließlich durch ihr Sterben die von ihr gewählte Lebensform durch dieses stellvertretende Eintreten für den anderen erfüllt hätte und über ihren Tod hinaus zu Herzen ging, hätte es wohl wenig mehr als einen Grabstein in den Lüften und eine ins Vergessen verdämmernde Erinnerung gegeben. Im Vermissen wurde deutlich, daß solche Zeugnisse ein Geschenk und daher ein Vermächtnis an uns sind, weil sie rar und daher kostbar und alles andere als einfach kopierbar sind. Das Vermissen ist die Grundbedingung lebendiger Erinnerung. Dadurch bleibt in uns der andere selbst gegenwärtig, auch gegen all die vielen Versuche unseres Ichs, die Erinnerung in unserem Sinne zu manipulieren.

Dies gilt auch für das Andenken an Edith Stein: Ohne ihre lebendige Gegenwart, ohne dieses Vermissen ihrer unaufdringlichen Heiligkeit, ohne den unbedingten Anspruch, der aus ihrem Zeugnis sprach, wären auch wir heute nicht hier.

2. Sammeln – Aufbewahren – Konservieren – der zweite Schritt zu lebendiger Überlieferung

In dieser Hinsicht gebührt zunächst einmal den Mitschwestern und Freunden Edith Steins das große Verdienst, daß sie sich haben ansprechen und die Sache Edith Steins nicht haben verlorengehen lassen. Sie haben die lebendige Erinnerung an das Lebenszeugnis ihrer Mitschwester wachgehalten, und dazu gehört dann auch: Sie haben ihre Schriften gerettet und damit die Grundlage für das heutige Archiv geschaffen.

---

[2] Edith Stein Jahrbuch 2008, 102.

Ich will nur kurz an die inzwischen gut dokumentierte Geschichte erinnern, wie alles vom Schreibtisch ins Archiv kam: Die Manuskripte wurden zum großen Teil bei der Evakuierung aus Echt auf einem Lastwagen mitgenommen, dann in einem Bauernhof zurückgelassen und versteckt. Es machte einige Mühe, die genauen Verstecke später wieder aufzufinden. Dort hat Feuchtigkeit den Papieren zugesetzt und wohl auch das eine oder andere Getier, wie die Pick- oder Bißspuren etwa auf frühen Göttinger Aufzeichnungen beweisen. Die Papiere mußten nun auseinandergelegt und getrocknet werden. Dabei kam manches durcheinander. Dann mußten sie geordnet, entziffert und abgeschrieben werden. Dieser Arbeit hat sich das Husserl-Archiv in Leuven unter Prof. Romaeus Leuven und vor allem Dr. Lucy Gelber angenommen, die die Schriften nach Brüssel ausgelagert und mit der ersten Edition unter dem Titel »Edith Steins Werke« begann. Behütet von Frau Gelber blieben sie dort für lange Zeit in der kleinen Privatwohnung. Manches lagerte, zum Teil auch als Kopie, im neuen Karmel hier in Köln, wo u. a. Sr. Teresia Margarete, Sr. Renata Posselt und (die inzwischen im 86. Lebensjahr, aber gottlob noch in geistiger Frische unter uns weilende) Sr. Maria Amata Neyer ihrerseits mit der Spurensicherung begannen. Aber es dauerte noch einige Zeit, bis schließlich die Manuskripte über den Karmel der Brüder in Würzburg (P. Michael Linssen) ihren Weg wieder nach Köln fanden, wo sie – so Gott will – bleiben sollen.

Da die Handschriften wegen der Papierqualität und durch Säure gefährdet waren, wurden sie in den letzten Jahren mit Hilfe der Krupp-Stiftung unter Leitung von Prof. R. Fuchs mit Hilfe neuester Methoden restauriert, mit Geldern der Fritz-Thyssen-Stiftung unter Leitung von Prof. Manfred Thaler digitalisiert und sukzessive in der neuen Edition »Edith Stein Gesamtausgabe« unter Federführung von Frau Prof. Gerl-Falkovitz und P. Dr. Ulrich Dobhan beim Herder-Verlag unter Mitarbeit von vielen Forschern in 26 Bänden publiziert. Ein neues und, wie Sie noch sehen werden oder schon gesehen haben, schönes Dach über dem Kopf haben sie mit Unterstützung der NRW-Stiftung erhalten.

Ihnen allen und den vielen aus Platzmangel ungenannten Helferinnen und Helfern an dieser Stelle vielen, vielen Dank, daß Sie dies ermöglicht haben, liebe Freundinnen und Freunde Edith Steins.

Damit ist ein *weiterer Schritt gegen das Vergessen* getan. Das Vergangene ist sorgsam gesammelt, gut konserviert. So aber, historisiert gleichsam, klafft unverkennbar ein breiter Graben, eine historische Distanz zwischen dem Einst und dem Jetzt. Sammeln und Sichten, Konservieren und Systematisieren allein genügen nicht. Die Versuchung, die Geschichte auf Distanz zu bringen und sich ihrem Anspruch zu entziehen, ist heute real. Erinnert sei an ein Wort Gerhard Schröders und an Martin Walsers Plädoyer für das Vergessen.

3. Sich der gefährlichen Erinnerung und ihrer Wahrheit stellen

Ein Denkmal solle es werden, wo man gern hingeht, hatte der damalige Kanzler Schröder ganz im Horizont einer völlig auf das Jetzt konzentrierten, selbstverliebten Spaß- und Unterhaltungsgesellschaft bei der Debatte über das Holocaust-Denkmal in Berlin gefordert. Aber darf ein Denkmal, das an den Holocaust erinnert, gefallen wollen, sollte es unterhaltsam sein? – Nein. Denn gegen das, was damals geschah, sperrt sich der Zeitgeist, weil wir dadurch auf uns selbst zurückgeworfen werden.
Wenn wir uns wirklich dessen erinnern, wie Millionen unschuldiger, um ihr Leben zitternder und bettelnder Menschen, Nachbarn, Freunde und Mitbürger gedemütigt und in ihrer Würde erniedrigt werden konnten, wie sie wie Edith Stein mitten aus ihrem Alltag gerissen, verschleppt und technisch perfekt organisiert ermordet wurden, anscheinend ohne einen erkennbaren Funken menschlicher Regung auf seiten der Mörder, dann drängt sich jedem, wie J. B. Metz zu Recht sagt, nicht in erster Linie die Frage auf: Wo war denn Gott, sondern: Wo war denn der Mensch?
Auschwitz weckt Zweifel, ob die aufklärerisch-freiheitlichen Ideale von Humanität, Solidarität und Verantwortung, die auch den Wurzelboden unserer modernen Demokratien bilden, nicht bloß die Maske einer im Grunde aggressiven, bösartigen und auf Dauer nicht zu bändigenden Kreatur sind. Die Ästhetisierung der Erinnerung aber banalisiert das Böse und den Ernst der Geschichte. Was macht uns so sicher, daß wir vor neuem Unheil gefeit sind? Haben wir angesichts einer Welt mit all ihrem Terror, ihrer Kälte und ihrem Egoismus denn wirklich schon unsere Lektionen aus der Geschichte gelernt?
Wer so fragt, trifft heute andererseits auf den Wunsch, diese ge-

schichtliche Last und ihre Schande möchten doch endlich der Vergangenheit angehören. Man will heute wieder, wie es Martin Walser in seiner kontroversen Rede ausdrückte, die »geschichtliche Last, die unvergängliche Schande« loswerden: unser »Hineinverwirkt (sein) in diesen Dreck«.

Man muß Walser wohl folgendes zugute halten: Wenn die Erinnerung an den Holocaust uns letztlich nur noch als Last erscheint, die uns knechtet und lähmt und nicht hilft, unseren Alltag – eingedenk der Opfer – besser zu gestalten, dann ist die Gefahr groß, daß man sie wegdrängt und externalisiert, so daß sie nicht mehr in das moralisch-ethische Subjekt integriert wird. Aber gibt es wirklich keinen anderen Ausweg als das Vergessen? Der Preis dieses Vergessens wäre zu hoch. Wenn wir die Abgründigkeit menschlicher Existenz, vor die er uns stellt, tatsächlich vergessen und so tun, als wären wir davon frei, wie könnten wir dann verhindern, daß das Grauen nicht wieder geschieht?

Vielleicht hätte es eine konstruktive Kritik werden können. Aber dann hätte man nicht dem Verdrängen das Wort reden und den Anschein erwecken dürfen, für die von persönlicher Schuld unbelasteten Nachkriegsgenerationen sei diese Geschichte abgeschlossen; sie habe mit ihnen nichts mehr zu tun. Man hätte klären müssen, was »unser Hineinverwirktsein« in diese Geschichte für das kollektive Gedächtnis der Menschheit bedeutet, wie eine verantwortungsvolle Thematisierung der Vergangenheit aussehen könnte und wo ihre Trivialisierung beginnt.

Lebendige Erinnerung an den Holocaust muß dagegenhalten, sie muß den Zeitgeist aufrütteln. Wir weichen davor aus, weil es eine gefährliche Erinnerung ist, die wir uns zumuten, eine Erinnerung, die nach uns greifen wird, die uns zu Herzen geht und verändert, wenn wir sie nur zulassen. Sie wird schonungslos sein, weil sie die Wurzeln unseres Menschseins berührt und uns mit unseren Abgründen konfrontiert. Aber nur so wird unser Leben geerdet. Erinnerung bleibt nur lebendig und spricht uns an, wenn sie das Innerste des Menschseins freilegt und berührt, und zwar so sehr, daß wir daraus für die Zukunft lernen, damit die Opfer der Geschichte nicht sinnlos gestorben sind.

Daß die Leere und Sinnlosigkeit dabei nicht das letzte Wort haben müssen, könnten wir heute von Edith Stein lernen. Denn ihr Leben und Sterben, ihr Denken und ihre schriftstellerische Tätigkeit sind eine einzige Suche nach Wahrheit und in der Konsequenz nach einem Weg, um das Dunkel des Todes und die Angst im Menschen zu überwinden und den Menschen mit sich, mit dem anderen und mit Gott zu versöhnen. Sie wird dabei nicht nur zum Opfer von Gewalt, sondern sie macht sich auch selbst dazu. In der Nachfolge Jesu bietet sie sich Gott zum Opfer an, nicht weil sie todesverliebt wäre, sondern damit wir nie wieder an diese Stelle kommen, so zu handeln. Edith Stein konfrontiert uns in aller Radikalität mit der Frage nach dem Menschen: Was ist eigentlich der Mensch? Und dabei konfrontiert sie uns auch mit einem fragwürdigen Verständnis von Opfer in der christlichen Theologie, das sie durch ihr eigenes Leben überwindet.

4. Die Hypothek des Opferbegriffes

Die Hypothek des Opferbegriffes mag eine persönliche Erinnerung beleuchten. Zur gelebten Alltagsspiritualität meiner Heimat zählte der Halt an den sogenannten Bildstöcken, wenn man aufs Feld ging oder vom Feld kam. Besonders oft wurde dabei an einem Bild mit Jesus an der Geißelsäule Einkehr gehalten und das Gebet gesprochen: »Dich liebt, o Gott, mein ganzes Herz. Und dies ist mir der größte Schmerz, daß ich erzürnt dich, höchstes Gut. O, wasch mich rein mit deinem Blut!«
Die Opfertod-Vorstellung einer Sühnetheologie, wie sie hier zum Ausdruck kommt und das christliche Denken geprägt hat, ist in vielerlei Hinsicht zwiespältig:

1. Sie konzentriert sich in erster Linie auf die eigene, individuelle Heilsgewißheit. Für den Mitchristen ist darin ebenso wenig Platz wie für andere.
2. Ihr Gottesbild kollidiert mit dem eines barmherzigen Gottes. Hier schimmert weniger der biblische Gott als vielmehr die Opferlogik einer merkantil-juristischen Denkweise durch, die heute jenseits christlicher Wurzeln ihre fröhlichen Urständ feiert. In einer Welt gnadenloser Konkurrenz hat alles seinen Preis, und wer sich nicht durchsetzen kann, muß dafür bezahlen. Was war das für ein fürchterlicher Gott, der nach dem Opfer eines Unschuldigen verlangte, um »unsere Schuld zu bezahlen«?

3. Unser neuzeitlich-freiheitliches Selbstbewußtsein protestiert gegen eine Vorstellung von Versöhnung, die nur so geschehen kann, daß ein anderer stellvertretend für mich die Zeche zu zahlen hat.

Ist ein solcher Tod überhaupt sinnvoll? Oder fügt er nicht *noch* ein sinnloses Opfer, eine weitere offene, schmerzende Wunde in die vielen Leidensgeschichten der Geschichte ein? Ganz scharf stellte sich mir diese Frage nach meinem ersten Synagogenbesuch, wo mich der Synagogendiener unverblümt fragte, warum ich denn ausgerechnet hierher käme. Er käme nie auf den Gedanken, zu diesem »am Kreuz Verendeten« dort drüben, will sagen: im Freiburger Münster, zu gehen. Vor einer solch radikalen Anfrage wird erst einmal einsichtig zu machen sein, daß Christen hier nicht an einem Gottesbegriff festhalten und dabei etwas vertreten, das schlichtweg unvernünftig ist, sondern einer geschichtlichen Wirklichkeit Raum geben, die den Menschen unbedingt einfordert. Aber Gott kommt uns nur in den Sinn, wenn er mit unserem Leben zu tun hat. Damit stehen wir wieder bei der Frage nach dem Menschen. Man kann lernen: Sinnvolle Kreuzesrede geht nicht am Menschen vorbei, sondern stellt die Frage nach dem Menschsein des Menschen.

5. Was ist der Mensch und wann ist der Mensch ganz Mensch?

Zu fragen: Was oder genauer »wer« ist der Mensch, heißt auch fragen, wann ist der Mensch ganz Mensch?
Edith Stein nähert sich dieser Frage vom Selbstbewußtsein des Menschen her und versteht den Menschen in erster Linie als einen Knotenpunkt von Beziehungen, als eine lebendige Relation.
Das Ich ist ursprünglich mit sich selbst als einer von nichts anderem bedingten Einheit vertraut. Es ist »reines Ich«, aber es weiß sich dennoch unaufhebbar in Differenz gesetzt zu anderem, das es nicht ist. Dieses andere identifizieren wir als anderes als wir selbst oder als das, von dem wir genau wissen, daß es uns dunkel bleibt wie das dunkle Bild von Beuys. In dieses andere Dunkel sind wir von Anfang an mit unserer Existenz hineingestellt und hängen davon ab.
Dabei stößt das Ich aber noch an eine andere Grenze, eine »Leere«,

wo das Bewußtsein verschwimmt: »Es kommt an keinen Anfang.«[3] Es steht vor einem doppelten Nichts: dem Nichts, aus dem es kommt, und dem Nichts, d. h. dem Dunkel des Todes, dem es entgegengeht. Dieses Nichts ist unbedingt, kein Ding unter Dingen, nichts Endliches, das wir in die Hand bekommen, sondern vor dem wir unsere Ohnmacht erleben. So rührt der Mensch von innen her an eine absolute Grenze. Sein Dasein rührt von innen her an das Geheimnis, und diese Grenze ist uns mit unserem Dasein unausweichlich mitgegeben.

Aus dieser Grundverfassung des Menschen resultiert das vitale, aber absurd erscheinende Verlangen nach Sinn oder nach einer Einheit, die das andere wirklich, nicht nur begrifflich umgreift – vital, weil das Ich sich selbst von seinem Grund her als unbedingte Einheit weiß und nach Einheit und Identität, nach ungeteiltem Ganz-sein-Können und einem sinnvollen Leben sucht, absurd, weil die erstrebte Einheit prinzipiell unerreichbar scheint angesichts unseres Ausgeliefertseins an den anderen und an das Dunkel des Geheimnisses. Denn auch wenn wir anderen nahekommen, sie bleiben uns immer ein Geheimnis: Wir können uns nicht an ihre Stelle setzen, in ihren Verstand schauen, all ihre Gefühle und Absichten erkunden. Wir bleiben ihnen ebenso ausgeliefert wie dem Tod, über den wir keine Macht haben, der uns aber eines Tages in sein Dunkel hineinreißt. Da wir dieses Dunkel nicht mit unserem Verstand aufhellen können, leben wir immer schon wie in einer dunklen Nacht. Und wie Kinder sich vor der Nacht fürchten, so gehört die Angst auch zum Menschsein: Angst vor dem Nichts, Angst vor dem anderen, Angst vor dem Morgen ... Hier in diesem Dunkel beginnt die gefährliche Erinnerung, und es kommt für unser Menschsein und unsere Zukunft alles darauf an, wie wir dieses Dunkel aushalten und mit ihm umgehen.

Der Mensch der Neuzeit versucht, wie uns Edith Stein immer wieder vor Augen führt, diese Angst zu meistern, indem er alles in den Griff zu bekommen versucht. Das vorstellende und rechnende Denken der Neuzeit will sich die Erde untertan machen. In diesem Bestreben, alles im Griff zu haben, versucht der Mensch auch, den anderen zu kontrollieren und ihn seiner Macht zu unterwerfen. Der Versuch, die Erfahrung von Alterität (Widerstand, Ohnmacht, Ap-

---

[3] ESGA II, 55.

pell an meine Verantwortung), also die Erfahrung der dunklen Nacht, entweder zu leugnen oder den anderen in seiner Ursprünglichkeit und Wahrheit als Sprechen und Anspruch zum Schweigen zu bringen, heißt, ihn zu töten und meiner Verantwortung ihm gegenüber nicht gerecht zu werden. Hier liegt nach Edith Stein der ontologisch begründete Akt der Gewalt noch vor dem faktischen Kampf gegen den anderen. Hier überschreitet der Mensch seine Grenzen, verliert der Mensch die Kontrolle über sich selbst, das rechte Maß. Er vermißt sich. Im Deutschen spricht man daher auch von der Vermessenheit des Menschen, der sich anmaßt, die Stelle Gottes einzunehmen.

Aber es gibt noch eine andere Weise, mit der dunklen Nacht umzugehen. Dem Widerspruch zwischen Einheit und Differenz entgeht man nur, wenn ein Begriff gefunden werden kann, der Differenz und Einheit so vermittelt, daß beide zu ihrem Recht kommen. Und das bedeutet, sich dem Dunkel zu stellen. Was von uns aus nicht möglich ist, kann uns von einem anderen geschenkt werden. Erfahren wir nicht, wo wir uns auf das Dunkel eines liebenden Menschen einlassen, daß uns eine Anerkennung und eine Bejahung zuteil wird, die uns zuallererst zum Leben erweckt und zu uns selbst bringt? Aber auch jede menschliche Liebe kann uns verraten. Daher können wir auch noch jeden Akt echter uneigennütziger Liebe denunzieren. Aber an einem kommen wir doch bei allem Zweifel am anderen, an der Welt, an uns selbst, an allem, was uns Angst macht, nicht vorbei: daß im Grunde unseres Daseins immer schon zu uns Ja gesagt worden ist: Ja, du darfst sein, du bist gewollt, und zwar schon vor dem Ja unserer Eltern. Und nicht nur zu uns, sondern auch zum Dasein im ganzen ist dieses Ja gesprochen, denn es gibt Leben. Die Frage: Warum ist überhaupt etwas und nicht vielmehr nichts? bezeichnet eine Grenze, die die philosophische Vernunft uns nicht mehr beantworten kann. Aber wir verstehen, daß wir die Frage nicht stellen könnten, wenn nicht das Ja zu allem ihr zu Grunde läge. Wir stehen nicht im Leeren, sondern rühren von innen her an das Geheimnis. Uns diesem zu öffnen, dazu kann Freiheit nicht gezwungen werden. Aber von diesem phänomenologischen Befund her können zumindest folgende Bedingungen für die Vermittlung gelingenden Menschseins in Einheit mit dem anderen und dem Unbedingten einsichtig werden.

1. Der Dimension des Lebens in seiner Ganzheit gerecht zu werden bedeutet, sich dem Geheimnis zu öffnen und ihm zu vertrauen, weil es das Leben immer schon trägt. Das heißt, daß das menschliche Ich ein ihm gegenüber selbständig anderes duldet als ein seiner Freiheit und seiner Sehnsucht nach unbedingter Einheit nicht Widersprechendes.
2. Seine wahre Freiheit findet der Mensch also nur in der Aufforderung, seine unerlöste Angst und seine selbstzentrierte Freiheit zu überwinden und das unbedingte Ja zum Sein auf dem Grunde seines Daseins auch in sich als innerste Möglichkeit seiner Freiheit zu realisieren.
3. Da sich der Mensch in seiner Freiheit jedoch immer an die Freiheit anderer verwiesen weiß, schöpft er dieses eigene Potential nur dann adäquat aus, wenn sich die Bildwerdung des Absoluten als interpersonaler Prozeß vollzieht. Da sich Freiheit geschichtlich-material bestimmt und die Verantwortung für den anderen auch immer nur auf den anderen als geschichtlich bestimmten, freien Selbstentwurf trifft, gilt für die Darstellung von Freiheit überhaupt: »Mich zu ihrem Bilde machen bedeutet die standige Bereitschaft, das Bild, das ich mir gerade von ihr gemacht habe, zur Kompostierung freizugeben.«[4] Sinnvolles Menschsein, in der der andere kein Widerspruch zur eigenen Freiheit ist und daher nicht als Konkurrent und Gegner wahrgenommen wird, ist denkbar. Aber das setzt einen Blickwechsel voraus. Es impliziert einen tagtäglich neu zu vollziehenden Ikonoklasmus.

Aber die Wirklichkeit sieht ja doch anders aus. Weil Menschen aus eigener Kraft von ihrer unerlösten Angst nicht loskommen, ist die Welt voll von Menschen, die sich einander verweigern, und einer Fülle schiefgegangener Beziehungen und Schuld, die immer wieder neues Unrecht gebiert. Da uns dies heute am Beginn des dritten Jahrtausends wieder voll zu Bewußtsein kommt, erscheinen so viele Konflikte auswegslos. Wir sehnen uns wieder nach Menschen, die uns Reinheit, Vergebung und Liebe glaubwürdig bezeugen und uns die Kraft geben, selbst den Weg der Gewaltlosigkeit zu gehen. Wir beginnen, wieder hellhörig zu werden für die Wahrheit biblischer Botschaft, die uns sagt: Wo der Mensch so sehr in einen Zu-

---

[4] Verweyen, Einführung in die Fundamentaltheologie, 2008, 170.

sammenhang schiefgegangener Beziehungen und Lebensvollzüge verstrickt ist, daß er aus eigener Einsicht und Kraft nicht mehr herausfinden kann, da bedarf es – wie etwa das vierte Gottesknechtslied deutlich macht – eines Anstoßes »von außen«, eines »Jemand«, der für ihn eintritt, an seine Stelle tritt, damit er seine Schuld erkennen und anerkennen kann.

Das volle Verständnis von Stellvertretung zielt auf Umkehr und Veränderung. Es geht nicht darum, daß auch wir einmal dazu in der Lage sind zu tun, was der andere jetzt für uns tun muß, sondern uns so zu verändern, daß es niemals mehr dazu kommen kann.

Edith Stein wollte wie die biblische Esther in diesem Sinne stellvertretend vor Gott stehen. Was der angesprochene Ikonoklasmus für den bedeutet, der entschlossen ist, sich unter keinen Umständen von seiner Entschlossenheit abbringen zu lassen, Gottes Ja zum Sein angesichts der Möglichkeit sich verweigernder Freiheit in seinem Dasein sichtbar zu machen, wird am Kreuz Jesu deutlich. Jesus wiederholt oder vollendet nicht einfach, was Menschsein immer schon ausmacht, »sondern er muß dies alles erst wieder – um der Ehre Gottes willen – zur Geltung bringen. Gerade das erweist ihn theologisch gesprochen als den ›Sohn‹, den ›Offenbarer‹, als das ›Bild Gottes‹.«[5] Schon zu Lebzeiten Jesu wird sein Menschsein so augenfällig, daß es in Spannung gerät zu allen Versuchen gewaltsamer Selbsterlösung oder einer Durchsetzung auf Kosten anderer. Um Gott die Ehre zu geben, durchbricht er die gängige Praxis des Umgangs von Menschen mit Menschen.

Edith Steins ganze Existenz weist einen, wie wir auch jetzt mit Blick auf ihr Bild sehen können, auf den Segen hin, der vom Kreuz ausgeht. Denn sie verweist uns nicht in erster Linie auf das passive Opfer der Gewalt, sondern auf den liebenden Blick des Gekreuzigten, der den Haß überwindet. Sie zeigt uns, wie Gott ein Mittel gefunden hat, menschliche Freiheit zu respektieren und aufzufangen, die die Möglichkeit hat, ihre Antwort der Liebe zu verweigern. »Der Herr will auf sein Wort der Liebe nichts als die Antwort der Liebe. Und er hat erkannt, daß diese nicht über Straf- und Racheaktionen zu erreichen ist. Darum macht er immer wieder, wie man im Blick auf die lange Geschichte Gottes mit den Menschen sagen muß, ei-

---

[5] J. Rahner, ›Durch seine Wunden sind wir geheilt.‹ Christliche Erlösungsvorstellungen und die bleibende Sehnsucht nach Opfern, in: Die neue Lust für Gott zu streiten, hg. v. S. Kleymann u. a., Freiburg 2006, S. 138–153; hier: 148.

nen erneuten ›Annäherungsversuch‹, der ihn in seiner unendlichen Barmherzigkeit und Geduld, mit der er sich auf die Freiheit des Menschen einläßt,»als ›Toren, über den hinaus kein größerer gedacht werden kann‹ erscheinen läßt.«»Wer er eigentlich ist, zeigt er an dem Kreuz von Golgotha, das ebenso wie Auschwitz das von ihm absolut nicht Gewollte ist.«[6]
Angesichts der Ausweglosigkeit sich verweigernder Freiheit ist die letzte Konsequenz, in der Gott im Fleisch verherrlicht und die Sünde entmachtet werden kann, der Klageschrei der Gottverlassenheit des Kreuzes, der sich an ein Du richtet, das in seiner Stille, in seiner Abwesenheit unaufdringlich seine Heiligkeit bezeugt und die dem anderen Raum läßt zu antworten. Indem er den kreuzigenden Haß der Sünde mit dem exakten Gegenteil, mit der Liebe beantwortet, die nichts und niemanden – auch die Henker nicht – ausschließt, entmachtet er – ein für allemal – kraft der ihm vom Vater geschenkten Beziehung den Tod, der mit der Hölle (Beziehungslosigkeit) identisch ist.

6. WAS WIR VON EDITH STEIN LERNEN KÖNNEN

Von Edith Stein kann man lernen, daß Gott nichts von oben herab erzwingt, sondern das Menschsein des Menschen mit einer wartenden Geduld ernst nimmt, über die hinaus nichts Größeres gedacht werden kann, weil sie die Kraft hat, bis in die Hölle verweigerter Anerkennung einzudringen, und so auch noch an der dunkelsten Stelle der Geschichte ein Licht der Hoffnung aufzeigt.
Die Demut dieser wartenden Geduld nehme ich in jeder ihrer Schriften wahr, die ich von Edith Stein kenne. Deren unaufdringliche Schönheit zeigt sich in der Schlichtheit ihres gelebten Alltags, dessen Spuren drüben im Museum etwa am selbstgemachten Schuhwerk oder irdenen Eßgeschirr der Schwestern von damals sichtbar wird. Der liebende Blick kommt mir aber immer wieder besonders in der entwaffnenden Ausdruckskraft ihres Antlitzes entgegen. Aus ihm spricht die Wehmut und Trauer wegen der Selbstsucht und des Hasses im Menschen, die immer nur neue Wunden aufreißen; aus ihm spricht aber zugleich auch die Sanftmut eines durchs Feuer der Prü-

---
[6] K.-H. Menke, Jesus ist Gott der Sohn. Denkformen und Brennpunkte der Christologie. Regensburg 2009, 164.

fungen und Leiden gereiften Verstandes und eines durch die Stille des Gebets und der Liebe gereinigten Herzens, die diesen Haß in seiner ganzen Häßlichkeit überwinden und entlarven. So weist sie uns in der unaufdringlichen Geduld ihres Wartenkönnens einen Weg zum Herzen des anderen und erschließt uns eine lebendige Quelle für eine Spiritualität und ein Leben der Gewaltlosigkeit und Toleranz, die der Kirche wie der Menschheit im ganzen Brücken in eine Zukunft der Versöhnung bauen.

7. Schluss

An Edith Stein hat sich erfüllt, was die Kirche täglich im Magnifikat betet: »Er stürzt die Mächtigen vom Thron und erhöht die Niedrigen.« Heute begegnen wir Edith Stein nicht mehr unmittelbar. Aber ihre Stimme, die einer geschichtlichen Wirklichkeit Ausdruck verleiht, welche den Menschen unbedingt einfordert, spricht zu uns aus ihren Zeugnissen, die sie hinterlassen hat. Und wir begegnen ihr in ihren Zeuginnen und Zeugen.

In dieser Hinsicht ist der Karmel in Köln ein Ort, an dem sich vieles in glücklicher Weise zusammenfügt, damit diese Stimme auch heute zu uns spricht und uns verwandelt: die einladende Stille, die Gastfreundschaft, die gelebte Spiritualität der karmelitanischen Kreuzes- und Feindesliebe, die Gastfreundschaft und das lebendige Beispiel von Menschen, die sich mit ihrer Lebensgeschichte in dieses Geschehen einfügen lassen. Und wir begegnen ihr im geschriebenen Wort, das die Wahrheit ihres Lebens mit eigener Hand signiert und dem man hier ein Haus gebaut hat, damit es bewahrt werde und die Menschheit erreiche.

Das alles muß zusammenwirken, damit auch heute der lebendige Funke zündet und die wegweisenden Gedanken ins Heute übertragen werden können. Blickt man drüben im neuen Archiv auf die neuen Büros, den Lese- und Studienraum mit seinen nagelneuen Tischen, Stühlen und PCs und die mit Büchern gefüllten Regale, dann sieht es so aus, als sei nun alles bereit, um an die Arbeit zu gehen und dieses Werk in Angriff zu nehmen.

Wünschen wir also dem Archiv viele Gäste, die sich wachrütteln lassen und die hier aufbewahrten Worte wieder zu neuem Leben erwecken.

3. Philosophie

Francesco Alfieri

Die Originalität von Edith Steins Beantwortung der Frage nach dem Individuationsprinzip
Zu einer »Gründung« der Anthropologie[1]

Vorwort

Ein erneutes Interesse für die mittelalterliche Philosophie und insbesondere für die »Schriften« des *Doctor Subtilis* läßt sich bei vielen Vertretern des Göttinger Phänomenologenkreises feststellen. Als erster legt Martin Heidegger die mittelalterliche Spekulation mit phänomenologischen Mitteln neu aus; dasselbe Interesse prägt die Untersuchungen von Alexandre Koyré, Edith Stein und Hedwig Conrad-Martius. Ausschlaggebend für das Verständnis von Edith Steins Stellung in bezug auf die Lehre von Duns Scotus ist neben Koyrés Untersuchungen die Rezeption der *Quaestiones disputatae de rerum principio*. Um den Bezug von Steins Arbeiten zur mittelalterlichen Spekulation über die Lehre der Materie herausarbeiten zu können, ist eine historisch-kritische Analyse der von Edith Stein verwendeten skotistischen Quellen nötig, insbesondere der *Quaestiones disputatae de rerum principio*. Dabei soll hier nicht auf die Frage nach der Zuschreibung dieses Pseudo-Epigraphen eingegangen werden, der lange Zeit für ein authentisches Werk des *Doctor Subtilis* gehalten wurde.

---

[1] Vortrag vom 11. Dezember 2010 im Edith-Stein-Archiv zu Köln. Diese Arbeit möchte ich Monsignore Enrico Dal Covolo (S.D.B.), Rektor der *Pontificia Universitas Lateranensis*, widmen als Andenken an seine Bischofsweihe im Petersdom zu Rom am 9. Oktober 2010.

Aufgrund der hier vorgegebenen Analysen und Zielsetzungen werde ich versuchen, vor allem auf die Frage nach dem Wesen des Menschen einzugehen. Dies soll innerhalb einer weitergehenden Untersuchung erfolgen, bei der es darum geht, das konstitutive Element seiner Einzigartigkeit zu erforschen. Dies ist ein Punkt der Theorie, den sowohl Edith Stein selbst als auch Hedwig Conrad-Martius[2] nach ihrer Doktorarbeit *Zum Problem der Einfühlung*[3] – die eine Lücke im Husserlschen Denkgebäude schließen sollte[4] – wiederholt aufgenommen und überarbeitet hat. Dies gilt auch in bezug auf ihr letztes Werk *Endliches und ewiges Sein*, in dessen Schlußteil die Autorin die Frage angeht, was das Individuationsprinzip lehrt. Edith Stein, die ihre ganz eigene Stellung zur Frage der Individualität und Eigenheit des Menschen erarbeiten wollte, bezieht die Individuationslehre des Franziskaner mit ein.

Aufgrund der hier folgenden Untersuchungen können wir folgende Frage stellen: Was bleibt von der thomistischen Vorstellung der *materia signata quantitate* in den von Edith Stein formulierten Gedanken, wie viel ist in der postum veröffentlichten Schrift *Endliches und ewiges Sein* noch zu finden?

---

[2] Der Problemkreis der Konstitution des Menschen aufgrund seiner Einzigartigkeit ist in letzter Zeit auf wachsendes Interesse gestoßen. In diesem Zusammenhang habe ich versucht, den Begriff der »Einzigartigkeit« und dessen Sinn innerhalb einer phänomenologischen Perspektive zu definieren, indem ich die Schriften von Edith Stein und Hedwig Conrad-Martius untersuchte: *Il »Principium individuationis« e il »fondamento ultimo« dell'essere individuale. Duns Scoto e la rilettura fenomenologica di Edith Stein*, in M. SHAHID – F. ALFIERI (Hg.), *Il percorso intellettuale di Edith Stein*, cit., 209–259; ID., *Il principio di individuazione nelle analisi fenomenologiche di Edith Stein e Hedwig Conrad-Martius. Il recupero della filosofia medievale*, in A. ALES BELLO – F. ALFIERI – M. SHAHID (Hg.), *Edith Stein – Hedwig Conrad-Martius. Fenomenologia Metafisica Scienze*, *cit.*, 143–197.
[3] E. STEIN, *Zum Problem der Einfühlung*, eingeführt und bearbeitet von M. A. Sondermann, *ESGA* 5, Herder, Freiburg-Basel-Wien 2008.
[4] Bekanntlich meint Edith Stein ausdrücklich: »In seinem Kolleg über Vorlesungen Natur und Geist hatte Husserl davon gesprochen, daß eine objektive Außenwelt nur intersubjektiv erfahren werden könne […]. Husserl nannte diese Erfahrung im Anschluß an die Arbeiten von Theodor Lipps Einfühlung, aber er sprach sich nicht darüber aus, worin sie bestünde. Da war also eine Lücke, die es auszufüllen galt: Ich wollte untersuchen, was Einfühlung sei.« Vgl. E. STEIN, *Aus dem Leben einer jüdischen Familie und weitere autobiographische Beiträge*, Fußnoten und Stammbaum unter Mitarbeit von H.-B. Gerl-Falkovitz, *ESGA* 1, Herder, Freiburg-Basel-Wien 2002, 218–219.

1. Edmund Husserls Schüler und die Wiederaufnahme der »Schriften« des Doctor Subtilis

Wenn wir innerhalb der phänomenologischen Strömung den Anfang eines systematischen Studiums der mittelalterlichen Philosophie mit besonderer Beachtung der Wiederaufnahme der »Schriften« des *Doctor Subtilis* datieren wollen, dann müssen wir die frühe Arbeit M. Heideggers *Die Kategorien und Bedeutungslehre des Duns Scotus*[5] aus dem Jahre 1916 untersuchen. Für Edmund Husserl (und die erste Generation der Phänomenologen) erfolgte die Rückkehr zur griechischen Philosophie nicht gleichzeitig mit einer entsprechenden Rückkehr zur mittelalterlichen Philosophie,[6] was hin-

---

[5] M. Heidegger, *Die Kategorien und Bedeutungslehre des Duns Scotus*, Mohr, Tübingen 1916. Nun auch in Bd. I der *Gesamtausgabe*, Klostermann, Frankfurt a. M., 189–411 (die Seitenangaben beziehen sich auf die erste Ausgabe von 1916); it. Übers. *La dottrina delle categorie e del significato in Duns Scoto*, A. Babolin (Hg.), Laterza, Bari 1974. Dieses Werk behandelt die Logik und die Kategorien bei Scotus nach der *Grammatica Speculativa*. Grabmann bewies, daß dieses Werk nicht Scotus zuzuschreiben ist, sondern Thomas von Erfurt; vgl. M. Grabmann, *Die Entwicklung der mittelalterlichen Sprachlogik. Tractatus de modis significandi*, in *PhJ* 35 (1922) 121–135. Derselben Meinung war auch E. Longpré, *La philosophie de J. Duns Scot*, Société et Librairie S. François d'Assise, Paris 1924, 15. Anders dachte hingegen Onorio Pontoglio, der behauptet, daß sich Heideggers Untersuchung auf Werke bezieht, die sicher von Scotus stammen: vgl. O. Pontoglio, *La dottrina scotista dell'intenzionalità nell'interpretazione di M. Heidegger*, in *De doctrina Joannis Duns Scoti* (Acta Congressus Scotistici Internationalis Oxonii et Edimburgi 11–17 Sept. 1966 celebrati, IV), cura Commissionis Scotisticae (Hg.), Rom 1968, 653–657. Heidegger nahm nicht Stellung zur Zuschreibung dieses Textes, den er in seiner Monographie mit modernen Mitteln untersucht und bespricht.

[6] Für die meisten protestantischen Denker ist das Mittelalter reine Theologie, was erklären könnte, warum Husserl diese Epoche vernachlässigte oder rasch erledigte. In seiner persönlichen Briefsammlung, die im Husserl-Archiv in Leuven aufbewahrt wird, habe ich nur ein *Exzerpt* (Ms. trans. F I 30/43a) gefunden, in dem er sich ausdrücklich auf Duns Scotus bezieht. Hier gebe ich den gesamten Text wieder: »Der [Randbemerkung Leibniz] zentrale Geist für alle diese Entwicklungen ist Leibniz (1646–1716). 14 Jahre nach Spinoza und Locke geboren, 38 nach Descartes. Anfangend als Rationalist, aber von vornherein bei seiner außerordentlichen historischen Bildung und Empfänglichkeit vielfältig motiviert, hat er nicht nur von der neuen Naturwissenschaft und vom Cartesianismus her Bestimmungen erfahren, sondern aus antiken und mittelalterlichen Philosophien, von den italienischen Naturphilosophen und von den englischen Platonikern und sonstigen Philosophen der Renaissance. Charakteristisch ist die absolute Hochschätzung, mit der er immer wieder von Platon und Aristoteles, selbst von den Neu-Platonikern spricht, der Ernst mit dem er die Scholastik gegen die modischen Einwürfe verteidigt, wie er dann von Thomas und auch von Duns Scotus erheblich beeinflußt war. Die teleologische Weltanschauung hat in seinem Gemüt feste Wurzeln geschlagen. Von konfessionellen Schranken,

gegen für Martin Heidegger, Max Scheler (zweite Generation) und in der Folge auch für Alexandre Koyré, Edith Stein und Hedwig Conrad-Martius (dritte Generation) gilt, die in ihren phänomenologischen Untersuchungen einige grundsätzliche Elemente der scholastischen Philosophie wieder aufgewertet haben. Heidegger hielt seine Untersuchungen über den *Doctor Subtilis*, die teilweise den Bedürfnissen seiner universitären Karriere als Dozent zu verdanken sind, für seine eigentliche *Lebensarbeit*: Er wollte die mittelalterliche und die moderne Philosophie nicht als Gegensätze darstellen, sondern als Phasen auf dem Weg zur Erklärung des Seins. Wie der junge Heidegger es formulierte, bestand das Studium der mittelalterlichen Philosophie »vorerst weniger in einem Herausstellen der historischen Beziehungen unter den einzelnen Denkern, als in einem deutenden Verstehen des theoretischen Gehaltes ihrer Philosophie mit den Mitteln der modernen Philosophie. So entstand meine Untersuchung über die Kategorien und Bedeutungslehre des Duns Scotus«[7]. Hier sollten nicht die feinen Auslegungsfragen angegangen werden, die sich aus der neuen Interpretation der mittelalterlichen Spekulation seitens dieses Autors ergeben, sondern es sollten nur Heideggers Ausgangspunkt und der Zusammenhang aufgezeigt werden, der zwischen der anschließenden Aufgabe dieser Untersuchungen zur mittelalterlichen Logik und dem Umzug aus Freiburg besteht, nachdem er da den Lehrstuhl nicht erhalten hatte.[8] Am Ende konnte er sein Vorhaben also nicht verwirklichen, da er mit der Veröffentlichung von *Sein und Zeit*[9] nicht nur einen neuen Weg einschlug, sondern auch begann, sich von Husserls Phänomenologie zu lösen.

Anders als Heidegger erweiterte Edith Stein das Feld ihrer Untersuchungen auf die mittelalterliche Spekulation, und obwohl sie grundsätzlich an der phänomenologischen Methode festhält und

---

von kirchlichem Dogma ist er, der Mann eifriger Versöhnungsversuche aller christlichen Kirchen, frei.«
[7] H. OTT, Martin Heidegger: unterwegs zu seiner Biographie, [s.n.], Frankfurt 1988, 86.
[8] Vgl. W. KÖLMEL, *Heidegger und Duns Scotus*, in *Via Scoti. Methodologia ad mentem Joannis Duns Scoti* (Schriften des Internationalen Skotistenkongresses, Congresso Scotistico Internazionale, Rom 9.–11. März 1993, II), L. Sileo (Hg.), Antonianum Verlag, Roma 1995, 1145–1155.
[9] M. HEIDEGGER, Sein und Zeit, Niemeyer, Tübingen 1927 (erschienen in Bd. VIII des *Jahrbuchs* 1927).

insbesondere an jener im zweiten Band von Husserls *Logischen Untersuchungen*[10] geknüpften, zeigt sie den einzig möglichen Weg auf, der zu jener *Christlichen Philosophie* führt, die die Philosophin in ihrem *Endlichen und ewigen Sein* beschreibt und die es vermag, die Resultate der Philosophie und der Theologie harmonisch zu vereinen.

2. Edith Steins Ansatz bei der phänomenologischen Untersuchung der skotistischen Perspektive

Wir wollen die Etappen durchlaufen, welche die Philosophin geprägt haben, um ihren ersten Ansatz beim Studium der scholastischen Philosophie und der Spekulation des *Doctor Subtilis* zu zeigen. Zwei Bereiche sind zu untersuchen: einerseits die Briefsammlung, andererseits der mögliche skotistische Einfluß auf ihre phänomenologischen Untersuchungen.

2.1. Das Jahr 1922: Edith Stein und Hedwig Conrad-Martius beginnen Scotus zu studieren

Die einzige Stelle in Edith Steins Briefen, an der ihr Interesse für Duns Scotus unmißverständlich hervortritt, findet sich im Brief an ihren polnischen Studienkollegen Roman Ingarden, dem sie kurz nach ihrem Eintritt ins Kloster im Oktober 1933 schrieb: »Ich habe in den letzten Wochen sogar ein bißchen Duns Skotus studieren können, wozu ich bisher nie Zeit fand, obwohl ich längst weiß, was für Schätze bei ihm zu finden sind.«[11] Zuvor hatte sich Franz Pelster in seinem Brief vom 19. Mai 1931 bei Edith Stein dafür bedankt, daß sie ihm die deutsche Übersetzung der *Quaestiones disputatae de veritate* geschickt hatte, und lud sie ein, »nach der gleichen Methode

---

[10] E. Husserl, *Logische Untersuchungen*, Band I–II, Niemeyer, Halle 1900–1901. Der Einfluß dieser Arbeit auf den philosophischen Weg der Philosophin ist derart bestimmend, daß sie den Entschluß faßte, an den Vorlesungen teilzunehmen, die Husserl 1913 in Göttingen hielt; vgl. E. Stein, *Aus dem Leben einer jüdischen Familie und weitere autobiographische Beiträge*, 170.
[11] E. Stein, *Selbstbildnis in Briefen. Briefe an Roman Ingarden*, Einleitung von H.-B. Gerl-Falkovitz, Bearbeitung und Anmerkungen von M. A. Neyer, Fußnoten mitbearbeitet von E. Avé-Lallemant, ESGA 4, Herder, Freiburg-Basel-Wien 2001, Brief vom 27.XI.1933, 234–235.

auch andere Werke von Thomas und nicht nur von Thomas [zu übersetzen] – es ist ein fundamentaler Irrtum, wenn man alles Heil in der scholastischen Philosophie von Thomas erwartet u. andere, wie Heinrich von Gent, Scotus, Aureoli, Ockham [...]«[12] vernachlässigt.

Hat Edith Stein wirklich erst 1933 mit dem Studium von Duns Scotus begonnen? Wie soll dann aber der Satz in ihrem Brief interpretiert werden, wonach sie »längst weiß, was für Schätze bei ihm zu finden sind«? Um auf diese Frage zu antworten, müssen wir bis zu den Jahren ihrer Bekehrung zum Katholizismus zurückgehen (1921–1922), während derer sie ihre Forschungsarbeit neu ausrichtete. Im Vorwort ihres Werks *Endliches und ewiges Sein* bezieht sich die Verfasserin auf diese Zeit: Sie informiert den Leser, daß »von Hedwig Conrad-Martius [...] die Verfasserin durch nahes Zusammenleben in einer jetzt lange zurückliegenden, aber für beide entscheidenden Zeit richtunggebende Anregungen empfangen [hat]«[13]. Nur durch eine sorgfältige Analyse der gemeinsam erlebten Ereignisse im Leben der beiden Philosophinnen ist es möglich, die bisher nicht genügend gewürdigte Bedeutung des scholastischen Denkens in ihrer intellektuellen Entwicklung einzuschätzen.

Die beiden Phänomenologinnen lernten sich im August 1920 kennen, als Edith Stein die Schriftensammlung *Gesammelte Schriften* zu Ehren Adolf Reinachs vorbereitete, des Schülers von Husserl, der während des Ersten Weltkrieges an der Front gefallen war. Das Treffen fand in der Wohnung Pauline Reinachs statt. »Wir haben uns herrlich verstanden, und ich soll in den nächsten Ferien lange nach Bergzabern kommen«,[14] so Edith Steins Worte in einem Brief von 1920 an Roman Ingarden.[15]

---

[12] E. STEIN, *Selbstbildnis in Briefen. Erster Teil: 1916–1933*, Einleitung von H.-B. Gerl-Falkovitz, Bearbeitung und Anmerkungen M. A. Neyer, ESGA 2, Herder, Freiburg-Basel-Wien 2000, 171–172.

[13] E. STEIN, *Endliches und ewiges Sein. Versuch eines Aufstiegs zum Sinn des Seins*, Anhang: *Martin Heideggers Existenzphilosophie – Die Seelenburg*, eingeführt und bearbeitet von A. Uwe Müller, ESGA 11/12, Herder, Freiburg-Basel-Wien 2006, 7.

[14] Mit der Zeit wird das Haus der Conrads in Bergzabern der Ort, wo sich viele Schüler Husserls treffen, um ihre phänomenologischen Untersuchungen fortzusetzen. Vgl. dazu die interessante Arbeit von Joachim Feldes, in der die Beziehung Edith Steins zum Ehepaar Conrad, zu Hering, Koyré und anderen sehr genau beschrieben wird; es geht um sehr enge Bindungen, die auf einer profunden intellektuellen Einheit beruhen. In diesem Sinne erweist sich der Kreis der Phänomenologen als Modell für das, was eine enge und freundschaftliche Zusammenarbeit in der Forschung sein

Im Mai 1921 zog Edith Stein von Göttingen nach Bergzabern, um Conrad-Martius bei der Landarbeit zu helfen und sich mit ihr zusammen der Forschung zu widmen;[16] sie blieb bis Anfang August im Hause der Conrads zu Gast.[17] Wie Edith Stein erlebte auch Hedwig Conrad-Martius gerade eine Krisenzeit, wie sie es selbst 1958 in ihren Memoiren erzählt: »Als Edith zum letzten Mal monatelang bei uns war, befanden wir uns beide in einer religiösen Krise.«[18] In dieser Zeitspanne beendete Edith Stein die Lektüre der *Vita von Teresa von Ávila*, ein Buch, das sie von Anne und Pauline Reinach[19]

---

muß. Vgl. J. FELDES, *Il rifugio dei fenomenologi. Il nuovo »Circolo di Bergzabern« dopo la prima guerra mondiale*, in A. ALES BELLO – F. ALFIERI – M. SHAHID (Hg.), *Edith Stein – Hedwig Conrad-Martius. Fenomenologia Metafisica Scienze*, cit., 23–50.

[15] *ESGA* 4, Brief vom 9.IX.1920, 130–131.

[16] *Ebd.*

[17] *Ebd.*, Brief vom 30.VIII.1921, 139–141.

[18] H. CONRAD-MARTIUS, *Meine Freundin Edith Stein*, 1958. Dieser Brief vom 9. März 1958 ist ein Vortrag, den die Autorin am Sitz der Gesellschaft für christlich-jüdische Zusammenarbeit hielt und der in *Hochland* 51 (1958) 38–48 veröffentlicht wurde. Das Manuskript A XXI 2 wird im Nachlaß an der Bayerischen Staatsbibliothek in München aufbewahrt (vgl. *Catalogus codicum manu scriptorum Bibliothecae Monacensis. Die Nachlässe der Münchener Phänomenologen in der Bayerischen Staatsbibliothek*, verzeichnet von E. Avé-Lallemant, Tomus X, Pars I, Otto Harrassowitz, Wiesbaden 1975, 224). Vgl. W. HERBSTRITH, *Edith Stein*, Herder, Freiburg im Breisgau 1983. – Weitere Informationen zum Nachlaß, den ihr Mitarbeiter Eberhard Avé-Lallemant geordnet hat, finden sich in meinem Artikel *Hedwig Conrad-Martius: A Philosophical Heredity Illustrated by Eberhard Avé-Lallemant*, in *Axiomathes* 18 (2008) 515–531 (http://www.springerlink.com/openurl.asp?Genre=article&id=doi: 10.1007/s10516-008-9044-1); ID., *Bio-bibliographical Note*, cit., 533–542 (http:// www.springerlink.com/openurl.asp?genre=article&id=doi:10.1007/s10516-008-9038-z). [Hans Eberhard August Avé-Lallemant lernte Hedwig Conrad-Martius anläßlich ihrer Vorlesungen an der staatlichen Universität in München kennen. Im April 1958 wurde er im Auftrag der *Deutschen Forschungsgemeinschaft* ihr wissenschaftlicher Mitarbeiter und konnte so die unveröffentlichten Schriften der Autorin einsehen. 1959 promovierte er in München mit der Doktorarbeit *Der kategoriale Ort des Seelischen in der Naturwirklichkeit*, und ab 1973 war er freier Dozent für phänomenologische Philosophie an der Universität in München. Nach dem Tode von Hedwig Conrad-Martius erhält er von der *Bayerischen Staatsbibliothek* den Auftrag, den Nachlaß zu ordnen: vgl. *Catalogus codicum manu scriptorum Bibliothecae Monacensis. Die Nachlässe der Münchener Phänomenologen in der Bayerischen Staatsbibliothek*, cit., 193–256. Er ordnet in der Folge auch die Nachlässe von Alexander Pfänder, Max Scheler, Johannes Daubert, Moritz Geiger, Theodor Conrad, Adolf Reinach, Maximilian Beck, Herbert Leyendecker, Hans Lipps und Herbert Spiegelberg. Ferner führt er die Vorbereitungsarbeiten für die Bearbeitung der Nachlässe von Gerda Walther, Arnold Metzger, Aloys Fischer und Dietrich von Hildebrand durch.]

[19] SACRA CONGREGATIO PRO CAUSIS SANCTORUM: *Canonizationis servae Dei Teresiae Benedictae a Cruce positio super causae introductione*, Tipografia Guerra, Roma 1983,

geschenkt bekommen hatte. Was die beiden Phänomenologinnen vereint, ist die Bekehrung, ein Schritt, den beide gleichzeitig, wenn auch in entgegengesetzter Richtung gingen: während sich Edith Stein zum Katholizismus bekehrte, trat Conrad-Martius der evangelischen Kirche bei. Steins Aufenthalt in Bergzabern sollte der wissenschaftlichen Arbeit dienen. In diesem Zusammenhang[20] übersetzte sie mit Conrad-Martius das Buch *Essai sur l'idée de Dieu et les preuves de son existence chez Descartes*[21] von Alexandre Koyré[22] aus dem Französischen.

---

437. Im August 1965 wurde anläßlich des Prozesses von Namur Schwester Pauline Reinach als Zeugin geladen und erklärte: »Au cours de l'été 1921, alors que la Servante de Dieu allant nous quitter, ma belle-sœur et moi-même l'avons invitée à choisir un ouvrage dans notre bibliothèque. Son choix se porta sur une biographie de Ste Thérèse d'Avila, écrite par elle-même. De ce détail, je suis absolument certaine. J'ai lu dans des biographies de la Servante de Dieu que celle-ci s'était aussi procurée une vie de Ste Thérèse chez Mme Conrad-Martius. Personnellement, je n'ai jamais eu connaissance de ce dernier fait, de science directe. J'ai lu que c'est dans la vie de Ste Thérèse que la Servante de Dieu aurait [*trouvé la vérité*].« Dieses Zeugnis stimmt nicht mit dem überein, was wir in der ersten Biographie Edith Steins finden, die von Schwester T. R. de Spiritu Sancto (Posselt) in den ersten Nachkriegsjahren verfaßt wurde; dieser Text wurde wiederholt herausgegeben und in mehrere Sprachen übersetzt: T. R. POSSELT, *Das Lebensbild einer Karmelitin und Philosophin*, Glock und Lutz, Nürnberg 1948, 28. Die Biographin schrieb: »Einmal hatte das Ehepaar während unseres Aufenthalts irgendwo zu tun. Bevor sie weggingen, lud Frau Conrad-Martius die Freundin ein, ein Buch aus dem Regal zu wählen: es stehe ihr alles zur Verfügung. Edith selbst erzählt: ›Ich nahm irgendeins.‹ Es war das Leben der heiligen Teresa von Avila, das sie selber verfaßt hatte. ›Ich begann es zu lesen und war derart gefesselt, daß ich das ganze Buch in einem Zug las. Als ich das Buch zuklappte, dachte ich: [*dies ist die Wahrheit*].‹« Mit größerer Wahrscheinlichkeit hatte Edith Stein das von den Reinachs geschenkte Buch zu den Conrads mitgenommen und las es dort zu Ende.

[20] Vgl. *ESGA* 4, Brief vom 30.IX.1922, 150–151.

[21] A. KOYRÉ, *Essai sur l'idée de Dieu et les preuves de son existence chez Descartes* (Bibliothèque de l'École des Hautes Études – Sciences Religieuses, 13), Éditions Ernest – Leroux, Paris 1922, in der Folge veröffentlicht unter dem Titel *Descartes und die Scholastik*, Bouvier Verlag, Bonn 1923. Die Namen der Übersetzer sind nicht angegeben. 1971 wurde der Text in Darmstadt als photostatische Reproduktion von der Wissenschaftlichen Buchgesellschaft veröffentlicht. Dieses Werk gehört zur *ESGA*: E. STEIN – H. CONRAD-MARTIUS, *Übersetzung von Alexandre Koyré. Descartes und die Scholastik*, Einführung, Bearbeitung und Anmerkungen von H.-B. Gerl-Falkovitz, *ESGA* 25, Herder, Freiburg-Basel-Wien 2005.

[22] A. Koyré (1892–1964) war 1908/09 nach Göttingen gekommen, um bei Hilbert und Husserl Mathematik und Philosophie zu studieren. Die Lektüre der *Philosophie der Arithmetik* und der *Logischen Untersuchungen* regte Koyré zur Verfassung von drei kurzen Schriften zur Philosophie der Mathematik an (1912), die Husserl jedoch nicht als Doktorarbeit akzeptierte; vgl. P. ZAMBELLI, *Alexandre Koyré alla scuola di Husserl a Gottinga*, in *GCFI* 78 (1999) 303–354. Koyré zog darauf nach Paris und begann

Diese gemeinsam ausgeführte Übersetzung war für die beiden Phänomenologinnen der erste Schritt zu einer indirekten Bekanntschaft mit einem Werk, das Koyré in seiner Monographie verwendet und lange für ein Werk des *Doctor Subtilis* gehalten hatte, nämlich die *Quaestiones disputatae de rerum principio*. Die von Koyré verwendeten *quaestiones* sind q. IV n. 18[23] und q. 11 n. 15[24]. Er unterscheidet die authentischen Werke nicht von denen unsicherer Zuschreibung;[25] ich denke primär an die Unterscheidung zwischen *Tractatus de primo rerum omnium principio* und *Quaestiones disputatae de rerum principio*.

Später übersetzte Edith Stein einige Abschnitte der *Quaestiones disputatae de rerum principio*[26], auf die sie sich dann anläßlich der von ihr in Münster 1933 gehaltenen Vorlesungen (*Was ist der Mensch? Theologische Anthropologie*)[27] sowie in ihrem letzten Werk *Endliches und ewiges Sein*[28] ausdrücklich bezieht. Hervorzuheben ist hier, daß gerade die *quaestio* q. IV: *Utrum Deus de necessitate producat res?*

1929 an der Universität von Montpellier zu lehren, ohne jedoch die Verbindung mit dem frühen Kreis der Phänomenologen abreißen zu lassen.

[23] *ESGA* 25, 79, 192–193: »Voluntas Dei est causa rerum, et nullum habet motivum in causando« (Hg. Vivès IV, S. 310a).

[24] *Ebd.*, 71, 183–184: »Substantia animae est idem, quod sua potentia realiter, ita quod anima dicitur forma per comparationem ad corpus quod perficit, cui dat esse substantiale: sortitur vero nomen et rationem potentiae, solo respectu et comparatione ad varia objecta et operationes, ita quod anima et actum suum eliciat, et actum subjective suscipiat, ut patet in actu intelligendi: per suam substantiam est principium eliciens actum et efficienter, et etiam subjective, non per aliquam potentiam re absoluta differentem ab ea« (Hg. Vivès IV, S. 468b–469a).

[25] Das zum ersten Mal 1639 in Lyon von Lukas Wadding veröffentlichte Werk *Opera omnia* von Skotus wurde neu gedruckt in J. DUNS SCOTUS, *Opera omnia. Editio nova iuxta editionem Waddingi XII tomos continentem a patribus Franciscanis de observantia accurate recognita*, Paris, Vivès 1891–1895. Beide Ausgaben enthalten die authentischen und die nicht authentischen Werke von Duns Scotus. In seiner Monographie verwendet Koyré die Ausgabe von Vivès.

[26] Für die Analyse der literarischen Gattung der Quaestiones disputatae siehe: B. BAZÀN – G. FRANSEN – D. JACQUART et al. (Hg.), *Les questions disputées et les questions quodlibétiques*, in *Les Facultés de théologie, de droit et de médecine (Typologie des sources du Moyen Âge occidental*, 44–45), Brepols, Turnhout-Belgium 1985, 31–40.

[27] E. STEIN, *Was ist der Mensch? Theologische Anthropologie*, bearbeitet und eingeleitet von B. Beckmann-Zöller, *ESGA* 15, Herder, Freiburg-Basel-Wien 2005, 61. In ihrem *Excursus* zur Lehre der Freiheit bei Augustinus verwendet die Autorin die q. IV von *De rerum principio* und versucht, den Standpunkt von Skotus mit demjenigen des Augustinus und des Thomas zu vergleichen. Diese Untersuchung wird im 4. Kapitel besprochen.

[28] Die Verfasserin verwendet die quaestiones VII, VIII und IV: vgl. E. STEIN, *Endliches und ewiges Sein. Versuch eines Aufstiegs zum Sinn des Seins*, cit., 346–348, 355.

die Verbindung zwischen den Untersuchungen Koyrés über Descartes und den beiden Werken Edith Steins herstellt, von denen die Rede war.

Nur wenn wir die Bedeutung von Koyrés Werk für Edith Stein richtig würdigen, verstehen wir, warum sie ihm anläßlich seines Besuchs im Karmelitinnenkloster in Köln 1935 die Fahnen der ersten Kapitel ihres Werkes *Endliches und ewiges Sein* zur Kontrolle übergeben wollte, damit er vor allem die Abschnitte über die Scholastik prüfe.[29]

In diesem Sinne können wir auch die Periode vor ihrer Bekehrung zum Katholizismus und die Neuorientierung ihrer Forschungsarbeit nach dem Studium der *Quaestiones disputatae de rerum principio* im Jahre 1922 besser verstehen und ebenso das erst später aufkommende Interesse an den Schriften des hl. Thomas von Aquin und deren systematischeres Studium. 1929 veröffentlichte Edith Stein unter dem Titel *Husserls Phänomenologie und die Philosophie des heiligen Thomas von Aquino*[30] einen Versuch, Husserls Phänomenologie mit der Philosophie Thomas von Aquins zu vergleichen; die Arbeit mit den Texten Aquins hilft ihr, ihren Horizont in Richtung einer christlichen Metaphysik zu erweitern, ohne dabei die Phänomenologie ihres Meisters Husserl zu verlassen.

2.2. Die »skotistischen« Quellen im Werk Endliches und ewiges Sein

Bei der Verfassung ihres Werkes *Endliches und ewiges Sein* geht Edith Stein einen Schritt weiter auf dem Weg zur Lehre des Duns Scotus hin, auf den sie sich sowohl ausdrücklich als auch implizit bezieht: implizit in bezug auf die Frage nach den Universalien[31] und der mittelalterlichen Lehre von den Ideen, zu der sie auch aufgrund einiger zu ihrer Zeit geltenden Auslegungen direkt aus einem Werk

---

[29] Vgl. *ESGA* 3, Brief vom 17.XI.1935 an Hedwig Conrad-Martius, 158–159. Edith Steins Briefe an Hedwig Conrad-Martius wurden auch veröffentlicht in H. CONRAD-MARTIUS (Hg.): *Briefe an Conrad-Martius mit einem Essay über Edith Stein*, Kösel-Verlag, München 1960.
[30] E. STEIN, *Husserls Phänomenologie und die Philosophie des heiligen Thomas von Aquino. Versuch einer Gegenüberstellung*, in Festschrift Edmund Husserl zum 70. Geburtstag, *Ergänzungsband zum Jahrbuch für Philosophie und Phänomenologische Forschung*, Max Niemeyer Verlag, Tübingen 1929, 315–338.
[31] Vgl. E. STEIN, *Endliches und ewiges Sein. Versuch eines Aufstiegs zum Sinn des Seins*, cit., 92–97.

des Dominikaners Gallus Manser[32] schöpft, um den Gegensatz zwischen dem Voluntarismus des Scotus[33] und dem Intellektualismus Thomas von Aquins aufzuzeigen. Ausdrücklich bezieht sie sich hingegen nur dreimal auf »skotistische« Quellen. Dies ist deshalb wichtig, weil es dadurch möglich wird, genauer zu verstehen, wie sie durch diese Quellen die Lehre des *Doctor Subtilis* aufgefaßt und verwendet hat. Am Ende des dritten Kapitels, *Wesenhaftes und ewiges Sein*, bezieht sich Edith Stein auf die Lehre vom Königtum Christi bei Duns Scotus und stützt sich auf einen Text von Ephrem Longpré: *Duns Skotus, der Theologe des fleischgewordenen Wortes*[34], den er 1933 in Köln vor den Mitgliedern des Katholischen Akademikerverbandes verlas. Die Autorin nennt diesen Beitrag, doch will sie nicht rein theologische Fragen angehen, die über die Grenzen ihrer Untersuchung hinausgehen.[35]

Im achten Kapitel, *Sinn und Begründung des Einzelseins*, untersucht die Autorin die Frage nach dem individuellen Sein und seinem Grund: Sie fragt nach der Natur dieses individuellen Wesens. Zu diesem grundsätzlichen Thema der mittelalterlichen Philosophie stellt sie fest, daß der Grund der Individualität der geistigen Wesen nicht in der *materia signata quantitate* zu suchen ist, wie der hl. Thomas von Aquin meint. Sie lehnt sich eher an die Vorstellung des Duns Scotus an, der »als principium individuationis etwas positiv Seiendes ansieht, das die individuelle Wesensform von der allgemeinen scheidet«[36]. Dabei bezieht sie sich auf eine Untersuchung Reinhold Meßners: *Das Individuationsprinzip in skotistischer Schau*[37].

---

[32] G. MANSER, *Das Wesen des Thomismus*, Verlag der Universitätsbuchhandlung F. Rütschi, Freiburg-Schweiz 1935.
[33] E. STEIN, *Endliches und ewiges Sein. Versuch eines Aufstiegs zum Sinn des Seins*, cit., 265: »Für *Duns Scotus* beruht – nach der Darstellung von G. Manser – die Verbindung einfacher Wesenheiten zu den zusammengesetzten Ideen, die als Urbilder der Dinge anzusehen sind, auf Gottes freier Wahl.«
[34] Vgl. E. LONGPRÉ, *Duns Skotus. Der Theologe des fleischgewordenen Wortes*, in *WiWei* 1 (1934) 243–272. Das Original in französischer Sprache erschien in *StFr* 30 (1933) 171–196.
[35] Vgl. E. STEIN, *Endliches und ewiges Sein*, cit., 112.
[36] *Ebd.*, 408–409.
[37] Vgl. R. MESSNER, *Das Individuationsprinzip in skotistischer Schau*, in *WiWei* 1 (1934) 8–27; it. Übers. *Il principio di individuazione nella visione scotista*, von F. ALFIERI (Hg.), in *Idee* 64 (2007) 19–41.

Nur im siebten Kapitel, *Das Abbild der Dreifaltigkeit in der Schöpfung*, verwendet Edith Stein bei der Behandlung der Frage, ob die Engel aus Form und Materie bestehen, die *Quaestiones disputatae de rerum principio* und behauptet, daß von Ephrem Longpré in seinem Artikel von 1934[38] die Echtheit des Werkes *als sicher angesehen* wird. Wir wollen die beiden Texte vergleichen:

E. Stein, *Endliches und ewiges Sein*, S. 346, Fußnote 74:	E. Longpré, *Stand der Skotus-Forschung 1933*, S. 67:
Die folgenden Ausführungen stützen sich auf die »Quaestiones disputatae de rerum principio«. ... Die Echtheit der Schrift wird von P. Ephrem Longpré als sicher angesehen (Vgl. »*Stand der Skotus-Forschung 1933*« ... S. 67)	Die Echtheit der Schrift »*De primo omnium rerum principio*« ist sicher bezeugt.

Hier ist klar ersichtlich, daß Longpré von der Echtheit des *Tractatus de primo omnium rerum principio* spricht und nicht von der *Quaestiones disputatae de rerum principio*. Deshalb kann behauptet werden, daß die Autorin die beiden Schriften verwechselt hat, was auch daraus hervorgeht, daß sich Marianus Müller bei der Vorbereitung der kritischen Ausgabe des *Tractatus de primo principio*[39] dort auf Longprés Untersuchung[40] stützt, wo er in den *prolegomena* die Frage nach der Echtheit des Werkes angeht. Edith Stein scheint sich dessen nicht bewußt zu sein, daß in Meßners Artikel ein ausdrücklicher Bezug auf die fragliche Echtheit der *[Quaestiones disputatae] de rerum principio*[41] enthalten ist.

---

[38] Vgl. M. MÜLLER, *Stand der Skotus-Forschung 1933. Nach Ephrem Longpré O. F. M.* (Referat, gehalten zu Köln am 27. März 1933), in *WiWei* 1 (1934) 63–71; it. Übers. *Il punto della ricerca su Scoto, 1933. Basato su Ephrem Longpré O. F. M.* (Vortrag vom 27. März 1933 in Köln), F. ALFIERI (Hg.), in *Quaderni di studi scotisti* 4 (2007) 11–24.
[39] J. DUNS SCOTI, *Tractatus de primo principio*, Editionem criticam curavit M. Müller, Herder, Friburgi Brisgoviae 1941.
[40] *Ebd.*, IX.
[41] Vgl. R. MESSNER, *Das Individuationsprinzip in skotistischer Schau*, cit., 11 (Fußnote 10): »Insbesondere zwingt die Unechtheit der drei Schriften: *De perfectione statuum, de rerum principio, Theoremata*, denen Landry wie viele neuere die extremsten skotistischen Sätze entlehnt haben, zu einer Revision der Darstellung des skotistischen Systems gegenüber der früheren, auch an dieser Stelle vertretenen [...].«

3. Das principium individuationis: Edith Steins Lösung in Endliches und ewiges Sein

Edith Steins wichtigstes philosophisches Werk *Endliches und ewiges Sein* vereint die mittelalterliche Tradition mit der Phänomenologie; und doch ist der entscheidende Einfluß der Spekulation von Duns Scotus eines der am wenigsten beachteten Elemente dieser Schrift – wenn man von einigen wenigen Arbeiten absieht, wie beispielsweise jenen von A. Ales Bello[42] und F. Bottin[43]; die Rezeption des hl. Thomas wird vergleichsweise viel systematischer und ausführlicher untersucht, obwohl dann doch einige Studien auf die Affinität der beiden Denksysteme hinwiesen[44]. Stellvertretend gilt Sarah Bordens Meinung, die schreibt, daß »Edith Stein im Werk *Endliches und ewiges Sein* viele thomistische Elemente einbringt, doch manchmal auch davon Abstand nimmt, um ein Modell der Person und des Seins zu entwickeln, das sehr viel näher bei Scotus ist«[45].

Im Vorwort bemerkt Edith Stein: »Gemeinsam ist ferner beiden Büchern eine Stellung gegenüber Aristoteles und Plato, die kein Entweder-Oder für sie anerkennt, sondern eine Lösung versucht, die beiden ihr Recht gibt, und ähnlich für den hl. Augustinus und

---

[42] A. Ales Bello, *Il »singolo« e il suo volto*, in *Il volto nel pensiero contemporaneo*, D. Vinci (Hg.), Il Pozzo di Giacobbe, Trapani 2010, 176–190.
[43] F. Bottin, *Tommaso D'Aquino, Duns Scoto e Edith Stein sulla individuazione*, in *Il Santo* 49 (2009) 121–129.
[44] Siehe in chronologischer Abfolge: A. Höfliger, *Das Universalienproblem in Edith Steins Werk »Endliches und ewiges Sein«* (Studia Friburgensia, 46), Universitätsverlag, Freiburg-Schweiz 1968, 66–83, 100–107; P. Schulz, *Edith Steins Theorie der Person. Von der Bewußtseinsphilosophie zur Geistmetaphysik*, Verlag Karl Alber, München 1994, 228–245; H. Hecker, *Phänomenologie des Christlichen bei Edith Stein* (Studien zur systematischen und spirituellen Theologie, 12), Echter Verlag, Würzburg 1995, 96–100; P. Volek, *Erkenntnistheorie bei Edith Stein. Metaphysische Grundlagen der Erkenntnis bei Edith Stein im Vergleich zu Husserl und Thomas von Aquin* (Europäische Hochschulschriften – Reihe XX Philosophie, 564), Peter Lang, Frankfurt am Main-Wien 1998, 203–209; W. Redmond, *La rebelión de Edith Stein: la individuación humana*, cit., 96–97. Zur Frage nach dem Individuationsprinzip im Vergleich zwischen Edith Stein und Thomas von Aquin siehe R. Errico, *Quantità e Qualità. La questione dell'individuazione nel confronto tra Tommaso D'Aquino e Edith Stein*, in *Il percorso intellettuale di Edith Stein*, M. Shahid – F. Alfieri (Hg.), cit, 181–208.
[45] S. R. Borden, *Edith Stein*, Hg. Continuum, London-New York 2003, 104: »Throughout *Finite and Eternal Being*, Stein appropriates many Thomistic concepts, yet also departs from Thomas, developing a more Scotist model of person and being.«

den hl. Thomas.«[46] Dies gibt dem Leser von Anfang an den hermeneutischen Schlüssel in die Hand, dank dem er den Schlußteil des Werkes über »Sinn und Begründung des Einzelseins«[47] verstehen kann, in dem Edith Stein die bereits behandelte, jedoch noch nicht geklärte Frage nach dem Einzelsein wieder aufnimmt und also die Frage nach der Individualität des Wesens als Substrat. Sobald diese Frage geklärt ist, ist die Bestimmung der Person vollständig.

Edith Stein geht vom lateinischen Begriff *individuum* aus, den sie mit *Einzelding* übersetzt und der dem aristotelischen *tode tì* (*Diesda*) entspricht, dem »Diesda«, das nicht genannt werden kann, weil es jeder Definition entgeht. Die Schwierigkeit, das »Diesda« zu definieren, liegt darin, die übertragbaren Eigenschaften als allgemeine Bestimmungen vom Substrat zu trennen, dem einzig fähigen, sein »Diesda-Sein« unverwechselbar darzustellen, denn es ist von Natur aus nicht mitteilbar. Das »Diesda-Sein« schließt sowohl das Anders-Sein (ein anderes Individuum) als auch das *In-mehreren-Sein* aus.

Das Problem des Substrats des Seins kann von der »Einheit« des Individuums angegangen werden; diese Einheit gehört ihm dann, wenn er als »in sich geschlossene Ganzheit« erscheint.

Das Individuum als »Einzelding« bezeichnet sein *Ungeteilt*-Sein, seine Einzigartigkeit, weil es in sich eine »Einheit« birgt, die davon stammt, daß es ein Individuum ist. Die Autorin klärt schon zu Beginn des achten Kapitels, daß die Einheit, von der sie spricht, keine numerische oder »quantitative Einheit« ist, denn auch wenn das *Einzelsein* der quantitativen Bestimmung zugrunde liegt, kann nicht behauptet werden, daß sein Einzelsein davon abstammt.[48] Für Edith Stein kann die numerische Einheit nicht der Grund der Individuation sein, denn die größenmäßigen Eigenschaften können sich verändern, während die Natur des Einzelseins gleich bleibt. Ferner können die zufälligen Bestimmungen des Wesens nicht unabhängig bestehen und daher nichts über die Letztbestimmung aussagen oder ihr etwas beifügen. Hier muß hervorgehoben werden, daß Edith Stein schon in der Diskussion über die »Transzendentalien« Thomas von Aquins Definition des »*unum*« ablehnt und dieses »*unum*« nicht rein negativ definiert als etwas an sich Unbestimmtes und von

---

[46] E. STEIN, *Endliches und ewiges Sein. Versuch eines Aufstiegs zum Sinn des Seins*, cit., 6.
[47] Vgl. *ebd.*, 395–441.
[48] Vgl. *ebd.*, 396–397.

allem anderen Verschiedenes, sondern sie sieht in der Unbestimmtheit nur eine Interpretation des positiven Aspektes der »Einheit« als letzte, nicht weiter reduzierbare Sache, die die Gesamtheit des Seins zusammenhält.[49] Für die Philosophin reicht jedenfalls die transzendentale wie auch die numerische Einheit als Grund für die Ununterscheidbarkeit des Individuums nicht aus. Ich habe die Diskussion über die »Transzendentalien« deshalb erwähnt, weil Edith Stein in diesem Zusammenhang zu einer anderen Lösung gelangt als Thomas von Aquin.
Die Schwierigkeit liegt in der direkten Erkenntnis der individuellen Natur. Edith Stein kritisiert die Überlegungen in einem der beliebtesten Handbücher der Neuthomistischen Philosophie, Gredts[50] *»Elementa«*, und scheint von der Meinung des Autors nicht überzeugt zu sein, daß die Erkenntnis des Einzelwesens auf seinen äußerlichen Eigenschaften gründet: »Wir unterscheiden […] die körperlichen Einzeldinge untereinander durch zufällige, äußerlich sinnfällige Merkmale, insbesondere durch die Gestalt, die Stellung im Raum und in der Zeit.«[51] Edith Stein fragt, ob es möglich sei, daß die Individualität den sinnlichen Inhalt des Einzelseins betrifft. Der inhaltliche Unterschied betrifft nicht die formelle Unterscheidung des Wesens, sondern die materielle; ein Grund mehr, zu denken, daß sie auf originelle Art auf die äußeren Einflüsse zurückgreift.[52]
Die Frage ist für die Autorin entscheidend, denn es geht darum, die inhaltliche (oder materielle) Bestimmung, die an sich erfahrbar ist, mit dem Prinzip zu verbinden, das aus dem »Diesda« das macht und nichts anderes. Hinter dieser Frage verbirgt sich natürlich Steins Kritik an Gredts Theorie, nach der die *materia* nicht nur als Bezugsmaß für die Unterscheidung zwischen einem Einzelsein und einem anderen, sondern gleichzeitig auch als Wesensprinzip seines Substrats gilt. Für Gredt wie für Edith Stein ist klar, daß es sich nicht um die einfache *materia prima* handelt, da diese niemals als Individuationsprinzip fungieren könnte, weil sie als »Urmaterie« völ-

---

[49] Vgl. *ebd.*, 250.
[50] J. GREDT, *Die aristotelisch-thomistische Philosophie I*, Herder, Freiburg 1935. In ihrer Besprechung bezieht sich Edith Stein auf die deutsche Ausgabe des »Grundkurses« von Gredts »Elementa«, die ursprünglich auf latein verfaßt wurden.
[51] E. STEIN, *Endliches und ewiges Sein. Versuch eines Aufstiegs zum Sinn des Seins, cit.*, 397, Fußnote 9.
[52] Vgl. *ebd.*, 416.

lig ohne jegliche Bestimmung ist, das heißt ohne Form, und daher nicht der Grund für die Bestimmung des Einzeldings sein kann. Beide Forscher beziehen sich auf die *materia prima*, die bereits durch die räumlichen und zeitlichen Bestimmungen zur Information bereit ist. Die von der Form aufgenommene Materie, die zur Ausdehnung bereitsteht, ist die *materia signata quantitatae*.

Für Edith Stein kann die *materia signata quantitate* der thomistischen Tradition nicht der Grund des Einzeldings sein, denn obwohl die »Form« ein aktives Element ist, während die »Materie« ein passives Element ist, und obwohl das aktive Element in bezug auf das Sein dem passiven Element überlegen ist, bewegt man sich immer noch im Bereich der allgemeinen Beziehung zwischen Form und Materie und sagt somit nichts über sein wesentliches »Diesda«-Sein aus. Die Autorin hebt hervor, daß die »Form« des einzelnen noch Teil der allgemeinen Struktur des Menschen (Gattung) ist, daß es aber auch verschiedene individuelle Formen gibt.[53] Obwohl sie an den gleichen Eigenschaften gemeinsam teilhaben, besitzen sie diese Eigenschaften je auf ganz individuelle Art, so daß »die Freundlichkeit oder Güte des Sokrates anders ist als die eines anderen Menschen«[54].

Das *Einzelsein* ist Träger der Spezifizität der Gattung. Folglich kann Edith Stein der Begründung der inhaltlichen Mannigfaltigkeit einer Gattung durch die von Thomas formulierte Materie (*individuum est de ratione materiae*)[55] nicht zustimmen.

Die Individualität scheint daher weder von der Form noch von der Materie abzuhängen, denn diese beiden Aspekte sind genau wie »eine gewisse Menge Materie« noch allgemein, denn die Menge ist ein Akzidenz der Substanz, und auch seine »Existenz« kann es nicht sein, denn diese setzt voraus, daß das Einzelsein[56] besteht.

---

[53] Vgl. *ebd.*, 402: »Bedeutsam ist ferner, was hier als ›Einzelwesen‹ in Anspruch genommen ist: der ›artgebende Teil‹ des Einzeldinges, z. B. die Menschheit dieses Menschen. Danach hat jedes Einzelding *sein* Wesen, aber das *gleiche* wie alle andern seiner Art. Es ist früher schon deutlich geworden, daß wir uns dieser Auffassung nicht anschließen können: wir sehen das Wesen des Sokrates in seinem Sokratessein (in dem das Menschsein eingeschlossen ist) und betrachten es als nicht nur zahlenmäßig, sondern durch eine besondere Eigentümlichkeit vom Wesen jedes anderen Menschen verschieden.«
[54] *ebd.*, 142.
[55] Vgl. *ebd.*, 416–417.
[56] Vgl. *ebd.*, 409–413.

Das »Diesda«, die innerste Erfahrung der Einzigartigkeit als »So«-Sein, ist für Edith Stein etwas Einzigartiges, und deshalb betrachtet sie es als das Individuationsprinzip des Menschen, der sich, um Mensch sein zu können, auf der formellen Konstituierung des letzten Seinssubstrats gründen muß. Auch wenn sich die Erfahrung der Einzigartigkeit als unerklärbar herausstellt, wäre es gerade aufgrund von Husserls »Prinzip aller Prinzipien« unlogisch, darauf zu verzichten, daß »jede originär gegebene Anschauung eine Rechtsquelle der Erkenntnis sei [...]«[57].

Da die innere individuelle Unterscheidung nicht auf die »Form« oder auf die quantitative Differenz zurückgeführt werden kann, bleibt nur noch der Weg der »letzten Wirklichkeit des Wesens« übrig.

Bei der kritischen Analyse des Individuationsprinzips lehnt die Autorin die *materia signata quantitate* als Grund der Individuation ab, denn dieser Grund muß etwas sein, das das Individuum nicht auf rein quantitative und numerische Art begründet. Die grundsätzliche Konstituierung des Seienden besteht aus Materie und Form, und wenn die Form nicht als Grund in Betracht kommt, dann bleibt der Begriff der »Form«. Aber das Einzelsein ist Teil der »haecceitas«, denn es unterscheidet sich inhaltlich nicht vom Sein eines anderen Dings. Die »haecceitas« – wie der Trennstrich, der das endliche Sein äußerlich von allem anderen abgrenzt, von allem nämlich, was es selbst nicht ist, und innerlich das Substrat eingrenzt, oder die Tiefe des Seins – stellt den »Grund« der Einzigartigkeit dar.
In diesem Punkt lehnt sich Edith Stein ausdrücklich an Duns Scotus[58] an: »Wenn ich ihn recht verstehe, tut das auch *Duns Scotus*: er

---

[57] E. HUSSERL, *Ideen zu einer reinen Phänomenologie und phänomenologischen Philosophie. Erstes Buch: Allgemeine Einführung in die reine Phänomenologie* (1913), W. Biemel (Hg.), *Gesammelte Werke in Husserliana* III/1, Martinus Nijhoff, Den Haag, Dordrecht-Boston-Lancaster 1950, 51.
[58] Vgl. *Ord.* II, d. 3, p. 1, qq. 5–6, n. 169 (Hg. Vat. VII, 474–475): »Sicut unitas in communi per se consequitur entitatem in communi, ita quaecumque unitas per se consequitur aliquam entitatem; ergo unitas simpliciter (qualis est ›unitas individui‹ frequenter prius descripta, scilicet cui repugnat divisio in plures partes subiectivas et cui repugnat ›non esse hoc, signatum‹), si est in entibus (sicut omnis opinio supponit), consequitur per se aliquam per se entitatem; non autem consequitur per se entitatem naturae, quia illius est aliqua unitas propria et per se, realis, sicut probatum est in solutione primae quaestionis; igitur consequitur aliquam entitatem aliam, determinantem istam, et illa faciet unum per se cum entitate naturae, quia ›totum‹ cuius est haec unitas, perfectum est de se.«

sieht als *principium individuationis* etwas positiv Seiendes an, das die individuelle Wesensform von der allgemeinen scheidet.«[59]
Das Individuationsprinzip ist nicht als etwas sich von außen dem Individuum Beifügendes zu betrachten, sondern als etwas positiv Seiendes, das bereits als Vervollständigung seines Seins in seinem Inneren enthalten ist. Die »positive Eigenschaft« besteht in der individuellen Natur (dem »Dies«-Sein), das keine zweite Natur neben der allgemeinen Natur (Gattung) ist, sondern die allgemeine Natur in der Einzelnatur[60]: Dem Menschen wird durch das Sokrates-Sein nichts beigefügt, sondern im Sokrates-Sein ist das Menschsein enthalten.
Das originelle Element, das Edith Stein mit dem Begriff der »leeren Form« in das formelle Gerüst des Begriffs »leer« einbringt, ist jener »Grund«, der ihm innerlich zugehört, der zusammen mit dem »qualitativen Einfüllen« den unberührbaren Grund der Individualität und Einzigartigkeit des menschlichen Wesens darstellt.
Dadurch wird ein für allemal die Zweideutigkeit des Begriffs *principium individuationis* aus dem Weg geräumt, der immer als ein Prinzip aufgefaßt wurde, das dem Sein von außen beigefügt wird. Die neue Terminologie von Edith Stein läßt keine Zweifel mehr zu: ein nicht unbedeutender Aspekt, wenn man an die lange Diskussion von Scotus in der *Ordinatio* (q. 2) über das »intrinsische Prinzip« denkt.[61]
Auch wenn Edith Stein hier die »positive Eigenschaft des Seienden« nicht ausdrücklich mit dem skotistischen Ausdruck »*ultima realitas entis*« nennt, muß man sich doch daran erinnern, daß sie in *Potenz und Akt* den Begriff »*haecceitas*« verwendet, um die Individualität des Einzelseins zu bezeichnen.

---

[59] E. STEIN, *Endliches und ewiges Sein. Versuch eines Aufstiegs zum Sinn des Seins*, cit., 408–409, Fußnote 42. Die Autorin stützt sich auf die Untersuchung von R. MESSNER, *Das Individuationsprinzip in skotistischer Schau*, cit., 8–27; it. Übers. *Il principio di Individuazione nella visione scotista*, von F. Alfieri, cit., 19–41.
[60] E. STEIN, *Endliches und ewiges Sein. Versuch eines Aufstiegs zum Sinn des Seins*, cit., 402.
[61] Vgl. *Ord.* II, d. 3, p. 1, q. 2, n. 57 (Hg. Vat. VII, 416–417): »[...] Quod necesse est per aliquid *positivum intrinsecum* huic lapidi, tamquam per rationem propriam, *repugnare sibi dividi in partes subiectivas*; et illud positivum erit illud quod dicetur esse per se causa Individuationis, quia per Individuationem intelligo illam *indivisibilitatem sive repugnantiam ad divisibilitatem*.«

Die individuelle Natur erinnert an die *entitas positiva* von Scotus, in der, wie gezeigt, die Einzigartigkeit kein Produkt der Materie oder der Form oder der einzelnen Formmaterie ist, sondern etwas, was sich in seiner Wirklichkeit formell von der allgemeinen Natur unterscheidet und die Funktion hat, sie zu übernehmen, um sie so individuell seiend zu machen. Gleichzeitig mit meinen Untersuchungen bearbeitete Francesco Bottin die Frage, wie man Edith Steins Forschungen zum Individuationsprinzip mit denen des franziskanischen Denkers vereinen könne, und kam zu dem Schluß, daß »der Ansatz zum Problem in seiner *pars destruens* analog zu jenem von Scotus in seiner Kritik der Individuation durch die Materie erfolgt [...]. Zwei Aspekte im Gedankengang Edith Steins gleichen insbesondere den Überlegungen des Franziskaners. Erstens ist für Edith Stein, wie für Scotus, unwiderruflich klar, daß die Eigenschaften, die eine geistige Realität individuell machen, nicht aus den Prinzipien zu schöpfen sind, die sie begründen. Wie Scotus und aus denselben Gründen verzichtet auch Edith Stein darauf, diese Eigenschaften mit den logischen und metaphysischen Kategorien zu ergründen.«[62]

4. Edith Steins Lösung findet in Duns Scotus ihre Bestätigung

Nun möchte ich kurz die Schlüsse darstellen, zu denen ich in meiner Arbeit über den Einfluß von Duns Scotus auf die Überlegungen Edith Steins und über die Frage der Individualität gekommen bin. Ausgegangen bin ich von ihrer Doktorarbeit *Zum Problem der Einfühlung*, ihrer ersten Schrift, denn in diesem Zusammenhang stellte Edith Stein die Frage nach dem, was unter Individualität zu verstehen ist, und auf die sie antwortet: »Dieses Ich ist sich selbst und kein anderes«; ausgehend von dieser Feststellung war es nötig herauszufinden, auf welche Quellen sich Edith Stein stützte, um die Einheitlichkeit des Ichs zu begründen. Dabei stellt sich folgendes heraus: Den Ausführungen von Scotus folgend versteht Edith Stein die Individualität oder Einzigartigkeit, das heißt, was die Persönlichkeit als solche ausmacht, als etwas, was nicht vollständig erkennbar ist.

---

[62] F. Bottin, *Tommaso d'Aquino, Duns Scoto e Edith Stein sulla individuazione*, cit., 127.

Für die Phänomenologin gibt es keine Form der Erkenntnis und des totalen kenntnismäßigen Ausdrucks der Einzigartigkeit der Person: Man kann sie nur intuitiv durch jene besondere Art des spirituellen Fühlens erahnen. So kann die Person spirituell in ihrer Einzigartigkeit, in ihrer typischen Art »gefühlt« werden, doch kann sie nie durch irgendeine Form der diskursiven Kenntnis erfaßt werden. Seit den *Beiträgen zur philosophischen Begründung der Psychologie und der Geisteswissenschaften* haftet der Individuation eine ganz eigene Qualität an, die vor allem einmal ihren sogenannten persönlichen »Kern« färbt; im letzten Teil dieses Werks, nachdem sie den bestimmten »Ort« der Person in diesem »Kern« definiert hat, ist es möglich, eine Parallele zwischen dem Begriff der »*ultima solitudo*« von Scotus und der »ununterdrückbaren Einsamkeit« von Edith Stein zu erblicken. Nachdem sie jeglichen Zweifel über die Unbestimmbarkeit des Kerns durch quantitative und numerische Elemente der Einzigartigkeit aus dem Weg geräumt hat – da es zweitrangige Elemente in der Bestimmung desselben sind –, stellt sie fest, daß sich die Individuation jenseits jeder möglichen psychischen und materiellen Bestimmung situiert, so daß die ununterdrückbaren Eigenschaften dieses Kerns, seine Unveränderlichkeit, seine Konsistenz und dauernde Eigenheit der Entwicklung der Person eine bestimmte Richtung aufdrücken und nicht umgekehrt: Nicht die Entwicklung der Person prägt den Kern, sondern der Kern bestimmt jegliche psychische und bzw. oder materielle Entwicklung derselben. Jede quantitative Bestimmung – das habe ich in meiner Untersuchung herausgearbeitet – kann kein qualitatives Element, das den Kern der Person charakterisiert, verdrängen. Dieses Element muß für Edith Stein jenseits jeder Räumlichkeit und Zeitlichkeit liegen, denn diese bedeuten entweder einen Bezug zu formellen Bedingungen oder zu materiellen Bestimmungsbedingungen, welche beide für Edith Stein jenseits der persönlichen *ultima solitudo* liegen.

Diese »ultima solitudo« definiert Edith Stein in negativer Weise als das In-sich-Bleiben, als ein in Kontakt mit der *Tiefe* des eigenen Ichs Bleiben, was für Scotus eine ontologische Eingrenzung bedeutete. Die *ultima solitudo* und die Tiefe ermöglichen die Transzendenz des Ichs hin zu den anderen, das heißt zu den verschiedenen Formen des gemeinschaftlichen Lebens: Nur wenn man diese unaussprechliche Tiefe erlebt, diese Verbindung jedes persönlichen Tuns, kann die Person in die Welt treten, in die Gemeinschaft. Es lohnt sich, noch weiter auf den ontologischen Status einzugehen, den Edith Stein in dieser *ultima solitudo* zu finden scheint, welche den Menschen charakterisiert: Wenn sie auch den Menschen als solchen charakterisiert, wenn sie auch jede Person als solche betrifft, ist diese *ultima solitudo* bei Edith Stein nicht als spezifische universelle oder universalisierbare Eigenschaft aufzufassen. Ihre Art, der Person unlösbar anzuhaften, hängt von ihrer Färbung ab und davon, daß sie von einer besonderen Stimmung erfühlt wird, die nichts anderes als individuell sein kann. Und gerade diese stimmungsmäßige Tönung, die jedem Menschen die Möglichkeit eingibt, die eigene Tiefe als einzigartig zu erspüren, schließt jede Vorstellung einer Universalisierung der *ultima solitudo* aus.

Hier treffen die metaphysischen Instanzen, die Edith Stein aus der mittelalterlichen Philosophie entnommen hatte, auf die Analysen und Resultate der phänomenologischen Beschreibungen: Im *Aufbau der menschlichen Person* stellt sie denn auch fest, daß eine Philosophie in dem Maße radikal ist, als sie sich bis zu den letzten grundlegenden Strukturen des menschlichen Seins herantastet. Sobald ein äußeres Prinzip für die Bestimmung der Persona ausgeschlossen wird, beginnt die Erschließung des inneren Prinzips, das in der *leeren Form* mit ihrer qualitativen Erfüllung gefunden wird, denn nur daher bekommt das Individuum die Sinneseinheit in ihrer ganzen Totalität.

Ausgehend von diesen Feststellungen können *Potenz und Akt* und die darin angegangene Frage der Individuation betrachtet werden. Es konnte festgestellt werden, daß Edith Stein wie Husserl über die Feststellung der allgemeinen Grenzen der formellen und materiellen Ontologie diese Lehren in die mittelalterlichen Kategorien einfließen lassen konnte, vor allem die thomistischen und teilweise auch die aristotelischen, um einen Begriff von Individuation zu verschärfen, der in seiner Einzigartigkeit im bereits herausgearbeiteten Begriff des persönlichen Kerns wurzelt. Das wichtigste Resultat, das hier hervorzuheben ist, besteht darin, daß Edith Stein in diesem Werk keine Bestimmung des Individuationsprinzips annimmt, die thomistisch gesprochen auf quantitative Voraussetzungen der Materie zurückgeht (die *materia signata quantitate* als geformte Materie). Die Unterschiede zu Thomas von Aquin werden übrigens von Bottin sehr genau und angemessen hervorgehoben. Eine andere als die hier vorgestellte Auslegung, nämlich eine, die das Steinsche Individuationsprinzip als vorwiegend thomistisch geprägt annimmt, das sich aus den formellen Komponenten des Individuums ergibt, kann nicht die richtige sein. Diesen Weg ist Rosa Errico gegangen, die dann auch die Schwierigkeit nicht beheben konnte, daß Edith Stein das Individuationsprinzip als Universalisierung jenseits jeder materiellen und formellen Kondition stellt, was die Autorin übrigens bereits zum Zeitpunkt ihres indirekten Kontakts mit der *Ordinatio* von Scotus so herausgearbeitet hatte.

Dies alles findet Bestätigung im achten Kapitel vom *Endlichen und ewigen Sein*, wo die Verfasserin erklärt, daß die *materia signata quantitate* der thomistischen Tradition nicht der Grund der Individualität sein kann, da sie an der allgemeinen Verbindung von Materie und Form festhält, die uns als völlig allgemeine nichts über das Einzelding oder die einzelne Person sagt. Edith Stein stellt denn auch fest: »Das principium individuationis ist etwas positiv Seiendes«, das in dem Maße so ist, als es sich nicht auf eine einfache Leerform gründet, sondern auf eine positive Qualität des Wesens, das in der Konkretisierung sichtbar wird, das heißt nach *Potenz und Akt*, auf eine bestimmte, dem menschlichen Sein eigene Art, seine Individualisierung zu finden; dabei genügt ihm eine Individualisierung im Sinne einer Spezifizierung der Grundkategorien des Seins nicht. Das eigentliche *tode tì* in der Persönlichkeit wird nach Edith Stein nicht dadurch erreicht, daß die formellen Kategorien des Wesens durchlaufen werden, nämlich der Gegenstand, das Was, das Sein, das Wie (nicht unabhängige Kategorien der formellen Ontologie, die aristotelisch-thomistisch ausgelegt werden), sondern indem es direkt als Konkretisierung in die Unabhängigkeit entlassen wird. In diesem Sinne kann das *principium individuationis* nicht aus einer Suche hervorgehen, die lediglich Arten und Gattungen miteinander verbindet, sondern es muß etwas sein, was man nur insofern in der menschlichen Realität wirken sehen kann, als es mit der *qualitativen Ganzheit* zu tun hat, die übrigens insofern paradox ist, als sie sich auf ontologische Begriffe wie Tiefe und *ultima solitudo* bezieht.

Die hier vorgeschlagene Auslegung des Werkes von Edith Stein fügt sich in ein modernes Forschungsfeld ein, in dem versucht wird, die Persönlichkeit zu naturalisieren und mit phänomenologischen Mitteln zu beweisen, daß die Begriffe der *ultima solitudo*, des unwandelbaren und unberührbaren »persönlichen Kerns« – da sie die äußerste Idiosynkrasie der persönlichen Individualität jenseits jedes materiellen (materialisierbaren) und formellen Elementes sind – es nicht erlauben, den besonderen Aspekt jeder Person aufgrund irgendeiner weltlichen, qualitativen (soziologischen) oder quantitativen (neurowissenschaftlichen) Kategorie zu betrachten. Meiner Meinung nach zeigt uns Edith Stein, daß die heutzutage diskutierte Möglichkeit einer »Naturalisierung« der Phänomenologie nicht hinnehmbar ist – vorausgesetzt, daß die Naturalisierung der Phänomenologie, dieser eigentlichen Wissenschaft von der qualitativen Komplexität des Wesens, überhaupt auch in das spezifische Gebiet der Persönlichkeit vordringen will. Wenn einige Versuche der Naturalisierung sich um eine Definition der *wesentlichen Identität* eines Individuums bemühen, die darauf basiert, »daß die aktuelle Welt auf eine bestimmte Art beschaffen ist«[63], und wenn sie dies als kontingente Voraussetzung für einen Naturalismus hinstellen, für den die menschliche Persönlichkeit ausschließlich[64] aus biologischen, psychischen und physiologischen Faktoren hervorgeht, dann ist das meines Erachtens nicht hinnehmbar, denn diese Faktoren gehören zu den quantitativen Faktoren, welche zwar einen gewissen Einfluß ausüben, jedoch stets diesseits von dem bleiben, was die Person im Steinschen System wirklich ausmacht. Ich bin ferner der Ansicht, daß diese wesentlichen Elemente der menschlichen Individualität, also seine Einzigartigkeit und seine Tiefe[65], nicht für eine Verwesentlichung geeignet sind und daher nicht Teil eines Begriffs der wesentlichen Identität sein können, die das unvermeidliche Moment der Universalisierung mit sich führen würde. Eine Person sein bedeutet für Edith Stein, sich in eine unermeßliche Tiefe versunken zu *fühlen*, in eine *ultima solitudo*. Solche qualitativen Elemente können nicht wie universelle Unveränderlichkeiten behandelt werden, die

---

[63] R. DE MONTICELLI, *Persona e individualità essenziale. Un dialogo con Peter Van Inwagen e Lynne Baker*, in M. Cappuccio (Hg.), *Neurofenomenologia. Le scienze della mente e la sfida dell'esperienza cosciente*, Bruno Mondadori, Milano 2006, 364.

[64] Vgl. *ebd.*

[65] Hier sei am Rande bemerkt, daß bei De Monticelli an dieser Stelle der meines Erachtens nötige Bezug zu Edith Stein fehlt, während Bezüge zu Leibniz hergestellt werden: Aufgrund des »klassischen« Charakters des Themas der Tiefe in Steins Werken wären Bezüge zu derselben aussagekräftiger gewesen als ein Vergleich mit Autoren wie Van Inwagen und Baker, über deren »Klassizität« noch zu diskutieren ist; andererseits liegt die Affinität der Begriffe, die die Autorin verwendet, wie »Tiefe« oder »verborgene Wirklichkeit« der Seele (vgl. *ebd.*, 362), derart klar auf der Hand, daß sie praktisch deckungsgleich mit den Steinschen Begriffen *ultima solitudo*, *innere Burg*, *Seelentiefe* usw. sind.

auf irgendeine Weise formalisiert werden können. Wie schon ausgeführt, ist für Edith Stein das *principium individuationis* jenseits jeder quantitativen und formellen Kondition, die ja als *in specie* betrachtet werden kann.

Es zeigt sich bei der Naturalisierung der Phänomenologie noch eine weitere Schwierigkeit in bezug auf das menschliche Sein: Die wissenschaftlich-quantitative Auslegung wird nämlich von der Phänomenologie selbst in Frage gestellt. Zur Frage, ob die Phänomenologie überhaupt naturalisierbar sei, meint Angela Ales Bello im Rahmen der Diskussion über die nicht nur quantitative, sondern eben auch »qualitative« Dimension des Pänomens an sich, daß »innerhalb der phänomenologischen Schule weiterhin die Überzeugung besteht, daß eine wissenschaftliche Erfassung der Natur – und in unserem Fall auch des menschlichen Wesens – kein vollkommenes Verständnis erlaubt. Das Bedürfnis nach einer Philosophie der Natur bleibt bestehen, da nur sie die qualitativen Elemente zur Geltung bringen kann.«[66]

Die Forschung in diesem Bereich muß noch weitergeführt werden, doch denke ich, daß eine aus theoretischer Sicht respektvolle Haltung der Person als solcher und die anthropologischen Eigenheiten des menschlichen Seins nicht von diesen Eigenschaften absehen können, die Edith Stein mit ihrer Phänomenologie der persönlichen Individualität als einem verfügbaren kulturellen und philosophischen Erbe zugesprochen hat.

SIGLEN

PhJ *Philosophisches Jahrbuch der Görres-Gesellschaft* (Fulda 1888ss.).
ESW *Edith Steins Werke.*
ESGA *Edith Stein Gesamtausgabe.*
GCFI *Giornale critico della filosofia italiana.* Firenze 1, 1920-14 (= 2. Ser. 1) 1933–26 (= 3. Ser. 1) 1947ss.

---

[66] Mein Dank geht an Angela Ales Bello, die mir ihre Arbeit mit dem Titel *Naturalizzare la fenomenologia?*, in A. ALES BELLO – P. MANGANARO (Hg.), ... *E la coscienza? Fenomenologia, Psico-patologia, Neuroscienze*, Giuseppe Laterza Verlag, Bari (im Druck), 11, zur Verfügung gestellt hat.

WiWei Wissenschaft und Weisheit. Zeitschrift für augustinisch-franziskanische Theologie und Philosophie in der Gegenwart (Mönchengladbach 1934ff.).

LITERATUR

A. ALES BELLO, *Il »singolo« e il suo volto*, in *Il volto nel pensiero contemporaneo*, D. Vinci (Hg.), Il Pozzo di Giacobbe, Trapani 2010, 176–190.
A. ALES BELLO – P. MANGANARO (Hg.), ... *E la coscienza? Fenomenologia, Psico-patologia, Neuroscienze*, Giuseppe Laterza Verlag, Bari (im Druck).
F. ALFIERI, *Hedwig Conrad-Martius: A Philosophical Heredity Illustrated by Eberhard Avé-Lallemant*, in *Axiomathes* 18 (2008) 515–531 (http://www.springerlink.com/openurl.asp?Genre=article&id=doi:10.1007/s10516-008-9044-1).
F. ALFIERI, *Bio-bibliographical Note*, in *Axiomathes, cit.*, 533–542 (http://www.springerlink.com/openurl.asp?genre=article&id=doi:10.1007/s10516-008-9038-z).
F. ALFIERI, *Il »Principium individuationis« e il »fondamento ultimo« dell'essere individuale. Duns Scoto e la rilettura fenomenologica di Edith Stein*, in *Il percorso intellettuale di Edith Stein*, M. SHAHID – F. ALFIERI (Hg.), Einleitung von A. Ales Bello, Giuseppe Laterza Verlag, Bari 2009, 209–259.
F. ALFIERI, *Il principio di individuazione nelle analisi fenomenologiche di Edith Stein e Hedwig Conrad-Martius. Il recupero della filosofia medievale*, in A. ALES BELLO – F. ALFIERI – M. SHAHID (Hg.), *Edith Stein – Hedwig Conrad-Martius. Fenomenologia Metafisica Scienze*, Giuseppe Laterza Verlag, Bari 2010, 143–197.
E. AVÉ-LALLEMANT (Hg.), *Catalogus codicum manu scriptorum Bibliothecae Monacensis. Die Nachlässe der Münchener Phänomenologen in der Bayerischen Staatsbibliothek*, Tomus X, Pars I, Otto Harrassowitz, Wiesbaden 1975.
B. BAZÀN – G. FRANSEN – D. JACQUART et al. (Hg.), *Les questions disputées et les questions quodlibétiques*, in *Les Facultés de Théologie, de droit et de médecine* (Typologie des sources du Moyen Âge occidental, 44–45), Brepols, Turnhout-Belgium 1985.
S. R. BORDEN, *Edith Stein*, Hg. Continuum, London-New York 2003.
F. BOTTIN, *Tommaso D'Aquino, Duns Scoto e Edith Stein sulla individuazione*, in *Il Santo* 49 (2009) 121–129.
H. CONRAD-MARTIUS, *Meine Freundin Edith Stein*, in *Hochland* 51 (1958) 38–48.
H. CONRAD-MARTIUS (Hg.), *Briefe an Conrad-Martius mit einem Essay über Edith Stein*, Kösel-Verlag, München 1960.

R. DE MONTICELLI, *Persona e individualità essenziale. Un dialogo con Peter Van Inwagen e Lynne Baker*, in M. Cappuccio (Hg.), *Neurofenomenologia. Le scienze della mente e la sfida dell'esperienza cosciente*, Bruno Mondadori Verlag, Milano 2006, 341–378.

J. DUNS SCOTUS, *Opera omnia*. Editio nova iuxta editionem Waddingi XII tomos continentem a patribus Franciscanis de observantia accurate recognita, Paris, Vivès 1891–1895.

J. DUNS SCOTUS, *Tractatus de primo principio*, Editionem criticam curavit M. Müller, Herder, Friburgi Brisgoviae 1941.

R. ERRICO, *Quantità e Qualità. La questione dell'individuazione nel confronto tra Tommaso d'Aquino e Edith Stein*, in *Il percorso intellettuale di Edith Stein*, M. Shahid – F. Alfieri (Hg.), cit., 181–208.

J. FELDES, *Il rifugio dei fenomenologi. Il nuovo »Circolo di Bergzabern« dopo la prima guerra mondiale*, in A. ALES BELLO – F. ALFIERI – M. SHAHID (Hg.), *Edith Stein – Hedwig Conrad-Martius. Fenomenologia Metafisica Scienze*, cit., 23–50.

M. GRABMANN, *Die Entwicklung der mittelalterlichen Sprachlogik. Tractatus de modis significandi*, in *PhJ* 35 (1922) 121–135.

J. GREDT, *Die aristotelisch-thomistische Philosophie I*, Herder, Freiburg 1935.

H. HECKER, *Phänomenologie des Christlichen bei Edith Stein* (Studien zur systematischen und spirituellen Theologie, 12), Echter Verlag, Würzburg 1995, 96–100.

M. HEIDEGGER, *Die Kategorien und Bedeutungslehre des Duns Scotus*, Mohr, Tübingen 1916.

M. HEIDEGGER, *Sein und Zeit*, Niemeyer, Tübingen 1927 (erschienen in Bd. VIII des *Jahrbuchs* 1927).

A. HÖFLIGER, *Das Universalienproblem in Edith Steins Werk »Endliches und ewiges Sein«* (Studia Friburgensia, 46), Universitätsverlag, Freiburg-Schweiz 1968.

E. HUSSERL, Ms. trans. F I 30/43a.

E. HUSSERL, *Logische Untersuchungen*, Band I–II, Niemeyer, Halle 1900–1901.

E. HUSSERL, *Ideen zu einer reinen Phänomenologie und phänomenologischen Philosophie. Erstes Buch: Allgemeine Einführung in die reine Phänomenologie (1913)*, W. Biemel (Hg.), *Gesammelte Werke*, in *Husserliana* III/1, Martinus Nijhoff, Den Haag, Dordrecht-Boston-Lancaster 1950.

A. KOYRÉ, *Essai sur l'idée de Dieu et les preuves de son existence chez Descartes* (Bibliothèque de l'École des Hautes Études – Sciences Religieuses, 13), Éditions Ernest Leroux, Paris 1922. Danach in E. STEIN – H. CONRAD-MARTIUS, *Übersetzung von Alexandre Koyré. Descartes und die Scholastik*, Einführung, Bearbeitung und Anmerkungen von H.-B. Gerl-Falkovitz, *ESGA* 25, Herder, Freiburg-Basel-Wien 2005.

W. KÖLMEL, *Heidegger und Duns Scotus*, in *Via Scoti. Methodologia ad mentem Joannis Duns Scoti* (Atti del Congresso Scotistico Internazionale, Rom 9.–11. März 1993, II), L. Sileo (Hg.), Antonianum Verlag, Rom 1995, 1145–1155.

E. LONGPRE, *La philosophie de J. Duns Scot*, Société et Librairie S. François d'Assise, Paris 1924.

E. LONGPRE, *Duns Skotus. Der Theologe des fleischgewordenen Wortes*, in *WiWei* 1 (1934) 243–272. Das französische Original ist in *StFr* 30 (1933) 171–196.

G. MANSER, *Das Wesen des Thomismus*, Verlag der Universitätsbuchhandlung F. Rütschi, Freiburg-Schweiz 1935.

R. MESSNER, *Das Individuationsprinzip in skotistischer Schau*, in *WiWei* 1 (1934) 8–27; it. Übers. *Il principio di individuazione nella visione scotista*, di F. Alfieri (Hg.), in Idee 64 (2007) 19–41.

H. OTT, Martin Heidegger: unterwegs zu seiner Biographie, [s. n.], Frankfurt 1988.

O. PONTOGLIO, *La dottrina scotista dell'intenzionalità nell'interpretazione di M. Heidegger*, in *De doctrina Joannis Duns Scoti* (Acta Congressus Scotistici Internationalis Oxonii et Edimburgi 11–17 Sept. 1966 celebrati, IV), cura Commissionis Scotisticae (Hg.), Roma 1968, 653–657.

T. R. POSSELT, *Das Lebensbild einer Karmelitin und Philosophin*, Glock und Lutz, Nürnberg 1948.

W. REDMOND, *La rebelión de Edith Stein: la individuación humana, cit.*, 96–97.

SACRA CONGREGATIO PRO CAUSIS SANCTORUM: *Canonizationis servae Dei Teresiae Benedictae a Cruce positio super causae introductione*, Tipografia Guerra, Roma 1983.

P. SCHULZ, *Edith Steins Theorie der Person. Von der Bewußtseinsphilosophie zur Geistmetaphysik*, Verlag Karl Alber, München 1994, 228–245.

E. STEIN, *Zum Problem der Einfühlung*, eingeführt und bearbeitet von M. A. Sondermann, *ESGA* 5, Herder, Freiburg-Basel-Wien 2008.

E. STEIN, *Aus dem Leben einer jüdischen Familie und weitere autobiographische Beiträge*, Fußnoten und Stammbaum unter Mitarbeit von H.-B. Gerl-Falkovitz, *ESGA* 1, Herder, Freiburg-Basel-Wien 2002.

E. STEIN, *Selbstbildnis in Briefen. Briefe an Roman Ingarden*, Einleitung von H.-B. Gerl-Falkovitz, Bearbeitung und Anmerkungen von M. A. Neyer, Fußnoten mitbearbeitet von E. Avé-Lallemant, *ESGA* 4, Herder, Freiburg-Basel-Wien 2001.

E. STEIN, *Selbstbildnis in Briefen. Erster Teil: 1916–1933*, Einleitung von H.-B. Gerl-Falkovitz, Bearbeitung und Anmerkungen M. A. Neyer, *ESGA* 2, Herder, Freiburg-Basel-Wien 2000.

E. STEIN, *Endliches und ewiges Sein. Versuch eines Aufstiegs zum Sinn des Seins*, Anhang: *Martin Heideggers Existenzphilosophie – Die Seelenburg*, eingeführt und bearbeitet von A. Uwe Müller, *ESGA* 11/12, Herder, Freiburg-Basel-Wien 2006.

E. STEIN, *Was ist der Mensch? Theologische Anthropologie*, bearbeitet und eingeleitet von B. Beckmann-Zöller, *ESGA* 15, Herder, Freiburg-Basel-Wien 2005.

E. STEIN, *Husserls Phänomenologie und die Philosophie des heiligen Thomas von Aquino. Versuch einer Gegenüberstellung*, in Festschrift Edmund Husserl zum 70. Geburtstag. Ergänzungsband zum Jahrbuch für Philosophie und Phänomenologische Forschung, Max Niemeyer Verlag, Tübingen 1929, 315–338.

P. VOLEK, *Erkenntnistheorie bei Edith Stein. Metaphysische Grundlagen der Erkenntnis bei Edith Stein im Vergleich zu Husserl und Thomas von Aquin* (Europäische Hochschulschriften – Reihe XX Philosophie, 564), Peter Lang, Frankfurt am Main-Wien 1998, 203–209.

P. ZAMBELLI, *Alexandre Koyré alla scuola di Husserl a Gottinga*, in GCFI 78 (1999) 303–354.

Martin Hähnel

Edith Steins Untersuchung des Potenz-Akt-Schemas und ihr Beitrag zu einer modernen Ontologie

Einleitung

In der heutigen Ontologie, die sich hauptsächlich als kategoriale Ontologie begreift, d. h. sich mit der grundlegenden Einteilung des Seienden befaßt, findet man nur noch selten Verweise auf die aristotelische Potenz-Akt-Lehre. Dabei ist diese Idee, mehr als ihre Kritiker vermutlich glauben, fundamental in die Gedankenwelt moderner Philosophen eingegangen. Offensichtlich schien der deutsche Idealismus diese Idee vorläufig in den spekulativen Höhen, zu denen er sich aufgeschwungen hatte, aufgelöst zu haben. Die damit verbundene Befreiung von der Norm der Natur, woran sich das traditionelle Schema von Möglichkeit und Wirklichkeit noch orientierte, bedeutete in dieser Folge nicht nur ein antizipiertes Aufgehen im »absoluten Geist«, sondern als Kehrseite derselben Medaille den »Rückzug« der Entitäten in die pure Vorhandenheit oder Tatsächlichkeit des Gegenstandes, und zwar in der Weise, wie es uns der Positivismus bzw. Empirismus lehrt. Allerdings versuchte Martin Heidegger, der noch Husserls Denken dieses positivistische Moment unterstellte, jenen Reduktionismus dadurch zu vermeiden, daß er das Dasein eng mit der Welt verklammerte. Dieses Dasein stand nun nicht mehr der Welt gegenüber, sondern begriff sich selbst als seine Möglichkeit in der Offenheit seiner Entwürfe. Das war gewissermaßen die existenzphilosophische Rückkehr des Potenz-Akt-Gedankens. Einen vollkommen anderen Weg wählte hingegen Nicolai Hartmann, ein Zeitgenosse Martin Heideggers, der den aristotelischen Möglichkeitsbegriff, den Heidegger existentialisierte, gänzlich eliminierte, indem er davon ausging, daß das Mögliche nicht wirklich sein kann. Wir finden also folglich zwei grundlegende Tendenzen in der Bewertung des Potenz-Akt-Schemas vor: (1) einen an Heidegger anschließenden »Potenzialismus« und (2) einen im Gefolge Hartmanns entstandenen und die heutige kategoriale Ontologie vorbereitenden Realontologismus. Welche Lehren können wir aber nun aus dieser entstandenen Dichotomie ziehen? Ist das Schema von Potenz und Akt damit »erledigt«? Welche Erkenntnisse lassen sich gegebenenfalls aus den Transformationen gewinnen, und wo bieten sich Anschlußmöglichkeiten? Für ein Modell zur Erklärung der Wirklichkeit stellt sich vor allem auch die Frage, inwieweit die Theorie von Potenz (lat. potentia, gr. δύναμις, dynamis) und Akt (lat. actus, gr. ἐνέργεια, energeia) einen ausschlaggebenden Beitrag zu einer allgemeinen Ontologie zu leisten vermag, die sich nicht in einer aktualistischen Deutung oder bloßen schematischen Einteilung von Seiendem erschöpft. Zur Beantwortung dieser Fragen möchte ich nun folgende Schritte unternehmen: Nachdem ich (I) die Begriffsverwendung von Potenz und Akt bei Edith Stein untersucht habe, arbeite ich (II) spezifische Problembestände heraus und prüfe Lösungsansätze, die Edith Stein diesbezüglich entwickelt hat. Im Anschluß daran erwähne ich noch (III) allgemeine Einwände anderer Denker, bevor ich dann (IV) zur Abschlußbetrachtung übergehe.

I. Untersuchung der Begriffe von Potenz und Akt bei Edith Stein

Edith Stein hat in ihrer gleichnamigen Schrift *Potenz und Akt* (kurz: PA) den Versuch unternommen, diesem Begriffspaar[1] auf den Grund zu gehen und daraus eine Ontologie zu entwickeln, bei deren Entfaltung sie zwar auf zahlreiche Probleme stößt, jedoch – von dieser Auseinandersetzung geschult – interessante philosophische Einsichten freilegt. Bevor wir uns der eigentlichen Analyse zuwenden, müssen einige Bemerkungen zu bestehenden Unvereinbarkeiten erlaubt sein, die eine Behandlung des Problems aus mehreren Blickwinkeln mit sich bringt. Es ist schlechterdings zu beobachten, daß infolge der Orientierung an der phänomenologischen Methode, die Edith Stein vorzüglich beherrscht, »nur« eine *regionale Ontologie* ausgebildet werden kann, d. h., daß sich auf Gegenstände bezo-

---

[1] Die Phänomenologie entlehnt hier zwar eindeutig Begrifflichkeiten aus der aristotelischen Philosophie (hier: Potentialität und Aktualität), interpretiert jene allerdings im Rahmen ihrer Vorgaben, d. h. innerhalb der intentionalen Regelstruktur des aktualen Erlebnisses (vgl. E. Husserl, *Cartesianische Meditationen*, § 19 Potentialität und Aktualität des intentionalen Lebens, S. 81f.).

gen werden muß, die dem Bewußtsein zugänglich sind und in einem darauf restringierten ontologischen Feld liegen, auf das sich das intentionale Leben richtet. Edith Stein hat in diesem Zusammenhang als folgenreiche Grundlage und unhintergehbares *fundamentum inconcussum* ihrer Philosophie das reine, eigenschaftslose, punktuelle Ich gewählt (vgl. PA, S. 14). Dieses für Stein qualitätsbesetzte (später vielmehr personalisierte) Ich ist dabei untrennbar mit seinen Bewußtseinsgehalten verbunden: »Daß es ist, wie und was es ist, gibt sich mir kund in dem, was mir unmittelbar gewiß ist und was nun, sobald dieses Etwas dahinter auftaucht, als Bekundung, Auswirkung, Bestätigung des Etwas dasteht« (ebd.). Das Bewußtsein »bestätigt« also das erschienene, freigelegte Etwas nach zu untersuchenden Kategorien. Doch was ist dieses Etwas schließlich, hat es an (s)einer spezifischen Idee teil oder meint es das konkrete Einzelding oder gar beides? Platon, Aristoteles oder Ockham? Die in Anlehnung an Husserl von Stein neu entwickelte »formale Ontologie« muß sich daher vor diesem Hintergrund die »Konstitutionsfrage« (PA, S. 20) erneut stellen, was eine Untersuchung aristotelischer Grundbegriffe, vor allem von Potenz und Akt, welche bekanntlich vor dem Hintergrund einer teleologischen Naturphilosophie entwickelt worden sind, notwendig macht. Es wird sich zeigen, daß die subjektphilosophisch orientierte phänomenologische Methode sich als größtenteils unverträglich mit der klassischen aristotelisch-thomasischen Auffassung erweist, da letzterer eine *clara et distincta perceptio* (Descartes) größtenteils fremd war. Der exemplarische Nachweis am Gegenstand geschieht in der Phänomenologie, wie wir bereits gesehen haben, vornehmlich im Raum des Bewußtseins, bekundet sich also darin. Dies muß aber mit großen Problemen einhergehen, wenn das so verstandene Bewußtsein, welches sich nur nach Art seiner noetisch-noematischen »Gesetze« verhalten darf, auch in Form eines Potenz-Akt-Geschehens »arbeiten« soll. Dieses Bewußtsein kann sich jedoch nie *in actu* auswirken, also unter aktualistischer Perspektive auch nicht potentiell vorliegen, denn es ist hierbei immer nur Bedingung der Möglichkeit von Erfahrung, niemals aber Teil dieser oder jener Erfahrung. Die Phänomenologie Husserlscher Provenienz wird dabei ständig auf ihre konstitutiven Vorgaben, die nicht zu überschreiten sind, zurückgeworfen. Folgt nun aber auch die Philosophin und Husserl-Schülerin Edith Stein diesem Denkweg?

Werfen wir dafür zuerst einen Blick auf die Einzelanalysen, welche Stein in ihren beiden seinstheoretischen Werken *Potenz und Akt* und *Endliches und Ewiges Sein* (kurz: EES) anstellt: Die Auffassung des Aktes als »Aktualität« oder gar »Aktivität« (PA, S. 9) rekurriert, wie Stein uns nahelegt, immerzu auf die »Leistungen« des Bewußtseins und muß thematisch erst einmal die Realkonstitution der bewußtseinsunabhängigen Welt »außen vor lassen«, da jene selbst schon vollständig im Auffassungsinhalt gegeben zu sein scheint. Der komplementäre Potenzbegriff geht nach Steins Deutung dem Akte scheinbar voraus; der Akt »hat« die Potenz und nicht umgekehrt, d. h., jeder Akt ist »Akt einer Potenz« (PA, S. 13). Damit ist aber nichts über den jeweiligen ontologischen Status von Potenz und Akt gesagt, vielmehr begründen sie ihr (gemeinsames) Sein durch die gegenseitige »Verklammerung«. Einzig die Zeit vermag Potenz und Akt in ein Nacheinander zu bringen und sie damit aus der gegenseitigen Beschränkung zu entlassen. Durch die Inanspruchnahme der Zeitlichkeit als Konstituens für Sein ist Werden generell als zeitliches Werden zu begreifen, wobei aber wirkliches Sein noch nicht hinreichend erklärt werden kann. Heidegger hat diesen Weg bekanntermaßen beschritten und ist damit sicherlich sehr weit vorgedrungen. Freilich kann auch sein Ansatz nicht befriedigen, da sozusagen nicht deutlich wird, *was* bzw. *ob* überhaupt etwas ist. Im Werden muß also etwas sich Durchhaltendes, Persistierendes existieren, das es erlaubt, eine gewisse Identität, die sich in der Eigenschaft der Diachronie nicht erschöpft, zu begründen. Ein Rückgriff auf die platonische Vorstellung von den Ideen, welche in ihrer unwandelbaren Idealität den sich verändernden Erfahrungsbestand sichern,[2] scheint hier unumgänglich. Sowohl Husserl als auch Stein sind demzufolge bestrebt, Wahrnehmungsgehalte auf dasjenige zu reduzieren, was sich in seiner radikalen Gegebenheit zeigt – das ist ihr eigenständiger und bewußt gegangener Weg zur erfüllten Idee, zum wesentlichen Eidos. Diese Bestimmungen wird Stein jedenfalls – trotz einiger Kontroversen, die sie mit Platon hat –

---

[2] Dazu E. LÉVINAS: »Die Konstitution des Gegenstandes steht unter dem Schutz einer vorprädikativen ›Welt‹« (ders., *Die Spur des Anderen – Untersuchungen zur Phänomenologie und Sozialphilosophie*, Freiburg 1999, S. 134). Jedoch kommt diese »Welt« nicht aus dem Subjekt selbst, vielmehr wird sie als Ideenwelt in Erinnerung gerufen, d. h. nicht das Sinnenfällige, sondern das verborgene Wesentliche wird »geschaut«.

mit der Entwicklung eines eigenständigen Personenbegriffes noch vertiefen.

In der weiteren Folge ihrer detaillierten Untersuchung vertritt Stein nun einen um die Dimension des »Zulassens« erweiterten »poietischen« Aktbegriff, wobei man hier den Einfluß M. Schelers[3] vermuten kann: »Akt ist das lebendige Verhalten des Menschen, sein ›Tun und Lassen‹« (EES, S. 154). Daß der Akt ontologisch-personal fundiert sein muß, zeigt folgendes Beispiel: Der Akt des Zulassens ist einmal aktivisch und einmal passivisch (*etwas passiert mit mir*). Man könnte dies *Geschehnis* nennen, als Quasi-Synthese von Handlung und Widerfahrnis.[4] Aber das Geschehnis läßt die Zuordnungsentitäten noch im Unklaren. Die aktive Seite, von der aus eine Haltung begründet werden könnte, verschwindet, wenn man dem Vollzugsort des Geschehens, ergo der Person, und dem Akt selber keinen Selbststandcharakter zuschreibt (gemäß der Annahme von Leibniz: *actiones sunt suppositorum*). Das Sein der Personen zeigt sich nicht nur in ihren Akten (Aktualismus) und den diesen zugrunde liegenden Motiven, die vollzogen werden und zu deren Ausführung man sich aufschwingt oder aus Notwendigkeit aufgerufen wird. In der Haltung (*habitus*) als Ausdruck einer wahrhaftigen, in subjektiver Angemessenheit zur Welt stehenden Einstellung werden Akte erst grundwesenhaft in einen Zusammenhang gebracht, also nicht in der Isolation als unfundierte Einzelakte belassen, sondern exemplarisch zu »Motivverbänden« aggregiert, aus denen nun entsprechende Handlungen »entlassen« werden. Wo und wie lassen sich nun aber diese Akte bei Stein fundieren? Die Antwort auf diese Frage führt uns zu einem Grundproblem des Personalismus: Die ontisch-ontologische Begründung von Personalität.

II. Auftretende Probleme und Lösungsvorschläge Steins

In den vorangegangenen Ausführungen wurde bereits eindeutig auf Grenzen des Potenz-Akt-Schemas hingewiesen, insbesondere bei der Anwendung der Theorie auf konkrete Personalität. Wenn das

---

[3] M. Scheler hat, um Mißverständnisse zu vermeiden, zwischen psychologischen Akten und Wesensakten klar unterschieden. *Etwas* muß also den Akt fundieren (ders., *Der Formalismus in der Ethik*, Bern 1954, S. 387f.).
[4] P. Janich, *Kleine Philosophie der Naturwissenschaften*, München 1997, S. 31.

Subjekt nicht substantiell (spezifisch als Selbststandseiendes), sondern als reine »Durchlaufstation« für Akte gedacht werden kann, ist eine identifizierende Bestimmung der Person, an der sich alleinig Motive »anreichern« können, nicht zu gewährleisten. *Die Person muß also hinter ihren Akten stehen.* Ihr sollte demnach eine ontologisch garantierte Haltung, ferner auch ein Ethos eignen. An dieser Stelle setzt nun Edith Steins Idee des »Personenkerns«[5] ein, welche dem Prinzip der Unveränderlichkeit platonischer Entitäten folgend eine letzte ontologische Berufungsinstanz darstellt, deren epistemischer Status noch ungeklärt ist. Im Zuge ihrer Untersuchungen stellen für Stein, ich deutete es schon an, die platonischen Ideen ein methodisches Problem eigener Art dar, da sie sich nur schwer mit der Potenz-Akt-Lehre vereinbaren lassen (»Eine Idee wirkt auf den ersten Blick als etwas Unlebendiges« [PA, S. 77]), welche im Unterschied zu einer Ideenlehre Akzidentien erfordert. Unterdessen schließt Stein sich der aristotelischen Platonkritik an, indem sie die Starrheit und ontologische Autarkie der Ideen anmahnt, mit deren Hilfe die Veränderung bzw. Bewegung der sinnenfälligen Dinge nicht erklärt werden kann. Es scheint außerdem, als ob Stein, wenn sie von »Ideen« spricht, in dieser Phase ihres Denkens etwas rein Geistiges, sich im Bewußtsein Bekundendes meint, das kraft seiner Auswirkungspotenz den freien, schöpferischen Akt hervorruft. Damit bezieht sie sich, weiterhin in den Spuren der Phänomenologie befindlich, mehr auf einen subjektiven Geistbegriff denn auf den objektiven Platons (vgl. PA, S. 81). Beim »Palaststreit« des Seienden um den Inaugurationsstatus der Substanz entscheidet sich Stein aber in letzter Instanz gegen die Idee und für das *Wesen*. Nach anfänglicher Unentschiedenheit wendet sie sich damit nun endgültig der platonischen Auffassung von Substanz zu: »Nun haben wir für *ousia* die Bedeutung ›Seiendes im vorzüglichem Sinne‹ gefunden« (EES, S. 257). Der Personenkern folgt so einer Wesensbestimmung, ist also nicht als Phänomen gegeben, sondern wird erst im Rahmen der Implementierung eines personalen Einheitsprinzips, welches Individualität und Entfaltung umfaßt, philosophisch relevant. Christof Betschart hat zu Recht bemerkt, daß der Personenkern damit

---

[5] E. Stein spricht vom »Kern der Person oder dem, was sie in sich selbst ist« (PA, S. 128).

fast wie ein »deus ex machina« erscheint,⁶ welcher dasjenige essentialisieren muß, was sich nicht als Phänomen geben kann.

Neben der ontologischen Verankerung allen personalen Geschehens in einem »Kern«, der das Potenz-Akt-Schema damit unterläuft, ohne es außer Kraft setzen zu müssen, gibt es aber noch eine weitere Möglichkeit, den Zusammenhang von Möglichkeit und Wirklichkeit in einem ganzheitlichen Konzept zu verdeutlichen. Indem das Geschehen auf ein τέλος hingeordnet ist, d. h. durch eine bestimmte Natur »begrenzt« bzw. erfüllt wird, erhält die Potenz im Akt ihre Erfüllung. Beide Begriffe werden in dieser Funktion rein deskriptiv gebraucht und dienen lediglich als »Schablonen« für die Beschreibung eines zweckgerichteten, entelechialen »Ablaufs« der Dinge. Die in der Neuzeit dominante Kategorie der Kausalität, welche diese klassische teleologische Vorstellung ersetzte, bemächtigte sich damit des Potenz-Akt-Schemas und verschleierte auf diese Weise die inhärente Zielbewegung natürlicher Prozesse. Ungerichtete Kausalität beruft sich zwar auf ein Modell geschlossener Welterklärung, setzt aber nunmehr keine natürliche Ordnung voraus. Diese muß erst hergestellt werden; der natürlichen Ordnung wird somit eine auf Verfügbarkeit abzielende Bemächtigungsordnung übergestülpt: Natürliche Vorgänge »werden« zu Naturgesetzen umgeschrieben und damit »objektiv« – im Sinne des Objektseins für ein Subjekt.

Edith Stein, in deren Werk solche wissenschaftskritischen Ansichten zeitweilig auch zu finden sind, nimmt durch die Anregungen von Hedwig Conrad-Martius den Teleologiebegriff nachweislich auf, untersucht ihn aber nicht vollständig. Sie spricht von der Entelechie in einer eher subjektbezogenen Weise und nicht vor dem Hintergrund einer umfassenden Naturphilosophie. Entelechie als Eigenschaft, das Ziel in sich selbst zu haben, begreift Stein hauptsächlich als »Seinsvollendung« (EES, S. 11), was sie an späterer Stelle allerdings wieder bestreitet; jedoch scheint es, als ob sie Entelechie vielmehr auf den sich auswirkenden Akt in einer Entwicklungsreihe bezieht. Husserls Begriff der *Erfüllung* als Komple-

---

⁶ C. Betschart, »›Kern der Person‹. (Meta-)Phänomenologische Begründung der menschlichen Person nach Edith Steins Frühwerk«, S. 70, in: H.-B. Gerl-Falkovitz, R. Kaufmann u. H. R. Sepp, *Europa und seine Anderen. Emmanuel Levinas – Edith Stein – Jozéf Tischner*, Dresden 2009, S. 61–72.

ment zur *Intension* hat für diese Idee anscheinend Pate gestanden.[7] Für Stein selbst wird die »Entelechia als Zielgestalt, nicht als Seinsvollendung verstanden« (EES, S. 216). Es liegt die Vermutung nahe, daß Stein Zielgestalt und Seinsvollendung aufgrund des Kontingenzcharakters des Daseins thematisch voneinander trennen muß, was sie aber nicht weiter ausführt. Ziele lassen sich, so eine mögliche weiterführende Interpretation, trotz »Eingriffen« des Kontingenten erreichen, Seinsvollendung dagegen bedarf der umfassenden Zusicherung, daß Kontingentes dieser Zielerreichung nicht abträglich sein wird. Obwohl Stein an zahlreichen Stellen immer wieder auf teleologisches Gedankengut zurückgreift, erweist sich ihr Werk in dieser Hinsicht letztlich als lückenhaft bzw. lediglich ansatzgebend (EES, S. 210). Diesbezüglich wäre eine vertiefende Untersuchung überaus wünschenswert.

Edith Steins bereits angedeutete Gedanken zur »Seinsvollendung« liefern über den teleologischen Zusammenhang hinaus durchaus auch fruchtbare Impulse für eine *Phänomenologie der Gabe*. Um diesen Bezug zu verdeutlichen, müssen wir abermals zur Aktanalyse zurückkehren. Dort haben wir bereits gesehen, daß eine Erweiterung des Aktbegriffes um das Moment des Zulassens der semantischen Färbung des Potenzbegriffes in Richtung eines passiven Status des Empfangens entspricht, welcher in den Grundlinien an Husserls »passive Synthesis« erinnert.[8] Nun kann man natürlich darüber streiten, ob Empfangen ein »aktiver Akt« oder ein »passiver Zustand« sei.[9] Einerseits ist die leiblich-geistige Konstitution darauf

---

[7] In diesem Sinne ist für ihn eine *Erfüllung* als »volle Ontologie« an den Begriff der Teleologie gebunden, was allerdings das »Faktum« voraussetzt, und zwar für das transzendentale, intelligible Subjekt (vgl. *Hua* XV, S. 385).

[8] Schon bei DUNS SCOTUS und seiner Vorstellung einer *receptio* läßt sich dieses passive Moment nachweisen.

[9] Dieses passive, empfangsbereite »Feld« (z. B. der Leib) ist die »Grundlage für Geben und Empfangen« (EES, S. 324). Dabei kann man in Anlehnung an ROLF KÜHN und in bewußter Weiterführung der Arbeiten Husserls von einer »Passibilität« oder allgemein von einer bestimmten Rezeptivität sprechen. Doch stellt sich die Frage, ob man mit dieser Position enden kann. Was weiß der Empfangende denn mit dem Empfangenen schließlich noch anzufangen, außer es zu *erleben*? Wenn man Leben empfängt, muß man es selbstverständlich auch formen. – Das »gelingende Leben«, nicht vitalistisch oder lebensphänomenologisch zu verstehen, muß hier auch seinen Platz haben. Pures Erleben in der Selbstaffektion ist offensichtlich für ein gelingendes Leben unzureichend, denn wir haben hierbei keine Kriterien für das richtige Maß des Erlebens. Außerdem ist die Gefahr der artifiziellen Erzeugung von Erlebnissen

ausgelegt zu empfangen (sinnlich etc.), andererseits ist die Öffnung für ein Empfangen ein aktiver Akt und Ausdruck eines Selbstverhältnisses (»Sein-lassen«). Man könnte von einem »unvermeidlichen« Empfangensollen erster Ordnung und einem bewußten Empfangenkönnen (was dessen Abwehr impliziert) zweiter Ordnung sprechen. Der ontologische Status des Aktes bleibt aber weiterhin ungeklärt, denn der Zusammenhang von Akt und Wesen ist nicht eindeutig bestimmbar. Stein sucht daher einen »seinsverleihenden Akt« (PA, S. 50), welcher wieder an ihr Gabeverständnis gemahnt. Am Ende dieses Abschnitts wird sich noch zeigen, wie Stein jene phänomenologischen Vorüberlegungen zur Gabe vor dem Horizont der Freiheit in ihr Personenkonzept innovativ einbindet.

Doch kehren wir wieder zur Potenz-Akt-Problematik zurück: Edith Stein muß infolge einer »rein formalen« Betrachtung von Potenz und Akt mit einer »Aporie schließen« (PA, S. 53), wenn Akt und Potenz in scotistischer Tradition rein modal bestimmt werden. Innerhalb der formalen Modalontologie gibt es eben nur »Grade des Seins« (PA, S. 73), beispielsweise von Nicht-Sein zu Sein. Potenz und Akt können unter diesen Bedingungen nur sukzessiv, transitiv oder iterativ begriffen werden: »Dagegen ist die Möglichkeit die Vorstufe der Wirklichkeit, das Mögliche ein noch nicht im Vollsinn Seiendes« (EES, S. 167). Damit weicht Stein, wie schon gesehen, vom aristotelischen Teleologiekonzept[10] ab, wendet sich aber nicht dem megarischen Möglichkeitsbegriff Hartmanns zu, auf den wir anfangs eingegangen sind. Allerdings spricht sie weniger aktphänomenologisch und ähnlich wie Nicolai Hartmann von den »Schichten des Seins« (PA, S. 123)[11], in der »Akt und Potenz eine Stelle haben« (ebd.). H. Hecker stellt hier gewisse Parallelen zwischen Hart-

---

gegeben, die vielmehr einer fiktionalistischen denn sachlichen Welterfahrung Vorschub leistet. Wohl bleibt der Begriff des Erlebens thematisch immer subjektbezogen und kann nur im Sinne des aristotelischen *vivere viventibus est esse* anhand des Lebens selbst »objektiv« werden.

[10] »Denn immer wird aus dem Möglichen das Wirkliche durch etwas Wirkliches, wie z. B. der Mensch durch einen Menschen, der Gebildete durch einen Gebildeten, indem immer etwas als Erstes bewegt; das Bewegende ist aber schon wirklich« (ARISTOTELES, *Metaphysik* IX, 8, 1049 b 24ff.; vgl. XII, 6, 1071 b 28ff.).

[11] In der späten *Kreuzeswissenschaft* löst sich Stein von dem kompositorischen Bild der Schichten, wo Niederes und Höheres sich wie »übereinander gebaute Stockwerke« zueinander verhalten (vgl. DIES., *Kreuzeswissenschaft*, S. 93). Damit kann ein Kompositionsprinzip wie dasjenige Hartmanns unterlaufen werden.

mann und Stein fest,[12] die natürlich die großen Unterschiede zwischen beiden Denkern nicht aufwiegen können, und bezeichnet im Anschluß an Przywara, was man auch systematisch-kritisch lesen kann, Steins Philosophie als »frei schwebenden Essentialismus«.[13] Dieses »freie Schweben« besteht m. E. in der Annahme, sich auf kein letztgültiges Substrat zur Sicherung des eigenen Ansatzes verpflichten zu müssen, was der Idee eines Personenkerns aber zuwiderlaufen würde. Stein ist sich der Tatsache bewußt, daß ohne die Inanspruchnahme eines Zugrundeliegenden eine vollständige Ontologie nicht zu entwickeln ist. Infolgedessen nimmt sie deshalb eine theoretische Neubestimmung vor: »1. Wir können sagen: Dasselbe, was vorher Samenkorn war, ist jetzt Pflanze. 2. Es scheint, daß hier noch eine stoffliche Grundlage vorhanden ist, die bleibt, wenn die neue Form angenommen wird. Ist dann das vom Stoff ›Bleibende‹ das, was erst das eine und dann das andere ist?« (EES, S. 204). Hieran läßt sich exemplarisch aufzeigen, daß Edith Stein zwar niemals das Potenz-Akt-Schema verwirft, doch es zugunsten einer transformierten Substanzontologie der Person, der Analyse des Selbststandes und der *analogia entis*, auf die hier nicht weiter eingegangen werden kann, mehr und mehr zurückstellt. Ein Übergang von aktualistischen zu ontologischen Überlegungen kündigt sich an vielen Stellen ihres späteren Werkes an: »Dagegen ist ›Potenz‹, streng genommen, nicht ›mögliches Sein‹, sondern ›Möglichkeit zu sein‹« (EES, S. 41). Obwohl der transzendentale Modus hier nicht aufgegeben wird, wendet sich Stein nun noch stärker in *Ewiges und Endliches Sein* als in *Potenz und Akt* vom »aktiven Aktbegriff« mehr dem passiven Potenzbegriff zu (vgl. EES, S. 376).[14] Die »Seinsweisen von etwas« (EES, S. 41) sind nicht mehr nur modale Bestimmungen ohne Selbststand, sondern fungieren als ein spezielles ontologisches »Vermögen«, das nach Stein letztlich die Person selbst *ist*. Stein läßt an mehreren Stellen eine Vernachlässigung der Kategorie des Selbststandes erkennen, die der Potenz-Akt-Lehre grundlegend

---

[12] H. HECKER, *Phänomenologie des Christlichen bei Edith Stein*, Würzburg 1995, S. 55.
[13] E. PRZYWARA, »Edith Stein und Simone Weil – Zwei philosophische Grundmotive«, S. 233f., in: W. HERBSTRITH, *Edith Stein. Eine große Glaubenszeugin*, Annweiler 1986, S. 231–247.
[14] Potenz wird von Stein auch als Aufnahmefähigkeit für Gnade interpretiert (ders., *Psychische Kausalität*, S. 76).

inhäriert. Anders als die Tradition deutet sie aber diesen Selbststandverlust positiv um: »Wenn schon das Wesen eines Einzeldinges unselbständig ist, dann, weil es nur in einem anderen wirklich werden kann« (EES, S. 79). Der Interpret wird bei genauerer Prüfung deshalb feststellen, daß Stein innerhalb ihrer Personentheorie damit das ontologische Selbststandkonzept im Horizont der Freiheit wieder neu aufleben läßt, denn durch die »Proexistenz« (Gerl-Falkovitz), d. h. jenen Selbstgewinn durch Hingabe an den anderen (was nur einen vermeintlichen Selbstverlust bedeutet), wird die Person frei und gelangt so zu neuem Selbststand. Diese Person, welche aus dem Reich der Natur herausgetreten ist, das nach antiker Vorstellung teleologisch strukturiert ist, d. h. lediglich eine immanente Zielverwirklichung (als Entfaltung der angelegten Möglichkeiten) ermöglicht, erreicht ihre Vollendung nur vermöge der Gnadengabe Gottes. Stein zeigt damit auf beeindruckende Weise, wie entstandene Aporien, die sich oft als Paradoxien ausgeben, nicht aufgelöst werden müssen. Sie lassen die Philosophin und ihr Denken erst produktiv werden.

III. Allgemeine Einwände und deren mögliche Behebung

Das Potenz-Akt-Problem hat neben Edith Stein noch andere Denker auf den Plan gerufen, die sich kritisch mit dieser Theorie befaßt haben. Um hierzu eine Problemdiagnose durchführen zu können, muß eine wichtige Vorbemerkung gestattet sein. Es gibt einen fundamentalen kosmologisch-theologischen Unterschied zwischen der antiken und der späteren, vom Christentum beeinflußten Auffassung der Welt, die nicht ohne Auswirkung auf die Potenz-Akt-Lehre geblieben ist. Da die griechische Antike die Ewigkeit als Anfangslosigkeit denkt, ist es denkbar, daß sich das Schema von Potenz und Akt unendlich fortsetzt und nur durch eine Natur begrenzt werden kann. Doch kennen die Griechen die Natur wirklich, wenn sie keinen transzendenten Schöpfer derselben annehmen? Mit dem Auftauchen des Christentums und der Schöpfungsidee (z. B. Genesis, Johannesprolog) gibt es erstmals die Idee des Anfangs (ἀρχή), des zeitlichen wie des prinzipiellen, und damit verbunden auch des Endes, der eine Zweck- bzw. Zielgestalt eigener Art darstellt. M. E. werden hier die Rahmenbedingungen für ein ontologisches Konstitutionsverständnis geschaffen und transzendentalphilosophische Positionen, die den Anfang im Subjekt als Ermöglichungsgrund suchen, hinter sich gelassen. Die Identifikation des Anfanges mit dem Ursprung des »Wortes« (λόγος) und seiner Realpräsenz im Fleisch stellt unabhängig davon, ob es sich hier um Glaubenswahrheiten handelt oder nicht, eine Begründungsrelation dar, die nicht vom Menschen, sondern von einem allwissenden Wesen selbst gestiftet wird – Gott als dieses Wesen weiß nun um das genaue Verhältnis aller Potentialitäten zu allen Aktualitäten, da er selbst ohne Potenz ist und damit reiner Akt sein kann, denn er ist sich ja selbst genug. Das einzelne Subjekt kann lediglich an dieser Position teilhaben und analog dazu sein eigener schöpferischer Anfang werden. Das vermag uns das Potenz-Akt-Schema vorbildlich zu lehren. Trotz alledem ist dies für eine Ontologie immer noch unzureichend. Hans-Eduard Hengstenberg bringt hinsichtlich der Potenz-Akt-Lehre deshalb einen gewichtigen systematischen Einwand vor, der bis heute kaum Widerhall gefunden hat.[15] Schon L. Fuetscher, an den sich Hengstenberg in seiner Argumentation hält, wies in seinem Werk *Akt und Potenz*[16], in dem er sich ebenso wie Stein mit der Interpretation des Begriffspaars durch J. Gredt und G. Manser beschäftigt, darauf hin, daß die Potenz nicht nur durch sich selbst, sondern auch durch den Akt begrenzt sei. Potenz besagt, wie Edith Stein auch bestätigen würde, bekanntlich Aufnahmefähigkeit von Vollkommenheit, also gewissermaßen »Unvollkommenheit« durch die Selbstbeschränkung; der Akt hingegen bedeutet (unendliche) Vollkommenheit. Doch spricht man der Potenz, die beliebig viele Formen aufnehmen kann, Unendlichkeit zu, allerdings keine Unendlichkeit der Vollkommenheit, denn diese ist ja bereits für den Akt »reserviert«. Ist nun die Potenz vom Akt »erwählt« worden, analog dazu die Form an die Materie gebunden, so ist sie nicht mehr in Potenz, sondern *in actu*, jedoch nur in einer einzigen substantialen Form. Die Potenz gibt so durch die Beschränkung (»Erwählung«) des Aktes nicht nur ihre Unendlichkeit, sondern auch ihre vielfältige Aufnahmefähigkeit auf. Somit kann man sagen, daß es keine Teilakte mehr geben kann, da durch die Be-

---

[15] »Die Akt-Potenz-Theorie, mag sie im übrigen einen echten Wahrheitsgehalt haben, ist für die Interpretation der ontologischen Konstitution völlig ungeeignet« (H. E. HENGSTENBERG, *Freiheit und Seinsordnung*, Stuttgart 1961, S. 194f.).
[16] L. FUETSCHER, *Akt und Potenz. Eine kritisch-systematische Auseinandersetzung mit dem neueren Thomismus*, Innsbruck 1933.

grenzung nur ein einziger Seinsakt existieren kann, dieser aber in sich unbegrenzt sein soll. Eine Begrenzung, als »Mangel« der Verwirklichung, kann aber nicht ontologisch fundiert werden, schon gar nicht, indem man sie (die Verwirklichung) auf die Potenz zurückführt. Das ist zwar oft eine praktikable Methode gewesen, aber für ein ontologisches Konstitutionsverständnis nicht zweckdienlich. Akt und Potenz als Komponenten schränken sich vielmehr gegenseitig ein, anstatt sich gegenseitig wie wahre Konstituentien zum Vollzuge zu verhelfen. Hierin steckt offensichtlich das antike, nezessitarische Prinzip der »gegenstrebigen Fügung« (Heraklit) als Ausdruck dafür, je mehr sich etwas bewegt, umso deutlicher beweist es dessen Unveränderlichkeit (Parmenides).

Hengstenberg, der die Kritik Fuetschers an der Potenz-Akt-Lehre teilt, verweist wie ihrerseits auch Edith Stein an letzter Stelle auf Augustinus, der in *De Trinitate* ein triadisches Konstitutionsmodell entwirft, das des Potenz-Akt-Schemas nicht mehr bedarf und ein ontologisches Seinsverständnis von ungeahnter spekulativer Tiefe und noch unbekannter philosophischer Tragweite entwickelt. Hier bestünde, so meine Ansicht, auch ein weiteres wesentliches Forschungsdesiderat, um neue Antworten auf die allgemeine Konstitutionsfrage geben zu können.

IV. Abschliessende Betrachtung

In den vorangegangenen Analysen haben wir Edith Steins Verständnis von Potenz und Akt kurz vorgestellt und untersucht. Dabei ergaben sich folgende drei Probleme, auf welche Stein gestoßen ist: Im Wechsel von Potenz und Akt gibt es (1) kein persistierendes Moment, das sich während des Realisationsgeschehens durchhält. Diesem (2) Selbstandverlust (die Potenz kann nicht ohne Akt sein und *vice versa*) entspricht (3) ein unbegrenzter Iterationsprozeß, der aus der Möglichkeit nie eine Wirklichkeit werden läßt, da letztere entweder nur Wirklichkeit wird, indem sie dadurch, daß sie aus der Unendlichkeit der Möglichkeiten eine Wirklichkeit »erwählen« muß, die Möglichkeit in ihrer unbegrenzten Aufnahmefähigkeit beschränkt (siehe Abschnitt über die allgemeinen Einwände) oder als jene Wirklichkeit selbst wieder nur Möglichkeit für eine »andere« Wirklichkeit ist. Letztlich geht aus dieser Problemdiagnose auch hervor, daß Potenz und Akt, Möglichkeit und Wirklichkeit den Aufbau des Seienden nicht hinreichend erklären können.

Edith Stein erbringt aber den bemerkenswerten Beweis, daß Potenz und Akt unter Berücksichtigung hinzukommender Bestimmungsgrößen wieder den Weg in ein ontologisches Konzept finden können: Dem Problem des fehlenden persistierenden Momentes stellt sie ihr (1) Konzept des »Personenkerns« entgegen. Das Selbststandphänomen rehabilitiert sie (2) in Form einer auf dem Freiheitsgedanken basierenden und natürliche Dispositionen überschreitenden Rückaneignung des Selbst vermöge der freien Hingabe an einen anderen. An diesem Geschehen hat die Person nur dadurch Anteil, daß sie selbst dieses Geschehen ist. Hier greift Stein offensichtlich (3) teleologische Gedanken auf, welche durchaus ein angemessenes Modell anbieten, um den Potenz-Akt-Gedanken theoretisch in eine Soseinsordnung integrieren zu können. Am Ende entscheidet sich Stein aber für (4) die Auffassung, daß zu einer Seinsvollendung, welche jene teleologischen Momente beinhaltet, vor allem dasjenige beiträgt, was jemandem *umsonst* (quasi als »unverdiente Gabe«) zukommt. Dieser Sachverhalt ist letztlich in den Kategorien von Potenz und Akt nicht denkbar.

Steins Entwurf, das bliebe zum Abschluß festzuhalten, bietet trotz vieler Ungeklärtheiten fruchtbare Ansätze zu einer Ontodynamik, die sich beispielsweise in einer Kreativitätstheorie rekonstruieren ließe. Ihre Untersuchungen zur aristotelischen Position haben zwar hauptsächlich Rekapitulationscharakter, dienen allerdings zu systematischen Vergleichen mit phänomenologischen Ansätzen. Dem Stagiriten fügt Stein sicherlich nicht Neues hinzu. Die Potenz-Akt-Lehre ist für die Phänomenologin nur ein Prüfstein für ihr Denken, das sie letztlich zu Augustin führen wird, in dessen subjektivem Seinszugang und ausgewogener Beziehungslehre (Trinitätstheologie) sie sich eher wiederfindet. Zum Potenz-Akt-Schema ist schließlich noch zu sagen: Es besitzt, das ist auch die Kernthese des Aufsatzes, trotz seines epistemologischen Ranges keinen *prinzipiellen* Erklärungswert und bietet somit auch keine Basis für eine ontologische Konstitutionslehre. Die Potenz-Akt-Idee scheint vielmehr Eingang in dialektische, evolutive, kausalistische Modelle gefunden zu haben. Einzig innerhalb einer teleologischen Auffassung, die den Selbstandcharakter des Seienden konserviert, könnte sie eine Rehabilitierung erfahren. Die moderne ateleologische (Ereignis-)Ontologie ignoriert diese Lehre jedenfalls, da sie Ereignisse in einzelne, zusammenhangslos nebeneinander existierende, einzig durch ihre kausale Rolle definierte Zustände aufzulösen bestrebt ist. Dabei operiert sie nicht nach dem Schema von Potenz und Akt, sondern bewertet Ereignisse in ihrer Qualitäts- und Beziehungslosigkeit nur nach ihren Vorkommnissen als ebendiese Zustände $A_1, A_2, ..., A_{n+1}$. Dessen ungeachtet kommt der Potenz-Akt-Lehre, verliert sie auch im Angesicht einer ganzheitlichen Seinserhellung an Relevanz, immerhin eine bedeutsame Ergänzungsqualität zu. Vor dem Hintergrund einer platonischen Ideenlehre ist und bleibt sie eine aufschlußreiche Möglichkeit für die abstrakte Beschreibung konkreter Veränderungsvorgänge.

LITERATUR

ARISTOTELES, *Metaphysik*, Hamburg 1994.
C. BETSCHART, »›Kern der Person‹. (Meta-)Phänomenologische Begründung der menschlichen Person nach Edith Steins Frühwerk«, S. 70, in: H.-B. GERL-FALKOVITZ, R. KAUFMANN u. H. R. SEPP, *Europa und seine Anderen. Emmanuel Levinas – Edith Stein – Józef Tischner*, Dresden 2009, S. 61–72.
L. FUETSCHER, *Akt und Potenz. Eine kritisch-systematische Auseinandersetzung mit dem neueren Thomismus*, Innsbruck 1933.
H. HECKER, *Phänomenologie des Christlichen bei Edith Stein*, Würzburg 1995.
H. E. HENGSTENBERG, *Freiheit und Seinsordnung*, Stuttgart 1961.
E. HUSSERL, *Cartesianische Meditation*, Hamburg 1995.
–, *Zur Phänomenologie der Intersubjektivität. Texte aus dem Nachlaß. Dritter Teil. 1929–1935.* [Hua XV], Den Haag 1973.
P. JANICH, *Kleine Philosophie der Naturwissenschaften*, München 1997.
E. LEVINAS, *Die Spur des Anderen – Untersuchungen zur Phänomenologie und Sozialphilosophie*, Freiburg 1999.
E. PRZYWARA, »Edith Stein und Simone Weil – Zwei philosophische Grundmotive«, S. 233f., in: W. HERBSTRITH, *Edith Stein. Eine große Glaubenszeugin*, Annweiler 1986, S. 231–247.
M. SCHELER, *Der Formalismus in der Ethik und die materiale Wertethik*, Bern 1954.
E. STEIN, *Potenz und Akt* (= ESGA 10), Freiburg 2005.
–, *Endliches und Ewiges Sein* (= ESGA 11), Freiburg 2008.
–, *Beiträge zur philosophischen Begründung der Psychologie und der Geisteswissenschaften: Psychische Kausalität, Individuum und Gemeinschaft* (= ESGA 6), Freiburg 2006.
–, *Kreuzeswissenschaft* (= ESGA 18), Freiburg 2003.

4. Spiritualität

Alois Kothgasser

Predigt im Erzstift St. Peter zu Salzburg anläßlich der Tagung der Edith-Stein-Gesellschaft Deutschland am 18. April 2010

1. Der Konvent der Erzabtei St. Peter hat am Dienstag, dem 13. April 2010, in kanonischer Wahl P. Mag. Benedikt Röck OSB, bisher Pfarrer von Abtenau, zum Administrator der Erzabtei St. Peter zu Salzburg gewählt. Der Neugewählte hat die Wahl angenommen und wurde nach Ablegung des Glaubensbekenntnisses vom Abtpräses der Österreichischen Benediktinerkongregation Mag. Christian Haidinger in sein Amt eingeführt. Die Erzdiözese und die Söhne des hl. Benedikt werden ihn in seinem Hirtendienst in fürbittendem Gebet und tätiger Liebe begleiten und auch seine Vorgänger im Amt in mitbrüderlichem Gedenken nicht vergessen.

2. In unserer Mitte begrüße ich heute die Teilnehmer der Jahrestagung 2010 der Edith-Stein-Gesellschaft Deutschland unter Leitung der Präsidentin Frau Dr. Katharina Seifert und in Begleitung von Frau Prof. DDr. Hanna-Barbara Gerl-Falkovitz aus Dresden. Wir haben vorhin die Salzburg-Bezüge der heiligen Märtyrerin Edith Stein – Teresia Benedicta a Cruce – in Erinnerung gerufen. Sie ist eine Heilige der Weltkirche und Patronin Europas (zusammen mit Birgitta von Schweden und Katharina von Siena). Einige Gedanken auf der Grundlage eines Textes von Marianne Huber von 2008 mögen dazu Anregungen bieten:

a) *Heilige der Weltkirche*
Edith Stein ist eine Gestalt der Weltkirche. Als Philosophin, Pädagogin, Mystikerin und Märtyrerin schlug sie Brücken zwischen

ihren jüdischen Wurzeln und ihrer Zugehörigkeit zu Christus. Auch nach ihrer Konversion hat sie niemals ihre jüdischen Wurzeln verleugnet. Als ihr Leben bedroht war, nahm sie ihr Schicksal als Teil der Leiden ihres Volkes hin. Ihre philosophische Arbeit wollte ein Brückenschlag sein zwischen verschiedenen Denkrichtungen und Geisteshaltungen. Sie hatte Respekt vor den unterschiedlichen Lebenswegen der Menschen. Ihre zahlreichen Kontakte zu den wissenschaftlichen Kreisen ihrer Zeit und ihre vielfältigen Aufgaben öffneten ihren Blick über enge Grenzen hinaus.

b) *Europäische Vorbildgestalt*
Als Mitpatronin Europas ist Edith Stein dabei, in besonderer Weise eine europäische Heilige zu werden. Ihr Leben verbrachte sie in verschiedenen Ländern Europas. Ihre Heimatstadt Breslau gehört heute zu Polen. Mit sicherer Intuition stand sie im Dialog mit den philosophischen Strömungen ihrer Zeit. Durch ihr Denken und Handeln, durch ihr Streben nach und durch ihr Festhalten an der Wahrheit, vor allem aber durch das Zeugnis und die Hingabe ihres Lebens kann sie zur heilsamen Auseinandersetzung mit dem moralischen Relativismus auch unserer Zeit und Gegenwart beitragen. Und weil ihr Leben sowohl die Tragödien als auch die Hoffnungen dieses europäischen Kontinents widerspiegelt, kann sie zu einer einzigartigen Wegweiserin und Stütze im schwierigen Einigungsprozeß Europas werden und zu einer menschlichen, kulturellen und religiösen Identität Europas beitragen. Für all diejenigen, die sich ihrem Erbe nähern, wird sie zur ständigen »Augenöffnerin« für das wahre Menschsein und das wahre Christsein. Die von ihr vertretenen und gelebten Werte kennzeichnen sie für die Zukunft als einzigartige Europäerin mit hohem Vorbildcharakter.

3. Ein drittes Ereignis dürfen wir an diesem 3. Ostersonntag nicht vergessen: Es ist der 83. Geburtstag unseres Papstes Benedikt XVI. und der 5. Jahrestag seiner Wahl. Am Tag nach seiner Amtseinführung erzählte er bei der Generalaudienz für die deutschsprachigen Pilger, wie ihn der Text des heutigen Evangeliums bewogen hatte, die Wahl anzunehmen: das Bekenntnis der Liebe und der Ruf in die Nachfolge.
Sehen wir uns den Text im Johannesevangelium (21,1–19) kurz an: Da sind zunächst der ausführliche Bericht von der Begegnung mit

dem auferstandenen Herrn und die Erzählung vom reichen Fischfang. Dann, so heißt es, »trat Jesus heran, nahm das Brot und gab es ihnen, ebenso den Fisch«. Er bereitet den Jüngern die Nahrung und erweist sich dadurch als derjenige, der bei ihnen aus- und eingegangen ist und den sie kennen. Sie hatten zwar Mühe, ihn wiederzuerkennen; die mehrfachen Begegnungen machten es aber möglich. Nachdem sie gegessen hatten, wendet sich Jesus an Simon Petrus mit der dreifachen Frage: »Simon, Sohn des Johannes, liebst du mich?« Petrus antwortet ihm: »Ja, Herr, du weißt, daß ich dich liebe.« Und dann sagt Jesus zu ihm: »Weide meine Lämmer.« Der Herr fragt ihn nicht, ob er die Menschen liebt, ob er den Nächsten liebt, sondern er fragt nach seiner Liebe zu ihm. In der ersten Frage heißt es sogar: »Liebst du mich mehr als diese?« Bevor der Herr ihm den Hirtenauftrag erteilt, fragt er nach dem »Mehr« seiner Liebe zu Christus. Warum wohl? Wer Christus wirklich liebt, der liebt auch die Menschen in rechter Weise. Wer Christus liebt und aus der Beziehung zu ihm lebt, sieht die Menschen mit seinem Blick und begegnet ihnen, wie er ihnen begegnet ist und für sie da war. Dreimal stellt Jesus die Frage, und man könnte wohl bemerken, wie Petrus, der Fischer, errötet ist und wie es ihm peinlich war, an sein Versagen bei der dreimaligen Verleugnung des Herrn auf dem Kreuzweg erinnert zu werden. Dreifach ist auch die Antwort, nämlich das Bekenntnis der Liebe zum Herrn. Das Bekenntnis des Glaubens hatte Petrus schon einmal abgelegt, als der Herr die Jünger fragte: »Für wen halten die Leute den Menschensohn?« Petrus antwortete: »Du bist Christus, der Sohn des lebendigen Gottes.« Das Bekenntnis der Liebe ist die Voraussetzung für den Hirtendienst, den Petrus für die ganze Kirche empfängt. Die Liebe zu Christus ist Grundlage für alle, die Verantwortung und Mitverantwortung für den Hirtendienst an den Menschen in der Kirche tragen. Dabei bleibt immer zu bedenken, daß es um »seine« Lämmer und »seine« Schafe geht.
Berührend ist es, wenn Petrus schließlich sagt: »Herr, du weißt alles – du weißt, daß ich dich liebe.« Dann erst folgt der Ruf in die radikale Nachfolge. Diese Worte werden vermutlich Benedikt XVI., den Nachfolger im Petrusdienst, auch in diesen beiden Tagen bei seinem Besuch auf der Insel Malta begleiten, gerade in dieser für ihn und uns und die ganze Kirche Jesu Christi leidvollen Zeit. Die Liebe zu Christus ist für den Papst, die Bischöfe und für alle, die sich

zu Christus, dem auferstandenen Herrn bekennen, Voraussetzung, Kraftquelle und Maßstab christlichen Lebens und menschlichen Handelns. Genau das war es für die heilige Teresia Benedicta a Cruce in der Hingabe ihres Lebens zum Zeugnis für viele; das ist es für den neuen Administrator der Erzabtei St. Peter, P. Benedikt; das ist es für uns alle. Amen. Halleluja.

ANTOINE LEVY

Edith Steins Schriften zur Jungfrau Maria
Eine Interpretation im Geiste von Leo Strauss

Einer der wichtigsten Texte des bekannten politischen Philosophen Leo Strauss, der im Jahr 1973 starb, behandelt die Möglichkeiten, als Schriftsteller frei und ungehindert seine Meinung zu äußern, und zwar in Zeiten, in denen man das nicht darf und sich als Autor damit sogar der Gefahr öffentlicher Ächtung und brutaler Bestrafung aussetzt. In seinem Werk *Persecution and the Art of Writing* (1952) stellt Strauss die Tradition einer Art des Schreibens dar, die er als »esoterisch« bezeichnet: Ein Buch wird zwar von vielen gelesen, wirklich verstanden jedoch nur von den wenigen, die in der Lage sind, aufgrund einer Reihe von über den ganzen Text verstreuten Hinweisen seine verborgene Kernthese zu begreifen. Die brillante Argumentation von Strauss stützte sich überwiegend auf die Schriften islamischer und jüdischer Denker des Mittelalters wie Alf Arabi und Maimonides. Da sie damit rechnen mußten, von mächtigen Interessengruppen sowohl innerhalb als auch außerhalb des religiösen Establishments abgelehnt zu werden, waren diese Autoren existentiell darauf angewiesen, all die subtilen Techniken esoterischen Schreibens zu beherrschen. Ich selbst habe während meiner Studienzeit im süditalienischen Bari diesen Strausssschen Ansatz erfolgreich umgesetzt. Ich hatte die Aufgabe, einen Kommentar zu einem mittelalterlichen Gedicht zu verfassen, das in der lokalen jüdischen Gemeinde entstanden war und von den Genüssen sprach, die Italien einem jüdischen Mann von Welt zu bieten hatte. Mein Lehrer hatte nicht bemerkt, daß der Autor mit den Wortwurzeln verschiedener hebräischer Ausdrücke spielte, wodurch ein und dasselbe Textstück als Ausdruck der Verzweiflung über all die Leiden gelesen werden konnte, mit denen ein gebildeter Jude in diesem Land des Exils zu rechnen hatte – und man kann sicher sein, daß es von der örtlichen *Kehilla* auch so gelesen wurde.

Ich ziehe die Theorie von Strauss deswegen heran, weil ich der Auffassung bin, daß sie auch mit Gewinn auf Edith Steins spirituelles Vermächtnis angewendet werden kann. Ich füge allerdings gleich zu

Beginn hinzu, daß das nur bis zu einem bestimmten Grad möglich ist, und zwar aus folgenden Gründen.

Bekanntlich war Edith Stein eine jüdische Philosophin, die als eine der bemerkenswertesten zum Kreis der frühen Schüler von Edmund Husserl gehörte. Sie starb im Jahr 1942 in Auschwitz, nachdem sie 1921 zum Katholizismus konvertiert und 1933 in den Orden der Karmeliten eingetreten war, wo sie den Namen Teresia Benedicta vom Kreuz annahm. Selbstverständlich ist es möglich, den gesamten Inhalt der religiösen Schriften von Edith Stein mit gutkatholischen Frömmigkeits- und Mystikbegriffen zu interpretieren. Man begegnet nur selten einem Gedanken, der nicht sein Echo in den Traditionen des katholischen Glaubens fände. Gleichzeitig aber stellte die Konversion von Edith Stein zum Christentum in keiner Phase eine Abkehr von ihrer jüdischen Identität dar.

Es ist schwer zu sagen, wie weit Ediths Kenntnis der jüdischen religiösen Traditionen ging. Sie wurde am Tag des Jom Kippur geboren und wuchs in einem frommen jüdischen Mikrokosmos heran, in dem ihre früh verwitwete Mutter die zentrale Gestalt war. Breslau, die Stadt, in der Edith ihre Kindheit und Jugend verbrachte, war die Heimat einer farbigen, intellektuell sehr lebendigen jüdischen Gemeinde. Dort vor allem entstand die moderne, aufgeklärte Form des Judentums, die später als »reformiertes Judentum« bezeichnet werden sollte. Edith jedoch wandte sich von sämtlichen formalen jüdischen Observanzen im Alter von rund vierzehn Jahren ab – in einem Alter, das übrigens genau der Bar Mizwa entspricht, dem Zeitpunkt, in dem ein jüdischer Junge sich bewußt für ein Leben als vollgültiges Mitglied der *Qahal Israel* entscheidet. Eines wird aber ganz deutlich: Ediths plötzlicher Sprung aus der religiösen Neutralität der Husserlschen Phänomenologie in das Studium der katholischen Theologie und der großen Werke katholischer Mystik verwischte nicht ihr Gespür dafür, daß der göttliche Ruf an sie im Zusammenhang mit ihrer Identität als Jüdin stand. Hedwig Conrad-Martius, die Freundin und Kollegin Edith Steins, schreibt in ihrem Nachwort zur Ausgabe der Briefe Edith Steins an sie:

»Jude sein heißt nicht nur, einem bestimmten Volk, einer bestimmten Nation angehören. Es heißt, einem Volk blutmäßig angehören, auf dem irgendwie – man mag es nehmen, wie man will [und jede Konfession wird es anders nehmen] – Gottes Hand ruht und je und

je geruht hat, einem Volk, das sich der lebendige Gott zu Seinem Volk gemacht und geprägt hat.«[1]
Johannes Paul II. zitierte anläßlich der Heiligsprechung Edith Steins eine Zeugin, der zufolge Edith sagte, daß sie sich ab dem Moment wieder als Jüdin fühlte, als sie »zu Gott zurückkehrte«.[2] Im Zusammenhang mit diesem letzten Zitat möchte ich eine kurze Anmerkung dazu machen, was ich unter einer »Strausssschen« Lektüre der Werke Edith Steins verstehe. Der Satz von Edith Stein ist im Sinn der traditionellen Apologetik gutkatholisch: Wenn ein Jude zu Christus findet, dann kehrt er zu dem Gott zurück, von dem sich das Volk Israel immer und immer wieder abgewandt hat – so steht es bei den Propheten, deren Äußerungen im Evangelium gipfeln. Gleichzeitig hat dieser Satz jedoch einen jüdischen Unterton: Ein Jude bzw. eine Jüdin vollzieht seine oder ihre *teshuva-le-Elohim*, die »Rückkehr zu Gott«, wenn er oder sie den Wert der religiösen Tradition des Judentums neu entdeckt. Im Kontext von Edith Steins Leben sind in diesem Satz also zwei Bedeutungsebenen miteinander kombiniert: Edith bringt damit zum Ausdruck, daß sie, indem sie Christus findet, gleichzeitig die Kostbarkeit der jüdischen Tradition wiederfindet.[3]
Edith Stein lebte zu einer Zeit, als es für Christen und vor allem für Katholiken normal war, in den Juden nicht nur die natürlichen, sondern auch die spirituellen Nachfolger jener Juden zu sehen, die

---

[1] Briefe an Hedwig Conrad-Martius, München: Kösel, 1960, S. 71
[2] »Predigt zur Seligsprechung«, Nr. 7, *Carmelite Studies* 4, S. 303.
[3] Ein weiteres Beispiel für eine Form von bewußtem »theologischem Polysemismus« sehe ich in den letzten Worten, die von Edith Stein überliefert sind. Nach der Verhaftung durch die Gestapo im Karmel von Echt in Holland sagte Edith zu ihrer älteren Schwester Rosa Stein: »Komm, wir gehen für unser Volk.« Edith sagte nicht: »Wir gehen für das jüdische Volk.« Natürlich hatte in diesem Kontext der Satz für Rosa zumindest unmittelbar keinen anderen Sinn als ebendiesen. Ganz wörtlich genommen jedoch, ohne nähere Qualifizierung des Volkes, für das Edith ihr Leben zu geben bereit war, könnten dieselben Worte auch von jedem christlichen Märtyrer gesprochen und auf den Leib Christi – die Kirche – bezogen werden. Ich bin überzeugt, daß Edith das einschränkende Adjektiv bewußt weggelassen hat. Einerseits war das Volk, zu dem sie und Rosa, ihre getaufte Schwester, nun gehörten, die Kirche, der Leib Christi. Mit Sicherheit waren und sind die Kirche und das jüdische Volk zwei unterschiedliche Realitäten, eine Tatsache, die Edith sehr wohl bewußt war. Die semantische Zweideutigkeit des Satzes, die sich auf beide beziehen kann, spiegelt andererseits eine tiefere Verbindung zwischen den beiden Realitäten wider. Wie ich in diesem Aufsatz zeigen möchte, sah Edith ihren Opfergang *mit* den Juden als ein Opfer *für* die Kirche.

ihren Gott, den Retter der Menschen, gekreuzigt hatten. Eine Reihe von prominenten und weniger prominenten Mitgliedern der katholischen Kirche profitierte von dem bis heute noch umstrittenen Schweigen des Papstes, indem sie ihre Sympathie mit dem Nationalsozialismus offen zum Ausdruck brachten. Eine der Karmelitinnen aus dem Konvent, zu dem Edith Stein gehörte, berichtet, daß sie ihre normalerweise sehr selbstbeherrschte Mitschwester nur einmal die Fassung verlieren sah, und zwar während einer sogenannten »Rekreation«, als eine Gruppe von Nonnen begann, ohne die geringste Rücksicht auf Ediths jüdischen Hintergrund Hurralieder auf das Nazi-Regime zu singen. Zweifellos kämpfte Edith Stein auf ihre Weise gegen solche Zustände. Sie trug ihre eigenen Erinnerungen in einem Buch zusammen, das sie mit dem Titel *Aus dem Leben einer jüdischen Familie* versah. Damit wollte sie es ihren nichtjüdischen Zeitgenossen ermöglichen, die jüdische Perspektive zu verstehen und die Werte der durchschnittlichen Juden zu respektieren, die vormals ihre Nachbarn gewesen waren und die sie jetzt verfolgten. Später schrieb sie sogar an den Papst und verwies darauf, daß es einen direkten Zusammenhang gebe zwischen der aktuellen Judenverfolgung und einer Blasphemie, die den gesamten Leib Christi bedrohte.[4]

Diese Erwägungen umreißen das Thema, um das es mir geht. Einerseits bleiben die spirituellen und theologischen Schriften von Edith Stein von außen gesehen konform mit den klassischen Aspekten der katholischen Tradition. Andererseits deutet alles darauf hin, daß Sr. Teresia Benedicta vom Kreuz ein lebhaftes Bewußtsein ihrer jüdischen Identität beibehielt, ein Bewußtsein, das sich nur noch vertiefte, als die nationalsozialistischen Judenverfolgungen zunahmen, und das sich durchhielt bis zu dem Zeitpunkt, da sie als Jüdin festgenommen und nach Auschwitz deportiert wurde. Ich möchte daher folgende Frage stellen: Könnte es nicht sein, daß Steins Werke als klares Beispiel für den Straussschen Entwurf esoterischen

---

[4] »Als ein Kind des jüdischen Volkes, das durch Gottes Gnade seit elf Jahren ein Kind der katholischen Kirche ist, wage ich es, vor dem Vater der Christenheit auszusprechen, was Millionen von Deutschen bedrückt. ... Ist nicht der Vernichtungskampf gegen das jüdische Blut eine Schmähung der allerheiligsten Menschheit unseres Erlösers, der allerseligsten Jungfrau und der Apostel?« Abgedruckt bei Maria Amata Neyer OCD: *Der Brief Edith Steins an Papst Pius XI.* In: Edith Stein Jahrbuch 2004, Echter, Würzburg 2004, S. 11–30.

Schreibens eine innere jüdische Dimension umfassen, die nicht auf den ersten Blick deutlich wird? Könnte es nicht sein, daß die Sorge, eine katholische Leserschaft aufzubringen, die so wenig Kenntnis vom jüdischen Leben und jüdischen Traditionen hatte, wenn sie ihm nicht gar offen feindselig gesinnt war – daß diese Sorge Edith Stein dazu bewogen hat, als katholische Philosophin und Ordensfrau des teresianischen Karmel kein allzu deutliches Gewicht auf die jüdische Dimension ihres Denkens zu legen? Wenn das der Fall ist, dann muß es möglich sein, Hinweise in ihren Werken zu finden, die auf diese verborgene, in einem Straussschen Sinn esoterische jüdische Dimension hinweisen.

Unabhängig davon, wie relevant diese Hypothese ist, glaube ich, wie ich bereits zu Beginn erwähnte, daß die Theorie von Strauss nur bis zu einem gewissen Grad auf Steins Werk angewandt werden kann. Im Unterschied zu den Denkern, die Strauss analysiert, ist es ausgeschlossen, die Aufrichtigkeit der unmittelbaren wörtlichen Bedeutungsebene in den Schriften von Stein in Frage zu stellen. Sr. Teresia Benedicta vom Kreuz fühlte sich zwar durchaus als Jüdin, aber sie war doch auch ebenso eine glühende Katholikin. Genau das ist es ja, was ihre Schriften zu einer so faszinierenden Herausforderung macht. In dem Beispiel, das ich oben anführte – dem Ausdruck »Rückkehr zu Gott«, den Edith Stein benützt, um ihre Bindung an das Christentum zu beschreiben –, setzt die Existenz einer inneren, jüdischen Bedeutungsebene die unmittelbar zugängliche katholische Ebene ja durchaus nicht außer Kraft. Vielmehr verlangt ein umfassendes Verständnis des Ausdrucks, den Edith Stein hier verwendet, die Kombination der beiden Ebenen, der exoterischen und der esoterischen. Mit anderen Worten, um den ganzen Reichtum der spirituellen Erkenntnisse von Edith Stein ermessen zu können, muß man sich auf diesen verborgenen Dialog, das Wechselspiel zwischen den beiden Ebenen einlassen: der sichtbaren Dimension, die sich aus der katholischen Tradition speist, und der verborgenen Dimension, die von der jüdischen Tradition herrührt.

Auf den folgenden Seiten möchte ich diese Arbeitshypothese am Beispiel von Äußerungen Edith Steins zur Jungfrau Maria testen. Es wird zu zeigen sein, daß Steins Meditationen über Maria insofern um das *fiat* der Verkündigung kreisen, als es die bräutliche Dimension ihrer himmlischen Berufung zum Ausdruck bringt. Selbstverständlich ist dieses Thema in der christlichen Tradition tief verankert. Paul VI. weist in seinem apostolischen *Schreiben* »Marialis Cultus« (1974) darauf hin, daß Christen schon seit langem »in der geheimnisvollen Beziehung Heiliger Geist – Maria einen bräutlichen Aspekt« sehen, »den Prudentius in poetischen Worten festhielt: ›Die unvermählte Jungfrau vermählte sich mit dem Heiligen Geist.‹[5]« Es soll genügen, auf St. Germanus von Konstantinopel (6. Jahrhundert) zu verweisen, der Maria wiederholt *Theonymphos* nennt, die »Gott Vermählte«.[6] Dasselbe Thema kommt im Mittelalter und in der modernen katholischen Spiritualität immer wieder zur Sprache.[7] Indem ich die Gedanken von Edith Stein über die Berufung der Frauen und vor allem die weiblichen Formen eines gottgeweihten Lebens analysiere, möchte ich in den Schriften von Stein eine »esoterische«, jüdische Ebene der Interpretation desselben Themas herausarbeiten. Darin erscheint die Magd des Herrn als diejenige, die in ihrem Fleisch und in ihrem Geist die gesamte *Qahal Israel* trägt. Letztlich will ich darauf hinaus, daß Edith Stein eben durch ihre unmittelbare Konfrontation mit dem Bösen während des Krieges eine vollständige Erkenntnis dessen erlangte, was die Wechselwirkung zwischen diesen beiden »mariologischen« Ebenen, der nichtjüdisch-katholischen und der jüdischen, zuinnerst bedeutete.

---

[5] Liber Apotheosis, Vv. 571–572: CCL 126, S, 97, zitiert in *Marialis Cultus* Nr. 26.

[6] »Χαίροις (...), ἡ ἄφεσις τῶν παραπτωμάτων τοῖς βορβορώδεσιν ἡμῖν ἐκ Θεοῦ δοθεῖσα, Θεόνυμφῳ«: »Gottes Braut, die du die Vergebung bist, welche uns Gott für unsere Verirrungen und Sünden gewährt hat«, *Orationes*, PG 98, 304, 54, cf. ibid. 317, 28. Vgl. auch Johannes von Damaskus: »Es war angemessen, daß die Braut, die der Vater sich aussehen hat, im Haus Gottes lebte.« Johannes von Damaskus, *Encomium in Dormitionem Dei Genetricis Semperque Virginis Mariae*, Hom. II, n. 14.

[7] »(Der Heilige Geist), der so ein einzigartiges Verhältnis zu Maria hat, ist der Herr, dessen schönste Braut Maria ist«, Bonaventura, zitiert in *Virgin Wholly Marvelous: Praises of Our Lady by the Popes, Councils, Saints and Doctors of the Church*, hrsg. v. David Supple, Still River, MA: Ravengate, 1981, S. 37. Das Thema wird von mittelalterlichen »mystischen« Theologen wie Rupert von Deutz, Ubertino von Casale und Laurentius von Brindisi immer wieder aufgegriffen, vgl. M. O'Carroll, *Theotokos: A Theological Encyclopedia of the Blessed Virgin Mary*, Wilmington, Glazier, 1982, S. 333. Im 17. Jahrhundert taucht es mit neuem Nachdruck in den Schriften von Jean-Jacques Olier wieder auf, einer wichtigen Gestalt der *École Française*, vgl. ebd., S. 272.

1. Die »exoterische« Ebene: Weiblichkeit, Mütterlichkeit und Jungfräulichkeit im Denken von Edith Stein

Ich halte die Artikel und Vorträge, die Edith Stein über das Thema weiblicher Erziehung verfaßte, für eine höchst bemerkenswerte Illustration ihrer Ansichten über das Phänomen der Empathie, das auch das Thema ihrer Doktorarbeit gewesen war. Wie nehmen wir andere Menschen wahr, wie verstehen wir ihr geistiges und emotionales inneres Universum? Wir haben keinen unmittelbaren Zugang zu der Subjektivität des anderen, die jenseits von Akten sprachlicher Kommunikation liegt; woher also kommen diese Gefühle, die wir in unserer eigenen Subjektivität als solche Gefühle identifizieren, welche sich direkt auf die Gefühle des anderen beziehen? In ihrer Dissertation gelangte Edith Stein zu der Erkenntnis, daß die spirituelle Dimension des Person-Seins die eigentliche Quelle unserer Einfühlungsfähigkeit ist. Indem mit Geist begabte, spirituelle Lebewesen eine je und je persönlich geprägte Auswahl unter den herkömmlichen menschlichen Werten treffen, prägen sie einerseits die sie umgebende Welt und schaffen andererseits die Grundlage für ihr eigenes (Wieder-)Erkanntwerden.

Da Edith Stein – als Frau und als Jüdin – in sich zwei nach der vorherrschenden Meinung ihrer Zeit fundamentale menschliche Schwächen vereinte, erhielt sie nach ihrer Promotion keine Stelle an der Universität. Dennoch konnte sie ihre Arbeit fortsetzen, und zwar an einem sich speziell an Frauen wendenden katholischen Institut für Pädagogik. Hier entwickelte sich ihr Denken über ein Dasein als geistbegabtes Lebewesen zu einer phänomenologischen Analyse der weiblichen Dimension der menschlichen Existenz weiter, einer Dimension, die in Entsprechung zu einer klar identifizierbaren Gruppe von Werten »die sie umgebende Welt prägt«. Edith Stein wurde zwar zu dieser Zeit zu einer prominenten Gestalt im Kampf um die politischen Rechte der Frauen, aber sie war alles andere als eine Feministin im Sinn von Simone de Beauvoir und der späteren dekonstruktionistischen Schule. Die Natur der Frau war nach der Auffassung von Edith Stein nicht ein sozial konstruiertes Konzept, wobei »sozial« gleichbedeutend ist mit der »Konsequenz der zufälligen Vorherrschaft des männlichen Geschlechts«. Tatsächlich bestand die gesamte Herangehensweise Edith Steins an die weibliche Pädagogik in der sorgfältigen phänomenologischen Analyse eines Komplexes, den man nicht anders als das Wesen der Weiblichkeit nennen kann. In diesem Rahmen nun kommt die Gestalt der Jungfrau Maria in den Vordergrund und enthüllt ihre entscheidende Bedeutung für die gesamte menschliche Daseinsweise. In einem 1927 gehaltenen Vortrag über den »Eigenwert der Frau in seiner Bedeutung für das Leben des Volkes« unterstrich Edith Stein die positiven Aspekte des sozialen Wirkens von Frauen, ihre Fähigkeit, die Sorgen ihrer Arbeitskollegen zu teilen, ihre Fähigkeit, Gelegenheiten aufzuspüren, bei denen sie Unterstützung zeigen und denen helfen können, mit denen sie in Kontakt sind.[8] Stein erkannte darin den Ausdruck eines mütterlichen Verhältnisses zur Umwelt, eine Haltung, die sie exemplarisch verwirklicht sah in der Jungfrau Maria, der »Mutter der Barmherzigkeit«.[9]

In dem drei Jahre später verfaßten Artikel »Das Ethos der Frauenberufe« lenkt Stein die Aufmerksamkeit ihrer Hörer und Leser auf die Art und Weise, wie Maria bei der Hochzeit zu Kana sofort wahrnimmt, was fehlt, und sich umgehend daranmacht, der Notlage abzuhelfen.[10] Insofern Maria die Quintessenz der weiblichen Persönlichkeit verkörpert, bietet sie nach Stein ein Verhaltensvorbild für alle Frauen. Das Festhalten an Äußerlichkeiten, unnötiges Kokettieren, Eitelkeit, Klatsch, ungehörige Einmischung in die Privatsphäre anderer Menschen – das alles sind Verzerrungen dieser eigentlichen weiblichen Persönlichkeit, die bei Maria nicht vorkommen.[11] Maria ist also einerseits sehr nahe an der Quintessenz weib-

---

[8] »Überall kommt sie mit Menschen zusammen, überall wird sie Gelegenheit finden zu stützen, zu raten, zu helfen«, in *Der Eigenwert der Frau in seiner Bedeutung für das Leben des Volkes*, ESGA 13, Basel: Herder, 2000, S. 11.
[9] »(...) so können wir auch in dem *einen* Wort *Mütterlichkeit* das zusammenfassen, was wir als Eigenwert der Frau entwickelt haben. Nur muß es eine Mütterlichkeit sein, die nicht bei dem engen Kreis der Blutsverwandten oder der persönlichen Freunde stehen bleibt, sondern nach dem Vorbild der ›Mutter der Barmherzigkeit‹ (Maria) für alle da ist, die mühselig und beladen sind; sie muß ihre Wurzel haben in der weltweiten göttlichen Liebe.« *Ebd.*
[10] »(...) ihr still beobachtender Blick überschaut alles und entdeckt, wo etwas fehlt. Und ehe irgendjemand sonst es bemerkt, ehe noch die Verlegenheit sich einstellt, hat sie bereits Abhilfe geschaffen. Sie findet Mittel und Wege, sie gibt die nötigen Weisungen, alles ganz in der Stille, unmerklich. Das sei das Vorbild der Frau im beruflichen Leben.« *Das Ethos der Frauenberufe*, ESGA 13, S. 23 f.
[11] »Durch die Erbsünde haftet ja, wie der gesamten menschlichen Natur, so auch der weiblichen Anlage ein Makel an, der die reine Entfaltung hemmt und der, wofern ihm nicht entgegengewirkt wird, zu einer typischen Entartung führt. *Die persönliche Einstellung* tritt gewöhnlich in einer *ungesunden Steigerung* auf: einmal als Neigung, sich selbst und andere übermäßig mit der eigenen Person zu beschäftigen, als Eitel-

licher Erfahrung und andererseits sehr weit entfernt von der Art und Weise, wie diese Quintessenz üblicherweise in Erscheinung tritt. Das drückt sich in der doppelten Verfaßtheit aus, ihrem einzigartigen Privileg: Sie ist, wie viele andere auch, Mutter, aber sie ist wie sonst keine andere Frau eine jungfräuliche Mutter.[12] In Marias Jungfräulichkeit ist der uranfängliche Glanz der Natur der Frau, die ursprüngliche Schönheit von Eva wiederhergestellt.[13] Stein versteht diese Jungfräulichkeit als Bestätigung der Auffassung des heiligen Augustinus von den Folgen des Sündenfalls: Indem der Akt der menschlichen Fortpflanzung in seinem Kern versehrt wurde, hat die Sünde bei diesem Akt nur noch wenig von dem ursprünglichen Glanz übriggelassen, mit dem Gott ihn ursprünglich begabt hatte.[14] Für Mütter und für Frauen, die aktiv in der Welt leben, verweist die Gestalt Marias auf einen Weg des Gebets und des demütigen Gottesgehorsams, der eine Teilhabe an der ursprünglichen, unverdorbten Schönheit und Unschuld des Menschseins vermittelt.[15] In Übereinstimmung mit einer alten christlichen Tradition stellt Stein fest, daß Marias bedingungsloses Vertrauen auf Gott zu unserem Sieg

---

keit, Verlangen nach Lob und Anerkennung, ungehemmtes Mitteilungsbedürfnis, andererseits als übermäßiges Interesse für andere, als Neugier, Klatschsucht, indiskretes Eindringenwollen in das intime Leben anderer Menschen.« *Ebd.*, S. 20.
[12] »Als *Mutter* Gottes und Mutter aller Gotteskinder ist sie über alle Menschen auf den Thron der Herrlichkeit erhöht und mit ihr die Mutterschaft selbst geheiligt; als *Jungfrau* zeigt sie die unvergleichliche Schönheit und Gottgefälligkeit, zugleich die Fruchtbarkeit jungfräulicher Reinheit; als *Königin* die sieghafte Kraft dienender Liebe und unversehrter Reinheit. Zu ihrem Vorbild muß jede Frau aufschauen, die ihre Bestimmung erfüllen will.« *Christliches Frauenleben*, 1932, ESGA 13, S. 106.
[13] »Die allerreinste Jungfrau ist die einzige, die von jedem Makel der Sünde bewahrt blieb. Keine außer ihr verkörpert die weibliche Natur in ihrer ursprünglichen Reinheit. Jede andere hat etwas von Evas Erbe in sich und muß den Weg von Eva zu Maria suchen. In jeder lebt etwas von dem Trotz, der sich unter keine Herrschaft beugen will, in jeder etwas von dem Begehren, das nach verbotenen Früchten greift.« *Beruf des Mannes und der Frau nach Natur- und Gnadenordnung*, 1931, ESGA 13, S. 61 f.
[14] »Der Gottessohn wählte nicht den gewöhnlichen Weg der menschlichen Fortpflanzung, um Menschensohn zu werden. Liegt darin nicht ein Hinweis auf den Makel, der an diesem Weg von der ersten Sünde her haftet und der erst *im* Gnadenreich getilgt werden konnte? Zugleich ein Hinweis auf den Adel der Mutterschaft als der reinsten und höchsten Verbindung von Menschen?« *Ebd.*, S. 61.
[15] »Diese *virginitas* (Jungfräulichkeit) der Seele muß auch die Frau besitzen, die Gattin und Mutter ist: ja, nur kraft solcher *virginitas* kann sie ihre Aufgabe erfüllen; dienende Liebe, die weder sklavisches Unterworfensein noch herrisches Sich-behaupten und Gebieten-wollen ist, kann nur aus dieser Quelle fließen.« *Probleme der neuen Mädchenbildung*, 1932–1933, ESGA 13, S. 181.

beiträgt, so wie Evas Auflehnung den Weg zur anfänglichen Niederlage des gesamten Menschengeschlechts bahnte.[16] Gleichzeitig ist es von zentraler Bedeutung für Edith Stein, daß Maria als gläubige Tochter Israels das Streben all jener Frauen fortsetzt und vollendet, deren Heroismus im Alten Testament ausführlich zur Sprache kommt. In einem Vortrag von 1932 interpretiert Stein die Worte, die Gott nach dem Sündenfall zur Schlange sprach: »Ich will Feindschaft setzen zwischen dir und dem Weibe und zwischen deiner Nachkommenschaft und ihrer Nachkommenschaft: Sie wird dir den Kopf zertreten, und du wirst ihrer Ferse nachstellen.«[17] Subtil weist Stein auf folgendes hin: Falls die christliche Tradition zu Recht in Maria die eine Nachfahrin Evas sieht, die den Kopf der Schlange ein für allemal zertritt, dann gehören zu den Nachkommen, die hier erwähnt werden, auch all die Töchter Israels, die vor Maria ebenfalls den Kampf mit den Mächten aufnahmen, die sich Gottes Wirken entgegenstellen.[18] Hier stößt der Leser von Edith Stein auf eine explizite Verbindung zwischen Maria und der jüdischen Tradition. Die Philosophin erklärt, daß die hohe Wertschätzung, welche der Mutterschaft im Judentum entgegengebracht wird, die sich durch die Generationen hindurchziehende göttliche Aufgabe widerspiegelt, das Kommen des Retters der Menschheit vorzubereiten und ihm entgegenzugehen: »Darin sahen auch fernerhin die Frauen Israels ihren Beruf«, schreibt Stein, »Nachkommen hervorzubringen, die den Tag des Heils schauen sollten.«[19] In diesem Sinn

---

[16] »Nichts ist diesem ›holden Geist‹, der nichts sein will als sich ausströmendes göttliches Licht, dienende Liebe, nichts ist ihm mehr entgegengesetzt als Stolz, der sich selbst behaupten, und Begehren, das für sich erraffen will. Darum ist die erste Sünde, in der dies beides zusammentrifft, Abfall vom Geiste der Liebe und damit Abfall des weiblichen Wesens von sich selbst. Aber: ›Quod Heva tristis abstulit, tu reddis almo germine.‹ Das reine Bild weiblichen Wesens steht uns vor Augen in der *Immakulata*, der Jungfrau, die voll war des Heiligen Geistes, der Tempel, in dem er seine Wohnung aufgeschlagen und die Fülle der Gnade, alle seine Gaben niedergelegt hatte. Sie wollte nichts sein als die Magd des Herrn, die Pforte, durch die er eingehen konnte in die Menschheit: denn nicht durch sich selbst, sondern durch ihren ›holden Sproß‹ sollte sie uns das verlorene Heil wiederbringen.« *Christliches Frauenleben*, ebd., S. 106.
[17] Gen 3,15; *Beruf des Mannes und der Frau*, ebd., S. 61.
[18] Vgl. zur christlichen Tradition Irenäus, *Adv. Haer.* III 22,4 (PG 7,959S); Hieronymus, *Epis.* 22,21 (PL 22,408). Siehe außerdem Augustinus, *Pred.* 232,2 col. 1108; Kyrill, *Catec.* 12,15 (PG 33,741); Johannes Chrysostomos, *in Ps* 44,7 (PG 55, 193); Johannes von Damaskus, *Hom. 2 in dorm. B.M.V.* 3 (PG 96,728).
[19] *Beruf des Mannes und der Frau*, S. 61.

faßt Stein auch den Namen »Eva« auf: als »Mutter der Lebenden«. In ihrem Text »Probleme der neueren Mädchenbildung« von 1932 erläutert Stein en passant, daß die königliche Würde, die mit dem Status einer jüdischen Hausfrau verbunden wird, an den Kampf erinnert, den die großen Frauen Israels gekämpft hatten.[20] Jüdische Mutterschaft ist das biologische Werkzeug, das sich Gott einst auserwählt hatte, um die Menschheit zu retten, und sie reflektiert daher nach wie vor die universale Bedeutung von Mutterschaft als einen unablässigen Kampf gegen das Böse, indem sie physisches und geistiges Leben ermöglicht und umhegt.[21]
Aber nicht nur Mütter und in der Welt tätige Frauen können von Maria lernen. Die Gestalt Marias weist auch einen ganz anderen Weg, einen Weg, der in der Bibel keine Entsprechung findet und der lebendigen Tradition Israels fast diametral entgegengesetzt zu sein scheint: das geweihte Leben, der jungfräuliche Zölibat im Hinblick auf das Königreich Gottes.[22]
Natürlich bildet die zölibatäre Lebensweise Christi die Grundlage des geweihten Lebens. Ohne Maria allerdings, so die Argumentation Steins, würde beim Verständnis des geweihten Lebens etwas Wesentliches fehlen. Während in Christus das rettende *Handeln* Gottes erscheint, stellt Maria die menschliche *Antwort* auf diese göttliche Initiative dar. Dabei sieht Stein in Christus und Maria nicht nur den Sohn und die Mutter, die sie dem Fleisch nach sind. Aus geisti-

---

[20] »Wo in jüdischen Familien noch etwas von der alttestamentlichen Tradition lebendig ist, da hat die Frau immer noch diese königliche Stellung. Es ist ihre Aufgabe, nicht nur Kinder zur Welt zu bringen und für ihr leibliches Fortkommen zu sorgen, Mutterschaft ist bedingt durch die trostvolle Verheißung, die dem ersten Weibe bei der Vertreibung aus dem Paradies mitgegeben wurde: ihr und ihrer Nachkommenschaft war es bestimmt, der Schlange den Kopf zu zertreten.« *Ebd.*, S. 176–177.
[21] »Den Kampf gegen das Böse zu führen und die Nachkommenschaft dafür zu erziehen, war Frauenberuf seit dem Sündenfall bis zur Mutter des Sohnes, der Tod und Hölle überwand, wird es aber bis zum Ende der Welt bleiben müssen.« *Ebd.*, S. 177.
[22] »Die Erlösungsordnung bringt die Wiederherstellung des ursprünglichen Verhältnisses und ermöglicht, je mehr sie persönlich angeeignet wird, harmonisches Zusammenwirken und einmütige Regelung auch der beruflichen Rollenverteilung. Sie bedingt ferner eine grundsätzliche Änderung in der Stellung der Frau durch die Aufstellung des Jungfräulichkeitsideals. Damit ist die alttestamentliche Norm durchbrochen, daß die Frau ihr Heil allein wirken könne durch Kindergebären. In einzelnen Fällen ist von dieser Norm auch schon im A(lten) Bunde abgewichen worden durch göttliche Berufung einzelner Frauen zu außerordentlichen Leistungen für das Volk Gottes (Deborah, Judith). Nun wird es als ein normaler Weg eröffnet, daß sich Frauen dem alleinigen Dienst des Herrn weihen und in seinem Dienst eine mannigfache Tätigkeit entfalten können.« *Beruf des Mannes und der Frau*, S. 74 f.

ger Perspektive erscheinen Christus und Maria als ein *Paar*, da sie in der Art ihrer Beziehung zueinander die neue Beziehung der Liebe verkörpern, welche Gott auf der Grundlage seines Heilswirkens mit der gesamten Menschheit eingehen will.[23] In einem 1940 entstandenen Text, »Die Hochzeit des Lammes«, formuliert Edith Stein diese Idee folgendermaßen: »(...) zwischen der Seele des göttlichen Kindes und der Seele der jungfräulichen Mutter wob sich das Wort selbst als Band vereinender Intimität, das wir Hochzeit zu nennen pflegen.«[24] Im Anschluß an eine traditionelle Interpretation versteht Stein das *fiat* Marias, ihre Vereinigung mit Gott, im Licht der Analogie, die Paulus zwischen dem Mysterium der Kirche und dem Mysterium der menschlichen Hochzeit herstellt: »(...) ebenso wie Christus das Haupt der Kirche ist und den ganzen Leib rettet, so ist der Ehemann das Haupt seiner Frau (...) Ehemänner sollen ihre Frauen lieben, ebenso wie Christus die Kirche geliebt und sich für sie hingegeben hat.«[25]

Aus der göttlichen Liebe Christi zur Menschheit, die für Paulus das Vorbild der menschlichen Liebe des Ehegatten zu seiner Frau bildet, wurde die Kirche geboren. Maria ist die vollkommene Verkörperung der Kirche, indem sie sich als Reaktion auf die Liebe Christi zur Menschheit vollständig, mit Leib und Seele, hingibt. In dem Aufsatz »Probleme der neueren Mädchenbildung« schreibt Stein: »›Sponsa Christi‹ heißt ja nicht nur die gottgeweihte Jungfrau, sondern die ganze Kirche und jede Christenseele (wie Maria Vorbild der Kirche und aller Erlösten ist). Braut Christi sein: das heißt dem Herrn angehören und der Liebe Christi nichts voranstellen.«[26]

---

[23] »Am Eingang des neuen Gottesreiches steht nicht ein Menschenpaar wie das erste, sondern Mutter und Sohn: der Sohn Gottes, der Menschensohn ist durch seine Mutter, aber nicht durch einen menschlichen Vater. Der Gottessohn wählte nicht den gewöhnlichen Weg der menschlichen Fortpflanzung, um Menschensohn zu werden. (...) Daneben aber richtet er als etwas ganz Neues das Ideal der Jungfräulichkeit auf, wie es uns schon durch das lebendige Beispiel der Jungfrau-Mutter und des Herrn selbst vor Augen gestellt ist.« *Beruf des Mannes und der Frau*, S. 61–62.

[24] ESGA 20, S. 137. Der gesamte Text ist eine Interpretation des Verses aus dem 19. Kapitel der Apokalypse: »Venerunt nuptiae Agni et uxor praeparavit se.«

[25] Eph 5,23.25. Augustinus ist einer der vielen, die die Analogie zwischen Maria und der Kirche als Braut Christi herausgearbeitet haben, vgl. etwa H. Graef, *Maria – Eine Geschichte der Lehre und Verehrung*, Basel: Herder, 1964, S. 93–95. Das Thema klingt dann in *Lumen Gentium* an, einem der wichtigsten Texte des Zweiten Vatikanischen Konzils »(...) in der seligsten Jungfrau, in der sie ohne Makel und Runzel ist (vgl. Eph 5,27), ist die Kirche schon zur Vollkommenheit gelangt« (*LG*, Nr. 65).

[26] *Probleme der neueren Mädchenbildung*, ESGA 13, S. 180f.

Gleichwohl, da die menschliche Ehe die spezifische Widerspiegelung menschlicher Liebe ist, sollte es auch einen Ort für die spezifische Widerspiegelung der Liebe Christi zur Menschheit geben. Zum tiefsten Sinn und Grund des geweihten Lebens gehört es, das *fiat* Marias zu verkörpern, also die liebende Antwort der Menschheit auf den liebenden Handlungsimpuls Gottes.[27] Aber darüber hinaus verbirgt sich im Geheimnis von Marias jungfräulicher Vermählung im Rahmen der Vision, die Edith Stein von der katholischen Kirche hat, noch eine besondere Affinität zu geweihten Frauen im Unterschied zu geweihten Männern. Es ist ja so, daß geweihte Männer außerdem noch den Ruf und die Aufgabe haben, Christus in einer spezifischen Weise zu repräsentieren, da sie häufig noch das Sakrament der Priesterweihe empfangen und die Pflichten übernehmen müssen, die damit zusammenhängen. Daher bleibt die Aufgabe, Maria, also die rein bräutliche Dimension eines geweihten Lebens, zu repräsentieren, *de facto* ein ausschließliches Privileg von Frauen.[28] Stein führt weiter aus, daß die katholische Regel, Frauen nicht zum Priesteramt zuzulassen, als eine Gelegenheit verstanden werden muß, dieses einzigartige bräutliche Charisma auf die gesamte Kirche zu übertragen, und nicht als fortdauernde und kaum nachvollziehbare Erinnerung daran, daß Eva am Sündenfall schuld war.[29] Nach

---

[27] »Wir haben früher die Frage aufgeworfen, ob ein prinzipieller Unterschied besteht zwischen der Weihe der Frau zur *sponsa Christi* und der Weihe des Mannes zum Stellvertreter Christi im Priester- und Ordensstand. Ich glaube, daß da, wo die Übergabe an den Herrn rein und ganz vollzogen ist, bräutliche Liebe der Seele beim Mann wie bei der Frau das Grundlegende sein muß.« *Christliches Frauenleben*, ESGA 13, S. 110.
[28] »Für den Priester aber besteht die Verpflichtung, immer wieder gewissermaßen den vertrauten Verkehr mit dem Herrn zu verlassen, um an seiner Stelle und für ihn zu lehren, zu richten, zu kämpfen. Und es ist menschlich begreiflich, wenn dahinter die bräutliche Einstellung zurücktritt, die doch erhalten bleiben muß, wenn das Eintreten für den Herrn wirklich in seinem Geist geschehen soll. Vielleicht kann man von hier aus einen Zugang zu der geheimnisvollen Tatsache finden, daß Gott die Frauen nicht zum Priestertum berufen hat. Es mag auf der einen Seite als Strafe dafür aufgefaßt werden, daß die erste Auflehnung gegen den göttlichen Willen von einer Frau geschah. Es kann aber auf der anderen Seite als ein besonderer Gnadenvorzug betrachtet werden, daß der Herr die ihm geweihte Braut niemals von seiner Seite lassen, daß ihr alle Macht in seinem Reich aus der liebenden Vereinigung mit ihm, nicht durch eine übertragene Amtsgewalt zukommen soll: ein Abbild jener innigsten Liebesgemeinschaft, die er je mit einem Menschen eingegangen ist, der Vereinigung mit der Gottesmutter.« *Ebd.*
[29] »Wie er aber einer Frau sich so nahe verbunden hat wie keinem andern Wesen auf Erden und sie so sehr zu seinem Bilde geschaffen wie keinen Menschen vorher und

Steins Auffassung sollte man im Licht dieser radikal neuen Gewichtung des weiblichen Elements die typisch jüdischen Restriktionen interpretieren, die Paulus Frauen auferlegt, wenn es um geschlechtsspezifische Verhaltensmaßregeln in der christlichen Gemeinde geht.[30] Während der Dienst *ex persona Christi* die Existenz vieler geweihter Männer mit Sinn und Inhalt erfüllt, ist die Berufung, sich mit seiner ganzen Existenz in das Mysterium der geistigen Vermählung Marias zu versenken, eine Berufung *per se*, die Frauen auf besondere Weise zusteht.[31] Interessanterweise sieht Stein die spezifische Frucht eines weiblichen religiösen Lebens in der geistigen Mutterschaft. Damit wird Maria, die Jungfrau und Mutter, sowohl für verheiratete wie für geweihte Frauen zum Vorbild und zur Lehrerin, allerdings in je unterschiedlicher Weise. Während die heilige *Jungfrau* verheirateten Frauen ein Vorbild für die völlige Selbsthingabe an Gott gibt, markiert die Gottes*mutter* die geistige Fruchtbarkeit als Vollendung des weiblichen konsekrierten Lebens. Auf beiden Seiten wird die Fülle der Existenz einer Frau und Christin dann gelebt, wenn beide Aspekte, Mutterschaft und Jungfräulichkeit, vereint sind und so die Gestalt Marias widerspiegeln, in der sie zu keinem Augenblick getrennt waren.

Ich habe bereits von dem Echo gesprochen, das die Idee der Mutterschaft in der jüdischen Tradition hervorruft. Wie aber steht es mit dem gottgeweihten Leben? Ist das nicht, wie wir oben bereits erwähnten, ein Horizont, der der Tradition des Alten Testaments fremd ist und sich vielmehr ausschließlich dem verdankt, was am Evangelium Christi radikal neu ist?[32] Die zur Erklärung des Weihe-

---

nachher, wie er ihr für alle Ewigkeit eine Stellung in der Kirche gegeben hat wie keinem andern Menschen, so hat er zu allen Zeiten Frauen zur innigsten Vereinigung mit sich berufen, als Sendboten seiner Liebe, als Verkünderinnen seines Willens an Könige und Päpste, als Wegbereiterinnen seiner Herrschaft in den Herzen der Menschen: einen höheren Beruf als den der sponsa Christi kann es nicht geben, und wer diesen Weg offen sieht, der wird nach keinem andern verlangen.« *Beruf des Mannes und der Frau, ebd.*, S. 77.

[30] *Ebd.*, S. 62 f., 108 f.

[31] »Die Frau, die den Ruf hört, soll die ausgestreckte Gotteshand ergreifen und von ihr sich leiten lassen. Sie darf dann – auch außerhalb des Ordensstandes – auf den Ehrentitel der ›sponsa Christi‹ Anspruch erheben und der besonderen Fürsorge gewiß sein, die der Herr den seinem Dienst Geweihten zuteilwerden läßt.« *Die Bestimmung der Frau, ebd.*, S. 54.

[32] »(...) diese Frau, die zur höchsten Mutterschaft berufen war, hatte vor der Verkündigung dieser Erwählung, entgegen allen Traditionen ihres Volkes, nicht Ehe und Mutterschaft für sich gewollt.« *Probleme der neueren Mädchenbildung*, S. 177.

aktes am häufigsten herangezogene Analogie ist die der Hochzeit. Eine Weihe ist eine Art Hochzeit mit Gott, eine Dimension, die in der Spiritualität und in den Riten des Karmel, des Ordens Sr. Benedictas vom Kreuz, besonders betont wird. Genau hier gewinnen wir, wie ich nun ausführen werde, einen Zugang zur zweiten, esoterischen Interpretationsebene, der Ebene, auf der die jüdische Dimension der Steinschen Mariologie ins Blickfeld rückt.

2. Die »esoterische« Ebene: Die Figur der Braut Gottes in karmelitischer und jüdischer Tradition

Es ist kaum möglich, die Art und Weise, wie Edith vom Karmel angezogen wurde, von der bräutlichen Dimension der Jungfrau Maria zu trennen. Maria ist die menschliche Braut, die Gott, der König des Universums, für Sich erwählt hat. Der Eintritt in dieses Mysterium gehört zum Herzen der Berufung einer Frau zum Karmel. Die Weihe-Rituale der Karmelregel, von der Aufnahme der Novizin bis hin zum Ablegen der ewigen Gelübde, sind von dieser Vorstellung als dem zentralen Thema strukturiert. Edith Stein übersetzte eines dieser Rituale aus dem Lateinischen ins Deutsche. Es handelt sich um jenes Ritual, in dem die Postulantin den weißen Schleier empfängt und als Novizin in die Gemeinschaft aufgenommen wird.[33] Die Übersetzung wurde für den 1. Mai 1938 herausgegeben, den Tag, da Edith als Zeichen ihrer vollständigen und endgültigen Aufnahme in den Karmelorden den schwarzen Schleier empfing. Die Aufmerksamkeit, mit der Stein dieses Ritual bedenkt, bei dem die Nonne in die unbefleckten Hochzeitsgewänder der Braut eingekleidet wird, sind meines Erachtens bezeichnend für unser Thema.

Das Ritual beginnt mit dem Gesang *Veni Sancte Spiritus* und der Weihe des Schleiers, der der Novizin im weiteren Verlauf des Ritus auf das Haupt gelegt werden wird. Dann beginnt die Kantorin mit dem Gesang »Amo Christum«, »Ich liebe Christus«, und die Gemeinde antwortet mit dem folgenden Responsorium: »In dessen Gemach ich eingetreten bin:[34] Seine Mutter ist Jungfrau, Sein Vater

---

[33] *Zeremonien beim Schleierfest einer Novizin im Orden der Unbeschuhten Karmelitinnen*, ESW 20, 2007, S. 310–319.
[34] »In cujus thalamum introivi«, vgl. Ps 18,6, sowie »In sole posuit tabernaculum suum; et ipse tamquam sponsus procedens de thalamo suo« (»ist ein Bräutigam, der aus seiner Kammer hervorgeht«), Ps 19,6.

kennt keine Frau (...). Wenn ich Ihn liebe, bin ich keusch; wenn ich Ihn berühre, bin ich rein; wenn ich Ihn aufnehme, bin ich Jungfrau.« Darauf antwortet die Kantorin, indem sie einen Vers aus dem Propheten Jesaja singt: »Mit Seinem Ringe band Er mich an sich, und mit unschätzbarem Geschmeide schmückte Er mich.«[35] Die dritte Phase ist nun die »Krönung« der neuen Novizin. Der Priester, der der Feier vorsteht, nähert sich dem Gitter, hinter dem die Gemeinschaft der Nonnen und die zukünftige Novizin stehen, während die Gemeinschaft wiederholt singt: »Veni, sponsa Christi«, »Komm, Braut Christi«; »Komm und empfange die Krone«. Die zukünftige Novizin geht ihrerseits auf das Gitter zu, und dazu werden die Verse gesungen: »Nimm mich, *suscipe me*, nach Deinem Wort (...).« Durch das Gitter legt der Priester der neuen Novizin den Schleier auf das Haupt. Das Ritual endet mit dem *Te Deum* und mehreren Segensgebeten.

Das Ritual ist offenkundig eine Variation des Gleichnisses von den klugen und den törichten Jungfrauen im 25. Kapitel des Matthäusevangeliums. Der göttliche Bräutigam kommt zur vorherbestimmten Stunde: »Mitten in der Nacht aber hörte man plötzlich laute Rufe: Der Bräutigam kommt! Geht ihm entgegen!«[36] Der Priester *in persona Christi* nähert sich dem Gitter und ruft die Novizin. Entsprechend handelt die Novizin *in persona virginis sapientis*, wenn sie dem Priester entgegengeht, um die Abzeichen ihrer Vermählung mit Gott zu empfangen. Gleichzeitig verweist das Ritual auf das *fiat* Marias, Vorbild der weisen Jungfrau: »Wenn ich Ihn empfange«, Ihn, »dessen Mutter eine Jungfrau war (...), bin ich Jungfrau.« So wie der Heilige Geist Maria in dem Augenblick, da sie empfängt, mit Seinem Schatten bedeckt, wird das Haupt der Novizin in dem Augenblick, da sie Gott geweiht wird, mit dem Schleier bedeckt. In diesem Ineinanderspielen zwischen Verkündigung und dem Gleichnis der klugen Jungfrauen klingt deutlich das Thema des Hohenliedes durch: der herrliche liebende Wechselgesang zwischen einer jungen Frau und ihrem geheimnisvollen Prinzen, der sowohl in der jüdischen als auch in der christlichen Tradition immer wieder als Aus-

---

[35] »Et immensis monilibus ornavit me«, vgl. Jes. 61,10 VUC: »quasi sponsum decoratum corona, et quasi sponsam ornatam monilibus suis«: »Denn er kleidet mich in Gewänder des Heils, er hüllt mich in den Mantel der Gerechtigkeit, wie ein Bräutigam sich festlich schmückt, und wie eine Braut ihr Geschmeide anlegt.«
[36] Mt 25,6.

druck des Liebesbundes zwischen der Menschheit und Gott verstanden wurde. Ich möchte hier auf einen Vortrag Edith Steins zurückkommen, den ich bereits früher erwähnte, die *Probleme der neueren Mädchenbildung*. Darin ist Maria als diejenige dargestellt, die zu unserem Heile dient oder beiträgt, im Gegensatz zu dem, der handelt und dem sie im letzten zur Seite steht, nämlich Christus. Stein thematisiert damit etwas, das für die katholische Tradition sehr ungewöhnlich ist. Sie fragt, ob es im ureigensten Wesen Gottes eine Art Urbild gibt, ein Paradigma, das dieser weiblichen Unterstützungsrolle entspricht. Ihre Antwort auf diese Frage ist ebenfalls sehr originell. Meines Wissens hat sie keine Parallele im klassischen *corpus* der christlichen Tradition. Edith Stein sagt: »Dienende Liebe ist *Beistand*, der allen Geschöpfen zu Hilfe kommt, sie zur Vollendung zu führen. Das ist aber der Titel, der dem Hl. Geist gegeben wird. So könnten wir im Geist Gottes, der ausgegossen ist über alle Kreatur, das Urbild weiblichen Seins sehen.«[37] Übrigens ist zu bemerken, daß keine andere heilige Sprache außer dem Hebräischen den Geist Gottes, *Ruach Elohim*, durch ein Nomen mit femininem Genus bezeichnet. Und man muß in Richtung der *Kabbala*, der jüdischen mystischen und esoterischen Tradition, schauen, um auf die Idee zu stoßen, daß es im Wesen Gottes eine weibliche Dimension gibt. Diese Tradition, die sich in das jüdische religiöse Denken und den jüdischen Kult tief eingeschrieben hat, kennt den Gedanken durchaus, daß zu Gottes Wesen ein weibliches Urbild gehört. Einer der Namen dieses Urbilds lautet *Schechina*, sie ist die Personifikation von Gottes Gegenwart.[38] Hinzu kommt, daß der *Sohar*, der Grundlagentext der *Kabbala*, die Art und Weise, wie Gott sich auf sich selbst bezieht, als eine Art königlicher Hochzeit zwischen Ihm und seiner *Schechina* beschreibt. Die *Schechina* ist das »Du«, die ewige Königin, *Malchuth*, mit der Gottes erhabenes »Ich«, *Tifereth*, sich in einer Vereinigung verbindet, die mit Wörtern beschrieben wird, welche dem Vokabular des physischen Geschlechtsverkehrs sehr nahekommen (*zivvug-ha-khodesh*).[39]

---
[37] S. 178–179.
[38] »Sie wird manchmal Tochter und manchmal Schwester genannt, und hier nennt man sie Mutter. Tatsächlich ist sie das alles.« Sohar 2,100b.
[39] »Bezüge auf eine männliche und eine weibliche Dimension treten nicht nur im Symbol von Vater und Mutter, Sohn und Tochter (*Chochma* und *Bina*, *Tifereth* und

Steins intuitive Einsicht, daß die Jungfrau Maria die weibliche Dimension von Gottes Wesen enthüllt, hat also eine solide Basis in der jüdischen mystischen Tradition. Das wirft ein unerwartetes Licht auf das Hochzeitsthema im karmelitanischen Weiheritus. Natürlich wäre es verwegen, auf eine Vertrautheit von Edith Stein mit der *Kabbala* zu spekulieren. Es gibt jedoch ein weiteres Element im Ritual des Karmel, das in eine ähnliche Richtung weist, und dieses Element müßte Edith Stein bekannt gewesen sein. Es hat mit dem Leitmotiv zu tun, das die Gemeinschaft anstimmt: »Komm, Braut Christi!«, wobei sie das Thema der Begegnung zwischen der klugen Jungfrau und ihrem göttlichen Bräutigam aufgreift. Einer der wichtigsten Momente bei der wöchentlichen Feier des »Kabbalat Schabbat«, der »Begrüßung des Schabbat« am Freitagabend, ist das Lied »Lecha Dodi«, »Komm, meine Geliebte«, eine ausdrückliche Ehrerbietung an die mystische Tradition der *Kabbala*. Gott ist hier als der göttliche Bräutigam vorgestellt, der gekommen ist, um diejenige zu treffen, nach der sein Herz sich sehnt, nämlich *Schabbat* bzw. besser *Königin Schabbat*. Oft wird an das Ende des *Lecha Dodi* noch ein Exklamationsvers angefügt: *Bo'i kallah Shabbat malketah*, »Komm, unsere Braut, Königin Schabbat«. Außerdem gehörte zum Ritual der Aschkenasim, das Edith Stein von ihrer Kindheit her vertraut war, daß der *Chasan*, also derjenige, welcher die Gebete der Gemeinschaft leitet, von seiner Plattform, der *Bima*, herabzusteigen pflegte; er wandte sich in die Richtung des Eingangs der Synagoge und verbeugte sich, als würde er die feierlich unter den Gläubigen Israels erscheinende Königin, die Braut Schabbat, willkommen heißen.[40]

Malchuth) auf, sondern auch in der erstaunlichen Verwendung einer sexuellen Bildwelt, die für den Sohar und die lurianische Kabbala besonders charakteristisch ist. Vor allem in der Beschreibung der Beziehungen zwischen einerseits *Tifereth* und *Jessod* und andererseits *Malchuth* spielt der Gebrauch solcher Bilder eine große Rolle.« Art. »Kabalah« aus der *Jewish Encyclopedia*; vgl. Diese *hieros gamos* (Sohar 1,120b und 3,296a) soll, so heißt es, das tiefste aller Geheimnisse sein, vgl. auch G. Scholem, *Die jüdische Mystik*, Zürich: Rhein-Verlag, 1957, S. 246–249.
[40] »Der *Talmud* (Shab. 119a) berichtet, daß R. Hanina seine Schabbat-Gewänder anzulegen pflegte und sich beim Sonnenuntergang des Vorabends von Schabbat hinstellte und ausrief: ›Kommt und laßt uns gehen, der Königin Schabbat unseren Willkommensgruß zu entbieten‹, und R. Yannai pflegte zu dieser Zeit seine festlichen Gewänder anzulegen und auszurufen: ›Komm, o Braut! Komm, o Braut!‹ Diese Geschichten bildeten das Hauptmotiv des Schabbathymnus *Lecha Dodi* von Schlomo Halewi Alkabez und waren die Grundlage für eine Gepflogenheit der Kabbalisten

Sowohl im *Talmud* wie in der *Kabbala* wird der *Schabbat* oder die *Schechina* als eine schöne Jungfrau dargestellt. Im *Talmud* heißt es darüber hinaus, daß sie eine Jungfrau ohne Augen ist, wegen der zahllosen Tränen, die sie in der Zeit des Exils vergießen mußte ...[41] Nun ist bemerkenswert, daß die *Schechina* als Personifikation der Gegenwart Gottes auch mit der *Kenesseth* oder der *Qahal Israel* identifiziert wird, mit der gesamten Gemeinschaft der Gläubigen unter den Kindern Israels.[42] Natürlich wird man sich fragen, wie ein und derselbe Inhalt gleichzeitig einen Aspekt Gottes und eine Gemeinschaft von Menschen bezeichnen kann, bedenkt man, als wie blasphemisch im Judentum jegliche Vermischung des Göttlichen mit dem Menschlichen, des Ungeschaffenen mit dem Geschaffenen angesehen wird. Gershom Scholem, der berühmte Spezialist für die mystische Tradition des Judentums, hat verschiedentlich auf diese Diskrepanz hingewiesen, ohne selbst eine definitive Lösung gegeben zu haben.[43] Es versteht sich von selbst, daß die *Schechina* nicht

---

von Safed, die den Schabbat willkommen hießen, indem sie am Abend des Freitags bei Sonnenuntergang in die Felder zogen, um inmitten der Natur zu Ehren des Schabbat besondere Gebete und Hymnen zu sprechen und zu singen. In orthodoxen Synagogen wird dieses Gebet nicht später als eine halbe Stunde nach Sonnenuntergang gesprochen. Es hebt an mit Psalm 29 (im Ritus der Aschkenasim und einigen anderen Riten mit den sechs Psalmen 95–99 und 29, entsprechend den sechs Tagen der Schöpfung oder den sechs Wochentagen). Dann wird der Hymnus *Lecha Dodi* gesungen, gefolgt von den Psalmen 92 und 93. In einigen Riten findet vor dem abendlichen Gottesdienst zu Ehren der Braut (oder Königin) Schabbat eine Rezitation des Hohenlieds statt. In vielen traditionellen Riten wird der Hymnus *Anna be-Kho'ah* vor dem *Lecha Dodi* (oder Psalm 121) vorgetragen.« *Kabbalat Shabbat*, Artikel aus der *Jewish Encyclopedia*.

[41] *Sohar* 2,95a. Scholem schreibt: »Merkwürdig ist der mehrfach bezeugte Brauch, die Schabbat-Psalmen mit geschlossenen Augen zu sagen, was von den Kabbalisten damit begründet wurde, daß die Schechina im Sohar als ›die schöne Jungfrau, die keine Augen hat‹ bezeichnet wird, welche sie sich nämlich im Exil ausgeweint hat«, *Zur Kabbala und ihrer Symbolik*, Rhein-Verlag, 1960, S. 188f.

[42] Die Schönheit des Mädchens und das Trauern der Witwe sind kombiniert im Bild der *Schechina* als der Tochter oder der Mutter von Zion; vgl. H. Schwartz, *The Tree of Souls, The Mythology of Judaism*, Oxford University Press, 2004. In der Schrift finden sich tatsächlich beide Aspekte: »Das ist das Wort, das der Herr wegen des Königs Sanherib gesprochen hat: Dich verachtet, dich verspottet die Jungfrau, die Tochter Zion (בְּתוּלַת בַּח־צִיּוֹן). Die Tochter Jerusalem schüttelt spöttisch den Kopf über dich« (2 Kön 19,21). »Die Mutter, die sieben Söhne gebar, welkte dahin, verhauchte ihr Leben. Ihr sank die Sonne mitten am Tag, sie fiel in Schande und Schmach« (Jer 15,9). »Und ihre (Zions) Tore ächzen und klagen; ausgeplündert sitzt sie am Boden« (Jer 15,9).

[43] Scholem stellt hier eine gewichtige Abweichung der kabbalistischen von der Talmud-Tradition fest. Das Problem ist allerdings: Wenn man keine Spur eines

für die konkrete, profane Gemeinschaft Israel steht, die wegen der Sünden derer, die zu ihr gehören, in sich zerrissen ist, sondern vielmehr für eine Vision dieser Gemeinschaft im geläuterten Zustand, in einem Zustand der Heiligkeit. Und doch bleibt auch ein geläuterter Mensch ein Mensch ohne echte Teilhabe am göttlichen Wesen. Die einzige Möglichkeit, das Rätsel zu lösen, sehe ich darin, daß man von einer Teilhabe an Gottes Heiligem Geist spricht, denn der *Ruach Elohim* entspringt aus dem Abgrund von Gottes innerem Leben. Ein Mensch kann die *Schechina* Gottes werden, wenn er oder sie durch die Einwohnung des Heiligen Geistes vollständig geläutert ist. In diesem Menschen ist die gesamte Gemeinschaft Israels präsent, sie ist an ihn oder sie aufgrund der Bande des Fleisches und der Tradition gebunden, aber sie ist in einer geläuterten Verfassung zugegen, da dieser Mensch durch die läuternde Einwirkung des Heiligen Geistes in einer göttlichen Hochzeit mit Gott eins geworden ist.

Dieses Verständnis von Maria als einer leibhaftigen Auslegung der Erkenntnis, die sich durch die jüdische Tradition hindurch gebildet und gehalten hat, bildet meines Erachtens den Hintergrund von Edith Steins Meditation über die Jungfrau Maria. Ich glaube sicher davon ausgehen zu können, daß Edith Stein die vielfältigen Echos zwischen der christlichen und der jüdischen Tradition kannte, zwischen dem karmelitanischen Weiheritual und dem jüdischen Ritual des *Kabbalat Schabbat*: Eine Jungfrau repräsentiert die *Qahal Israel*, die Gemeinschaft der Gläubigen in ihrer geläuterten Verfassung, und gleichzeitig ist sie eine Personifikation der ungeschaffenen Gegenwart Gottes in der Mitte seines Volkes. Das zentrale Element dieser Übereinstimmung beider Traditionen ist die Idee einer mystischen Hochzeit zwischen der Menschheit und Gott, einer Hochzeit, in der eine Jungfrau vollständig vom Geist Gottes durchdrungen ist, wodurch Gottes von Ewigkeit her präsente weibliche Dimension, sein weibliches Urbild, endlich in einem Menschen eine Wohnstätte findet.[44]

---

zivvug-ha-khodesh im Talmud finden kann, läßt sich die Umkehrung nicht aufrechterhalten: In der *Kabbala* bezieht sich die Vorstellung der *Schechina* sowohl auf die ungeschaffene *Malchuth* als auch auf die geschaffene *Kenesseth Jisrael*, vgl. *Zur Kabbala* ..., a.a.O., S. 140 ff.

[44] Diese Personifikation wird nirgendwo deutlicher als beim Fest Schawuot, das die Übergabe der Tora an und durch Moses feiert. Die jüdische Tradition beschwört dieses Ereignis mit der Vorstellung von einer Hochzeit zwischen einem Bräutigam (Gott) und einer Braut (der Gemeinschaft der Israeliten). Bemerkenswerterweise hat

Vielleicht wirft man mir nun vor, meinen Ansatz einer Strausschen Lesung von Edith Stein etwas zu weit getrieben zu haben. Ich werde dieser kabbalistischen Spur auch nicht weiter folgen. Es war allerdings notwendig, auf die verborgene Vertrautheit, die mystische Übereinstimmung des jüdischen religiösen Kosmos mit der Gestalt der schönen, jungfräulichen Braut Gottes hinzuweisen. Es wäre andernfalls nicht möglich, das vollständig zu erfassen, was ich für den wichtigsten und eigenständigsten Teil von Edith Steins Meditation

---

diese Interpretation insofern auch ein eschatologisches Moment, als sie die Erneuerung der Hochzeit zwischen Gott und seinem Volk auf der Basis eines Neuen Bundes vorwegnimmt. Ich zitiere zu diesem Zusammenhang H. Schwartz: »Am Freitag, dem sechsten des Monats Siwan, dem Tag, der vom Herrn für die Offenbarung der Tora gegenüber seinem geliebten Volk festgesetzt wurde, kam Gott vom Berg Sinai. Der Bräutigam, der Herr, der König der Heerscharen, wird der Braut anverlobt, der Gemeinschaft Israel, die sich schön geschmückt hat. Der Bräutigam sagt zu der frommen und tugendhaften Magd Israel, die Sein Gefallen vor allen anderen gefunden hat: ›Kann es einen Brautbaldachin ohne Braut geben? *So wahr Ich lebe – Spruch des Herrn: Du sollst sie alle wie einen Schmuck anlegen, du sollst dich mit ihnen schmücken wie eine Braut* (Jes 49,19). Viele Tage wirst du Mein sein, und Ich werde dann dein Erlöser sein. Sei nach dem Gesetz von Moses und Israel Meine Gefährtin, und Ich werde dich ehren, stützen und erhalten, Ich werde in immerwährendem Erbarmen dein Schutz und deine Zuflucht sein. Und Ich werde dir die lebenspendende Tora geben, mit der du und deine Kinder in Gesundheit und Frieden leben werden. Dieser Bund soll gelten und bindend sein von nun an auf ewig.‹ So wurde zwischen ihnen ein ewiger Bund geschlossen, der sie auf immer bindet, und der Bräutigam und die Braut haben Eide geschworen, daß sie ihn halten werden. Möge der Bräutigam sich freuen mit der Braut, die Er sich erwählt hat, möge die Braut sich freuen mit dem Gemahl ihrer Jugend. Im Talmud gibt es eine kurze Beschreibung der Hochzeit von Gott und Israel: ›Der Bräutigam, der Herr, der König der Heerscharen, wird der Braut, der schön geschmückten Gemeinde Israel, anverlobt‹ (B. Pessahim 106a). Da sämtliche Hochzeiten eine *Ketubba*, einen Hochzeitsvertrag, haben müssen, liefert der hier vorliegende Mythos, ›Die Hochzeit von Gott und Israel‹, den Vertrag für diese Hochzeit. Sein Text ist ein Hymnus für Schawuot. Das liturgische Gedicht, Bestandteil des Sephardischen Gebetbuchs für Schawuot, beruht auf den Versen: ›Ich traue mich dir an auf ewig; ich traue dich mir an um den Brautpreis von Gerechtigkeit und Recht, von Liebe und Erbarmen, ich traue mich dir an um den Brautpreis meiner Treue: Dann wirst du den Herrn erkennen‹ (Hos 2,21–22). Und: ›Ich werde einen neuen Bund mit dem Haus Israel schließen‹ (Jer 31,31). Der Text dieser *Ketubba* wird an Schawuot verlesen, üblicherweise in Ladino, aus dem sephardischen heiligen Gebetbuch oder *Machsor*. Er beschreibt die Übergabe der Tora am Berg Sinai als Hochzeit zwischen Gott und Israel, die mit den Worten angekündigt wird: ›Siehe, eine Zeit kommt – Spruch des Herrn –, in der ich einen neuen Bund mit dem Haus Israel und dem Haus Juda schließen werde‹ (Jer 31,31). Hier treten Gott und Israel als Bräutigam und Braut auf, und die Tora repräsentiert die *Ketubba*, den Hochzeitsvertrag zwischen ihnen. Die Hochzeit findet am sechsten Siwan statt, dem Festtag Schawuot, an dem nach der Tradition Übergabe der Tora gefeiert wurde.« *The Tree of Souls*, a.a.O., S. 304–305.

über den Rang und die Rolle der Jungfrau Maria halte: Die Verbindung von Maria mit dem Volk Israel zur Zeit seines Martyriums unter den Nationalsozialisten.

3. Eine dritte Ebene: Königin Ester und die Hochzeit des Kreuzes

Der 13. Juni 1940 war der Tag, an dem der siegreiche Ausgang von Hitlers Blitzkrieg gegen Belgien und Frankreich endgültig feststand. Am selben Tag schloß Schwester Teresia Benedicta vom Kreuz die Niederschrift eines Stundengebetszyklus zu Ehren von Maria, der Königin des Friedens, ab. Der Papst hatte den Wunsch geäußert, daß an diesen Tagen der Heimsuchung sämtliche Mönche und Nonnen im Vertrauen auf die Fürsprache der Jungfrau Maria Gott um Frieden bitten sollten. So entstand auch der Wunsch nach einer eigens für diese Gelegenheit erstellten Gebetsreihe. War Edith Stein, diese reich begabte karmelitanische Nonne, deren Konvent ja auch Maria, der Königin des Friedens, geweiht war, nicht geradezu prädestiniert für diese Aufgabe?

Am erstaunlichsten an dieser von Edith Stein konzipierten Gebetsreihe ist die zentrale Rolle, die der Gestalt der Ester und dem dazugehörigen alttestamentlichen Buch zukommt. Sämtliche Lesungen und Antiphonen außer lediglich einem Kommentar des heiligen Bernhard zur Verkündigung sind aus dem Buch Ester entnommen. Sogar die Predigt Bernhards »De Aquaeductu / Über die Wasserleitung« hat einen Bezug zum Ester-Thema. Bernhard beschreibt das Wort Gottes als eine »Quelle der Weisheit«, die »von aller Ewigkeit her sprudelt« (scatet), um schließlich im Schoß der Jungfrau Maria Fleisch anzunehmen. Das Leitmotiv von Edith Steins liturgischer Arbeit ist in der Tat ein Echo auf einen Vers aus dem Buch Ester: »Die kleine Quelle, die zu einem Fluß wurde / Parvus fons, qui crevit in fluvium.« An dieser Stelle, die nur in der *Septuaginta* (10,3), nicht jedoch im massoretischen Text vorkommt, stellt Mordechai, der Onkel Esters, fest, daß er jetzt die Einzelheiten des Traums versteht, den er zu Beginn der Geschichte geträumt hatte: »Ester ist der Strom – der König heiratete sie und machte sie zur Königin / Ester est quam rex accepit uxorem, et voluit esse reginam.«[45] Ich werde

---
[45] Est 10,3 Einheitsübs. / 6 Vulg.

auf diese Passage, die von Edith Stein in der Vigil ausführlich zitiert wird, noch zu sprechen kommen. Zunächst ist jedoch wichtig zu sehen, aus welchen Gründen Edith Stein Ester eine so große Bedeutung in diesem liturgischen Text zuschrieb, welcher *Maria, der Regina Pacis* zugeeignet war und am Abend, oder besser gesagt: beim Heraufdämmern von Europas größter Katastrophe entstand.

Die Parallele zwischen Ester und Maria liegt auf der Hand. Als Königin intervenierte Ester erfolgreich bei ihrem königlichen Gemahl, dem König von Persien, woraufhin das Volk Israel von der drohenden Verfolgung verschont blieb. Maria als die Braut, die sich der König des Universums selbst erwählt hat, hat ebenfalls eine Stellung, in der sie für das Volk Gottes eintreten kann: *Maria, regina pacis, ora pro nobis*. In diesem Fall bezieht sich das Volk Gottes nicht speziell auf die Juden. Nach christlicher hermeneutischer Tradition wird Israel hier als ein Symbol all derer verstanden, die Christus erlöst hat, d. h. der Kirche im weitesten Sinn des Wortes. Ein Zitat des Thomas von Aquin genüge hier: »Durch die Königin Ester, das heißt, durch die Heilige Jungfrau, wurde das Verdammungsurteil, das gegen uns ausgesprochen war, aufgehoben; und zwar sind wir durch ihre Fürsprache, dadurch, daß der König sein goldenes Zepter Ester entgegenstreckte, und durch ihren Kuß auf die Spitze dieses Zepters vor der Hölle und der Verdammnis bewahrt. (...) Königin Ester – das ist die Heilige Jungfrau – fand Gefallen in den Augen des Königs und bewegte ihn dazu, die Menschen zu retten, und sie erlangte seine Gunst, nicht nur für sich selbst, sondern für die gesamte Menschheit.«[46] In diesem Sinn enthält die Analogie zwischen Ester und Maria sicherlich eine gläubige Antwort auf die Intention, die der Feier zugrunde lag: In einer Zeit unmittelbarer Bedrohung wendet sich die Kirche an Gott durch Maria, die um die Rettung aller ihrer Kinder bittet. Dieser Anstoß ging wie gesagt vom Papst aus, und es kann kein Zweifel bestehen, daß er bei Edith Stein auf offene Ohren stieß.

Edith Stein wählte als zentrale biblische Grundlage für einen Gottesdienst, der Maria, der Königin des Friedens gewidmet ist, eine Geschichte aus, die erzählt, wie Juden durch das wunderbare Wir-

---

[46] St. Thomas Aquinas, *The Three Greatest Prayers: Commentaries on the Our Father, the Hail Mary, and the Apostles' Creed*, übers. (ins Englische) von Laurence Shapcote, O.P. mit einer Einleitung von Thomas Gilby, O.P. Maryland: The Newman Press, 1956, S. 24.

ken Gottes aus der Hand ihrer heidnischen Unterdrücker gerettet wurden. Das ist sicher alles andere als zufällig. Die Deutung, die Mordechai an der von Edith Stein zitierten Textstelle seinem Traum folgen läßt, liest sich weiter wie folgt:»Die beiden Drachen sind ich und Haman. Die Völker sind die, die gemeinsam das Andenken an die Juden auslöschen wollten. Mein Volk aber, das sind die Israeliten; sie haben zu Gott geschrien und sind gerettet worden.«[47] Maria ist ebenso wie Ester Jüdin. Und Maria ist ebenso wie Ester eine ganz besondere Jüdin: Sie ist vermählt mit dem König, demjenigen, der mit einer Neigung seines Zepters das Volk, zu dem sie gehört, retten oder verderben kann. Man könnte sagen, daß diese zweite Ebene der Interpretation die erste, ohne sie auszuschließen, umkehrt. Dann symbolisiert Israel nicht mehr sämtliche Kinder der Kirche, für die Maria, das lebendige Vorbild des Neuen Bundes, in einer Zeit der Bedrängnis angerufen wird, um für die Kirche einzutreten. Israel wird tatsächlich wörtlich als Volk der Juden verstanden, das Volk des Alten Bundes. Maria, die Jüdin, die in sich die gesamte *Qahal Israel* trägt, wird angefleht, deren Notlage vor Gott zu bringen – vor einen Gott, der Sein Antlitz von dem Volk abgewandt zu haben scheint, das Er sich einst zu eigen gemacht hatte, als wäre Er zu einem fremden König geworden, einem König für die *Gojim*, die Nicht-Juden. Die Frau, die infolge der Gunst des Königs zur Königin eines fremden Volkes geworden ist, bittet für das Volk, zu dem sie gehört. Mit anderen Worten: Das Gebet handelt nicht mehr von der Kirche, die die geistigen Reichtümer Israels zur eigenen Rettung beansprucht. Im Zentrum steht vielmehr Israel, das von den Reichtümern der Kirche zu zehren trachtet, um zu überleben. Der Grund, warum in einem unermeßlich tragischen Augenblick die Analogie zwischen Ester und Maria für Edith Stein so eine eminente Rolle spielte, ist völlig klar. Sie war von ihrem Volk durch die Klostermauern getrennt, sie erfuhr ohnmächtig von den Verfolgungen, denen ihre Verwandten ausgesetzt waren, sie hatte das moralische Gewicht einer Handlungsweise zu tragen, welche den Anschein erweckte, als wolle sie ihr Schicksal von dem ihres Volkes abtrennen; und in dieser Situation erkennt Edith Stein, daß sie selbst in die Reihe Ester – Maria gehört. Edith fand die einzige existentielle Zuflucht, welche ihr zur Verfügung stand, in dieser geistigen

---

[47] Est 10,3.

Verwandtschaft mit Ester und Maria. In einem Brief aus dem Jahr 1938 schreibt sie an eine Freundin, daß sie ständig die Gestalt und Geschichte von Königin Ester vor Augen hat. Und sie fügt hinzu: »Ich bin eine sehr arme und ohnmächtige kleine Ester, aber der König, der mich erwählt hat, ist unendlich groß und barmherzig.«[48]
Doch bei aller Offensichtlichkeit ergibt sich aus der Analogie zwischen Ester und Maria auch ein gravierendes Problem, zumindest auf einer theoretischen Ebene. Im Alten Testament heißt es, daß der Einsatz Esters für ihr Volk gegenüber ihrem königlichen Gemahl, der lediglich ein Mensch war, Erfolg hatte: Es wurden tatsächlich Juden gerettet. Aber wie steht es um das Ergebnis der Fürsprache Marias bei ihrem königlichen Gemahl, der ja kein anderer als Gott selbst ist? Natürlich ist das Gebet eine Pflicht; auch wenn die Situation hoffnungslos erscheint, soll der Gläubige nicht aufhören, an die Hilfe eines allmächtigen Gottes zu glauben. Das beseitigt allerdings nicht den theologischen Kern des Problems. Es bleibt eine Tatsache, daß die Juden in der Hitlerzeit dem Massaker nicht wie die Juden zur Zeit von Haman entkamen. Bedeutet das, daß die Fürbitte der Himmelskonigin weniger wirksam war als die ihrer irdischen Vorläuferin? Oder bedeutet das, daß Maria weniger jüdisch ist als Ester, weniger verbunden mit Israel, so daß es ein Fehler war, auf ihre Fürbitte zu vertrauen? Wenn Maria aber nach wie vor die Verkörperung von Gottes *Schechina* war, der jungfräulichen Braut, die über das Schicksal eines Volkes weint, das sie in ihrem Wesen trägt, dann zielt die Frage letztlich auf Gott selbst. Wo steht der Eine, der im letzten für den Lauf der Geschichte verantwortlich ist? Hat Gott sich ganz auf die Seite der Gojim – der Heiden gestellt? Mit anderen Worten: Hat Gott aufgehört, Jude zu sein?
Man erkennt hier die Struktur der jüdischen »Nach-Auschwitz«-Frage. Ich bin überzeugt, daß man die Tiefe von Edith Steins späterer Meditation über die Jungfrau Maria nicht verstehen kann, wenn man sich nicht darüber im klaren ist, daß sie mit ebendieser Frage bis zu ihrem Tod – ihrem Tod eben in Auschwitz – gerungen hat. Edith Steins Gedanken dazu können nicht von der letztlichen Entwicklung ihrer mariologischen Erkenntnisse getrennt werden.
Lassen Sie mich erklären, wie ich das meine. Edith Stein verwendet häufig den Ausdruck »Großes Gericht«, um den geistigen Kampf zu

---

[48] *Selbstbildnis in Briefen* II, ESGA 3, Brief 573 an Petra Brüning, S. 333.

bezeichnen, der in der Konfrontation der Christen mit den Nationalsozialisten ausgetragen wird. Es stimmt zwar, daß Christus durch das Mysterium seines Todes und seiner Auferstehung das Böse endgültig besiegt hat. Aber ebenso gilt, daß vor dem endgültigen Triumph, der vollständigen Offenbarung des siegreichen Christus, die alte Schlange noch immer den Freiraum hat, ihre zerstörerische Kraft zu entfalten, und sie nutzt diesen Freiraum vor allem dafür, Gläubige zum Abfall von ihrem Glauben zu verführen. In einer Betrachtung zu Johannes vom Kreuz aus dem Jahr 1933 schreibt Edith Stein, daß Christus sein Leben als Lösegeld für drei fundamentale Apostasien hingab: für die Sünde Adams am Anfang der Weltgeschichte; für die Leugnung seines eigenen Volkes, der Juden, daß Er der Messias war, in der Mitte der Geschichte; und für die Verfolgung der Juden durch die Heiden gegen Ende der Zeiten.[49] Edith definiert den geistigen Inhalt dieser letzten Apostasie in »Kreuzerhöhung – Ave Crux, Spes unica!«, einer kurzen Meditation, die sie 1939, ein Jahr nach der Kristallnacht, in dem holländischen Konvent schrieb, in den ihre Oberen sie hatten bringen lassen – sie hofften, daß sie so der Verfolgung entkommen würde. Die Apostasie der Heiden besteht darin, daß sie das Opfer Christi rückgängig machen: Was zum Zeichen des Heils geworden war, wird wieder heruntergebrochen auf seine ursprüngliche Bedeutung von Haß und Zerstörung. In den Zeilen, die ich zitieren werde, ist die Anspielung auf den Ursprung der *swastika* Hitlers, also auf Persien, das Land von Königin Ester, wohl kaum ein Zufall: »Mehr als je ist heute das Kreuz das Zeichen, dem widersprochen wird. Die Anhänger des Antichrist tun ihm weit ärgere Schmach an als einst die Perser, die es geraubt hatten. Sie schänden die Kreuzbilder und sie machen alle Anstrengungen, das Kreuz aus dem Herzen der Christen zu reißen.«[50]
Edith Stein sagt, daß es die Pflicht der wahren Jünger Christi sei, den Anblick dieser Apostasie auszuhalten. Das ist in der Tat eine »schwere Prüfung«, denn was die Jünger sehen und erfahren, scheint darauf hinzudeuten, daß sie sich im letzten Grund ihrer Hoffnung getäuscht haben. Es ist ja tatsächlich durchaus möglich,

---

[49] *Kreuzesliebe – Einige Gedanken zum Fest des hl. Vaters Johannes vom Kreuz, 24. November 1933*, ESGA 20, S. 112 mit Anm. 11.
[50] *ESGA* 20, S. 119.

daß sämtliche Jünger, als Christus am Kreuz starb, ausnahmslos das Vertrauen in ihren Herrn und Meister verloren. Allerdings gab es eine Person, die – so Edith Stein – ihr Vertrauen nicht verlor, die an ihrer Treue festhielt (das Wort »Treue« entspricht dem hebräischen *Emuna*, in dem auch Vertrauen, Glauben und Ergebenheit mitschwingen). Es war derselbe Mensch, der beim Anblick des toten Christus am Kreuz mehr verlor als sämtliche Jünger zusammengenommen: seine Mutter. Maria aber verlor in einem Augenblick ihren Glauben, ihre *Emuna* nicht, wo es den Anschein hatte, als sei der gesamte Kosmos wieder in Dunkelheit versunken. Selbst in diesem Augenblick ließ Maria nicht nach, an der lebendigen Kraft des Gebets, der Fürbitte festzuhalten, von der ihre Beziehung zu ihrem Sohn und zu Gott immer durchdrungen war. Edith Stein zufolge sicherte diese *Emuna* Marias am Kreuz für die Menschheit den Übergang vom Karfreitag zum Sonntag der Auferstehung, sie war und blieb das Zeichen der ununterbrochenen Gegenwart Gottes – in jüdischer Ausdrucksweise: seiner *Schechina* – unter den Menschen. Darum, so fügt Edith Stein hinzu, sind in der christlichen Tradition besonders die Samstage der Muttergottes geweiht.[51] Christen gehen also in den Spuren jüdischer Tradition, ohne sich dessen bewußt zu sein: Die Jungfrau Israels wird zu keiner Zeit mit mehr Recht als »Königin des Schabbat« bezeichnet als unter dem Kreuz.

Damit ist allerdings unsere Eingangsfrage noch nicht beantwortet. Wie läßt sich das Gebet Marias am Fuß des Kreuzes mit der Bitte Esters vergleichen, die sich zu Füßen des Königs von Persien niederwarf? Letzteres hatte einen Sieg zur Folge; ersteres dagegen vollzieht sich inmitten einer puren Tragödie. Der König von Persien neigt vor Ester sein Zepter als Zeichen seines Einlenkens; vor Maria weicht der König des Universums hingegen nicht vom fürchterlichen Urteilsspruch des Kreuzes ab: »Eli, Eli, lama sabachtani?« Wir müssen allerdings auch sehen, daß der Tod Christi das Gebet Marias nicht gänzlich ohne göttliche Antwort ließ. Es gibt vor allem ein

---

[51] »Kommunion: Maria mit dem entstellten Leib des Herrn im Schoß: die Pietà, d. i. die Mutterliebe in Person. Vor ihr muß die Frage verstummen, die man heute so oft hört: Wie kann Gott das zulassen? Von ihr müssen wir Heilung erflehen für die große Wunde der Kirche von heute: die Entartung der Frauen, die keine Mütter mehr sein wollen. Von ihr auch die echte übernatürliche Mutterliebe für uns. (Der Samstag ist der Muttergottes geweiht, *weil am Karsamstag der Glaube sich in ihr Herz geflüchtet hatte*.)« »Maria in der Lebensmesse ihres Sohnes«, »Kleines schwarzes Notizbuch«, 1940, ESGA 20, S. 72 (Hervorhebung durch den Autor).

Element, das zum Eckstein, zum archimedischen Punkt von Ediths geistlicher Existenz in ihren letzten Jahren wurde. Ich zitiere einige wenige Zeilen aus der »Meditation zum Karfreitag«, abgefaßt 1938:

Karfreitag
»Juxta crucem tecum stare.
Heut hab' ich unterm Kreuz mit Dir gestanden
Und hab's so deutlich wie noch nie empfunden,
Daß unterm Kreuz Du unsre Mutter worden.
Wie sorgt schon einer ird'schen Mutter Treue
Des Sohnes letzten Willen zu erfüllen.
Du aber warst des Herren Magd,
Des menschgeword'nen Gottes Sein und Leben ...«[52]

Am Fuß des Kreuzes wird die Mutter Christi die Mutter sämtlicher Jünger Christi, wie ja auch Christus den geliebten Jünger Johannes ihrem Schutz anempfiehlt. Das klingt in einem Abschnitt aus dem bereits erwähnten Text »Hochzeit des Lammes« an:
»Die bräutliche Mutter sollte Mutter aller Erlösten werden; wie die Keimzelle, aus der immer neue Zellen hervorsprossen, sollte sie die lebendige Gottesstadt aufbauen. Dies verborgene Geheimnis wurde dem heiligen Johannes offenbart, als er mit der jungfräulichen Mutter unter dem Kreuz stand und ihr als ihr Sohn übergeben wurde. Da trat die Kirche sichtbar ins Dasein; ihre Stunde war gekommen, aber noch nicht die Vollendung. Sie lebt, sie ist dem Lamm vermählt, aber die Stunde des festlichen Hochzeitsmahls wird erst kommen, wenn der Drache endgültig besiegt ist und die letzten Erlösten ihren Kampf zu Ende geführt haben. Wie das Lamm getötet werden mußte, um auf den Thron der Herrlichkeit erhöht zu werden, so führt der Weg zur Herrlichkeit für alle, die zum Hochzeitsmahl des Lammes auserwählt sind, durch Leiden und Kreuz.«[53]
Es gibt ein einziges Element, welches diesem Ereignis, das jeglichem Versuch der Sinnfindung Hohn zu sprechen scheint, Sinn gibt: Die ebenso unscheinbare wie unmittelbare Verbindung des Kreuzes mit einer neuen Lebensweise, dem Leben der Kirche, das im geistigen Schoß der Jungfrau Maria geboren wird. Selbstverständlich durch-

---

[52] ESGA 20, S. 58.
[53] Ebd., S. 137–138.

bohrt der Speer, der das Herz des Sohnes durchbohrt, auch das Herz der Mutter. Dennoch ist dieses Werkzeug, das dem Sohn den Tod bringt, im Schoß der Mutter ein Werkzeug des Lebens. Unsichtbar werden Blut und Wasser, die aus der Wunde des Sohns hervorquellen, im zerrissenen und dennoch immer noch betenden Herzen der Mutter empfangen, wo sie für sämtliche Jünger Christi zur Quelle und zum Strom der Gnade werden. Die Mutter Gottes ist die Mutter der Kirche. Und wie aus der zitierten Passage klar ersichtlich wird, endete dieser Prozeß des durch den Tod gegangenen Lebens nicht vor zweitausend Jahren: »Der Weg zur Herrlichkeit für alle, die zum Hochzeitsmahl des Lammes auserwählt sind, führt durch Leiden und Kreuz.«

Die innige Teilnahme, die Vereinigung des Jüngers mit dem Leiden des Gekreuzigten nennt Edith Stein die »Hochzeit des Kreuzes«. Es ist dies der Titel des letzten Kapitels im letzten Werk von Edith Stein, der *Kreuzeswissenschaft*, ihrer ausführlichen Studie zur geistigen Lehre des heiligen Johannes vom Kreuz. Edith arbeitete genau an diesem Kapitel, als am 2. August 1942 die Schergen der Gestapo eintrafen, um sie und ihre Schwester im Karmel von Echt zu verhaften. Einen Satz aus diesem Kapitel möchte ich anführen: »Die Nacht ist um so dunkler, der Tod um so qualvoller, je mächtiger diese göttliche Liebeswerbung die Seele ergreift und je rückhaltloser die Seele sich ihr überläßt.«[54]

Die Erfahrung der Jüngerin, die ihre geistige Empathie bis zur letzten Konsequenz vollendet, entspricht der Erfahrung der Jungfrau Maria, ihrem Vorbild. Es kann kaum bezweifelt werden, daß Edith ihren eigenen Tod deutlich vorausgeahnt hat, als sie einige Jahre zuvor eine kurze Anrufung an die Jungfrau Maria richtete und sie, die »ihre Augen vor dem furchtbaren Anblick des Leidens nicht verschlossen hatte«, um das bat, was sie ihre »mystische Hochzeit« nannte. Edith Stein faßte ihren eigenen Tod durch die Hand der Nazis tatsächlich als Erfüllung ihrer Gelübde als Braut Christi in den Fußstapfen der Jungfrau Maria auf:

»Wenn wir die hl. Gelübde ganz ernst nehmen, uns durch sie für Dich freimachen und wahrhaft glauben an die umwandelnde Kraft Deiner Gnade und Barmherzigkeit, dann wird dieser ewige Bund auch durch die mystische Vermählung nicht überboten. Wie soll

---

[54] ESGA 18, S. 226.

man sich würdig dafür bereiten? Ich kann es nicht. Aber ich vertraue auf Deine Gnade und die mächtige Hilfe Deiner Mutter.«[55]
Die Vorstellung von Erfüllung, Vollendung und die Idee des Verzehrtwerdens, der Zerstörung sind eng miteinander verwandt. Die jüdische Tradition hat oft mit dem Umstand gespielt, daß im Hebräischen das Wort, welches Braut bedeutet (»Kala«), außerdem bei nur leichter Betonungsverschiebung auf einem Buchstaben auch Zerstörung und Vernichtung bezeichnet. Edith Stein bereitete sich als *Kala*, als Braut auf ein zerstörendes Gericht vor, darauf, dem göttlichen Gegenüber ihrer Liebe zu begegnen. Ich zitiere eine weitere Passage aus der Meditation zur »Kreuzerhöhung«:
»Die Welt steht in Flammen. Der Brand kann auch unser Haus ergreifen. Aber hoch über allen Flammen ragt das Kreuz. Sie können es nicht verzehren. Es ist der Weg von der Erde zum Himmel. Wer es glaubend, liebend, hoffend umfaßt, den trägt es empor in den Schoß des Dreieinen. – Die Welt steht in Flammen. Drängt es dich, sie zu löschen? Schau auf zum Kreuz. Aus dem offenen Herzen quillt das Blut des Erlösers. Das löscht die Flammen der Hölle. Mache dein Herz frei durch die treue Erfüllung deiner Gelübde, dann ergießt sich die Flut der göttlichen Liebe in dein Herz, bis es überströmt und fruchtbar wird bis an alle Grenzen der Erde.«[56]
Stein fährt dann fort, daß es durchaus nichts gibt, was sie tun kann, um die Leiden zu lindern, die sie um sich herum wahrnimmt, als nur zu beten und sich vom Kreuz Christi her stärken zu lassen. Es ist undenkbar, daß hartnäckiges Beten in einer Lage äußersten Leids und absoluter Machtlosigkeit nach dem Beispiel der Jungfrau Maria am Fuß des Kreuzes nicht irgendwann seinen göttlichen Lohn empfangen wird. Hat nicht der Herr, als er seinen geliebten Jünger seiner Mutter anvertraute und seine Mutter dem geliebten Jünger, selbst den Weg zur Entstehung und zum Wachsen der Kirche eröffnet?
Es war dies natürlich kein überwältigender, glanzvoller Sieg wie im Fall der Königin Ester. Doch so kurz und unauffällig diese Episode menschlichen Augen auch erscheinen mag, so könnte doch die Gnade, die der Jungfrau Maria am Fuße des Kreuzes zuteil wurde, Zeichen eines noch größeren Sieges sein. Das ist, so vermute ich, die eigentliche Bedeutung der »Nächtlichen Zwiesprache«, einer Episo-

---

[55] *Vorbereitungsexerzitien für die ewigen hl. Gelübde*, 1938, ESGA 20, S. 64.
[56] *Ebd.*, S. 121.

de, die Edith Stein im Jahr 1941 verfaßte.[57] Die Priorin des Konvents von Edith Stein ist in dieser Geschichte in nächtliche Aufzeichnungen versunken, als eine Pilgerin an ihre Tür klopft. Die Priorin spürt sofort, daß ihre Besucherin von Gott gesandt wurde. Sie fragt sich, ob es vielleicht die Jungfrau Maria ist. Die Pilgerin aber enthüllt ihre Identität mit folgenden Worten:

> »Ich bin es nicht – doch kenn' ich sie gar wohl,
> und meine Seligkeit ist's, ihr zu dienen.
> *Ich bin aus ihrem Volk, von ihrem Blut,*
> *und einst wagt' ich mein Leben für dies Volk.*
> Ihr denkt an sie, wenn Euch mein Name klingt.
> *Mein Leben gilt als Bild des ihren Euch.*«

Aus diesen Worten kann die Priorin erschließen, mit wem sie spricht:

> »Du setztest für Dein Volk aufs Spiel das Leben?
> Und hattest damals wohl schon keine Waffe,
> *als die zum Flehen aufgehob'nen Hände?*
> *So bist Du* Ester *wohl, die Königin?*«

Die Priorin erkennt, daß der Besuch Esters damit zu tun hat, daß ein anderer Haman erschienen ist, der das Volk Israel erneut mit völliger Vernichtung bedroht. Und sie fragt sich, wie das Schicksal von Esters Seele nach ihrem frühen Tod wohl ausgesehen haben mag. Daraufhin gibt Ester einen Bericht vom Ereignis des Kreuzes, einen Bericht aus der Perspektive der Seelen, die im Weiterleben nach ihrem Tod nicht aufhörten, auf den Retter Israels zu warten:

> »Im Spiegel ew'ger Klarheit schaut' ich nun
> was auf der Erde fernerhin geschah.
> *Ich sah aus meinem Volk die Kirche wachsen,*
> ein zart erblühend Reis, sah als ihr Herz
> die Unbefleckte, Reine, Davids Sproß.
> Ich sah aus Jesu Herz herniederfließen
> die Gnadenfülle in der Jungfrau Herz,
> von da fließt zu den Gliedern des Lebens Strom.«

---

[57] ESW 11, S. 165–171. (Hervorhebung durch den Autor).

Durch das durchbohrte Herz Marias am Kreuz gebiert Israel die Kirche. An dieser Stelle der Geschichte kommt Ester auf den Glaubensabfall der Heiden zu sprechen, die gegenüber der Kirche gleichgültig geworden sind oder sich sogar feindselig gegen sie gewandt haben. Faktisch prophezeit Ester, daß so, wie die Apostasie der Juden einst das Werkzeug für die Integration der Heiden in den Bund mit Gott gewesen war, die aktuelle Apostasie der Heiden das Werkzeug sein wird, das den Juden die Rückkehr in ihre eigene geistige Heimat ermöglicht, diese Kirche, die aus ihrem eigenen Fleisch hervorgewachsen war. In der Darstellung von Edith Stein wird diese Rückkehr mit dem Ende der Geschichte und dem zweten Kommen des Herrn zusammenfallen:

> »Dort oben aber fleht am Gnadenthron
> die Mutter unablässig für ihr Volk.
> Sie sucht nach Seelen, die ihr beten helfen.
> Dann erst, wenn Israel den Herrn gefunden,
> erst dann, wenn ihn die Seinen aufgenommen,
> kommt er in offenbarer Herrlichkeit.
> Und dieses zweite Kommen muß erbeten sein.«

Vom Himmel her schaut Maria auf die Zerstörung ihres Volkes, so wie sie auf Erden auf die Vernichtung ihres Sohnes schaute. So wie ihr unerschütterliches Gebet dann zum Werkzeug für die Ausdehnung des Bundes mit Israel auf die Heiden wurde, so wird ihr Gebet im Angesicht der aktuellen Zerstörungswut irgendwann das Werkzeug für die Wiederaufnahme der Juden in die Fülle des Bundes mit Gott sein. Darin besteht, so glaube ich, Steins letztendliche Lösung der »Nach-Auschwitz«-Problematik, auch wenn sie wohl von denen, die diese Problematik formuliert haben, kaum akzeptiert werden kann. Im Gegensatz zum Gebet Esters erreichte das Gebet Marias von Gott nicht, daß die Juden von der physischen Vernichtung verschont blieben, ebenso wenig wie ihr Gebet zu Gott dazu geführt hatte, daß ihr eigener Sohn davon verschont blieb. Und dennoch erreichte Marias Gebet mehr als Esters Gebet, weil es zum Werkzeug Gottes wurde, mit dem er sein Volk rettet, zuerst die Heiden und dann schließlich am Ende der Zeiten auch die Juden selbst. So wird in einem der intrikatesten Ratschlüsse in der Vorsehung Gottes die Zerstörung der Juden durch die Hand der Nazis zu einem Schritt in

Richtung einer vollständigen Wiederherstellung des Leibes Christi, der von einer großen Zahl von Heiden verraten wurde, aber schließlich durch die Rückkehr des gesamten Israel wiederbelebt werden wird. Es sieht so aus, als sei die Zerstörung durch die Nazis gleichbedeutend mit dem *Kippur*, der drastischen Opfergabe für die Sünden, auf den Israel gewartet hatte, um fähig zu sein, in den Neuen Bund mit seinem Gott einzutreten, wie es von alters her verheißen war.

Ob diese Vision einen echten prophetischen Gehalt hat oder nicht – es ist und bleibt ein kaum bestreitbares Faktum, daß Stein das jüdische Martyrium in einer solchen sowohl ekklesiologischen wie eschatologischen Perspektive interpretierte. Die Gestalt der Maria, der *Kala* des Herrn, der Königin des Schabbat, des Prototyps der *Kenesseth Jisrael*, der Jungfrau, die blind ist wegen der Tränen, die sie um ihr Volk im Exil vergossen hat – sie erhält in diesem göttlichen Plan aufgrund der Unerschütterlichkeit ihres ohnmächtigen Gebetes die Rolle eines Instruments – einer Mittlerin. Und entsprechend glaubte Edith, daß ihr demütiges Gebet, von dem sie auch angesichts der äußersten Destruktivität bis zum Ende ihrer Existenz nicht abließ, letztlich insofern zur Rettung ihres Volkes beitragen würde, als es sich mit der Fürsprache der Himmelskönigin, der Königin des Karmel und Israels Königin des Schabbat vermischte. Diese äußerste Leistung spiritueller Empathie, die Synergie von Gebeten, die in der katholischen Tradition als »Gemeinschaft der Heiligen« bekannt ist, klingt in den letzten Sätzen der Ester-Geschichte an, als die Priorin von Sr. Teresia Benedicta ausruft:

> »Du kamst zu mir – versteh' ich nun die Botschaft?
> Die Königin des Karmel sendet Dich,
> wo anders fände sie bereite Herzen
> wenn nicht in ihrem stillen Heiligtum?
> *Ihr Volk, das Deines ist: Dein Israel,*
> *ich nehm' es auf in meines Herzens Herberg'.*
> Verborgen betend und verborgen opfernd
> hol' ich es heim an meines Heilands Herz.«

Leo Strauss hätte sehr wahrscheinlich die Behauptung zurückgewiesen, daß Steins Werke als Beispiel für esoterisches Schreiben gelesen werden können. Wie kann völlige Aufrichtigkeit auf der Literalebene mit der Absicht einhergehen, einen zentralen Inhalt vor den Lesern zu verbergen? Ich meine, das ist lediglich für einen einzigen Fall vorstellbar: dann nämlich, wenn die verborgene Bedeutungsebene auf die literalen, traditionellen und vertrauten Äußerungen ein solches Licht wirft, daß der durchschnittliche Leser sich schlicht nicht in der Lage sähe, sich intellektuell so umzustellen, daß der Bezug zur Literalebene gewahrt bliebe. Der Leser würde dann wohl weniger die neue Sicht auf zwar allzu vertraute, wenn auch noch nicht gänzlich verstandene Denkmuster verstehen, als vielmehr die gesamte Darstellung als eine skandalöse und irreführende Neuinterpretation ablehnen.

Edith Stein lebte zu einer Zeit, da die katholische Weltanschauung durch eine Theologie der *Ersetzung* geprägt war: Die Kirche, die sich auch nicht zuletzt als Krönung der nicht-jüdischen, christlichen Kultur verstand, stellte das neue Israel dar, eine Realität, die der beklagenswerte Zustand des alten Israel, d. h. des Judentums, sogar noch belegen mußte. Das Denken von Stein aber paßte, wie unsere Untersuchung anhand von Edith Steins Darstellung der Jungfrau Maria zeigt, auch nicht ansatzweise zu dieser Auffassung. Edith Stein sieht in der Jungfrau Maria die lebendige, konkrete Erfüllung einer durch und durch jüdischen Erkenntnis in Christus: Israel als Braut Gottes. Natürlich stellte Stein nicht in Abrede, daß Maria das am Ursprung stehende Zeichen eines neuen Bundes war, des Bundes, den Gott auf die Heiden ausweitete. Auf eine stille, aber doch kraftvolle Weise fügte sie jedoch hinzu, daß Maria das erste und maßgebende Zeichen einer *Erneuerung* des einzigartigen Liebesbandes zwischen Gott und dem Einen Volk war, das in Seinen Augen nie aufgehört hatte, Israel zu sein. Das aber ist das Gegenteil der Vorstellung, das alte Israel sei durch die Kirche ersetzt worden. Worum es geht, ist nicht Ersetzung, sondern Wiederherstellung. Die Kirche ist ohne dieses verborgene und doch lebendige Band mit dem konkreten Israel Gottes nicht die Kirche. Daher wird sie auch erst dann eigentlich zu sich selbst kommen, wenn ihre jüdische Dimension wiederhergestellt ist. Für die katholischen Leser der damaligen Zeit war diese Erkenntnis wohl zu ungeheuerlich, sie wären damit völlig überfordert gewesen. Selbst heute, 66 Jahre nach der Befreiung von Auschwitz, sind wir noch damit beschäftigt, langsam und mühselig die zerstreuten Bestandteile einer einzigartigen, gewaltigen theologischen Erkenntnis von großer Schönheit zusammenzusetzen. *Übersetzung: Susanne Held OCDS*

5. Edith-Stein-Bibliographie 2010

1. Edith Stein Gesamtausgabe (ESGA)

E. Stein OCD, *Beiträge zur philosophischen Begründung der Psychologie und der Geisteswissenschaften*. Eingeführt und bearbeitet von B. Beckmann-Zöller. ESGA 6. Herder, Freiburg 2010, 274 S., €35,-

Die Abhandlungen *Psychische Kausalität* (1918) und *Individuum und Gemeinschaft* (1919) – ursprünglich als Habilitationsschrift gedacht – wurden 1922 in Edmund Husserls Jahrbuch für Philosophie und phänomenologische Forschung veröffentlicht. Edith Stein vertieft ihre Analyse der Person, indem sie phänomenologische Wesensgesetzlichkeiten im Zusammenspiel von Leib, Psyche und Geist herausarbeitet, um so der Psychologie und den Geisteswissenschaften eine methodologische Grundlage zu schaffen. In der Auseinandersetzung des Menschen mit Reizen, Gefühlen, Trieben, Strebungen, Willensregungen und Eindrücken erlebt er sowohl Zuströme als auch Verluste an Lebenskraft. Wesentlich gespeist wird die Lebenskraft durch den intersubjektiven Austausch des Individuums mit anderen in Gemeinschaft. Diesem Spannungsfeld widmet sich Stein in der zweiten Abhandlung und erweitert ihre apriorische Psychologie um eine phänomenologische Grundlegung der Sozialphilosophie.

E. Stein OCD, *Übersetzungen VI. Thomas von Aquin de ente et essentia*. Eingeführt und bearbeitet von A. Speer und F. V. Tommasi. ESGA 26. Herder, Freiburg 2010, 288 S., €38,-

Die Thomas-Übersetzungen sind nicht nur ein wichtiges Zeugnis für den Denkweg der ehemaligen Husserl-Assistentin, sondern vermitteln auch einen Einblick in die Begegnung von Neuscholastik und moderner Philosophie im ersten Drittel des 20. Jahrhunderts. Der Übersetzung von »De ente et essentia«, einem der zentralen Werke des Thomas von Aquin, kommt auch für Steins eigenes Hauptwerk »Endliches und ewiges Sein« eine Schlüsselrolle zu. Erstmals aus dem Manuskript veröffentlicht wird diese Übersetzung zusammen mit den Exzerpten Steins aus der Studie des Dominikanergelehrten M.-D. Roland Gosselin zu diesem für das Metaphysikverständnis von Thomas zentralen Traktat. Die Exzerpte zeigen, wie Edith Stein ihren Thomas liest: nicht nach dem Modell eines orthodoxen Thomismus, sondern nach dem Vorbild der Schule von Le Saulchoir am Leitfaden einer historisch-kritischen Scholastik und Thomas-Forschung.

2. BIOGRAPHIE

J. Feldes, *Edith Stein und Schifferstadt*. 2. (korr. und erg.) Auflage. Schifferstadt, 2010. 92 S.

W. Herbstrith OCD (Hg.), *Edith Steins Unterstützer. Bekannte und unbekannte Helfer während der NS-Diktatur*. Berlin 2010, 182 S.

N. Huppertz (Hg.), *Der Brief der hl. Edith Stein. Von der Phänomenologie zur Hermeneutik*. Oberried 2010, 80 S. (Präsentation im Anschluß an 5.)

3. STUDIEN

W. Rieß, *Der Weg vom Ich zum Anderen. Die philosophische Begründung einer Theorie von Individuum, Gemeinschaft und Staat bei Edith Stein*. Dresden 2010, 569 S.

B. Urban, *Edith Stein und die Literatur. Lektüren, Rezeptionen, Wirkungen*. Stuttgart 2010, 160 S.

Edith Stein – Lebenszeugnis – Text – Archiv. Dokumentation der Einweihung des neuen Edith-Stein-Archivs in Köln am 7. Februar 2010, hrsg. vom Kuratorium der Edith-Stein-Stiftung, Köln 2010, 54 S.

4. SPIRITUALITÄT

F. H. Schrage, *Edith Stein, Philosophin und Heiliggesprochene, im Spannungsfeld zwischen Juden und Christen*. Aachen 2009, 191 S.

5. BEITRÄGE IN ZEITSCHRIFTEN UND SAMMELWERKEN

H.-G. Gerl-Falkovitz / R. Kaufmann / H. R. Sepp (Hg.), *Europa und seine Anderen. Emmanuel Levinas, Edith Stein, Józef Tischner*. Dresden 2010, 414 S.

Gott und Auschwitz. Über Edith Stein, den Besuch von Papst Benedikt XVI. und Gott in den Düsternissen der Geschichte. Hg. von M. Deselaers, L. Łysień, J. Nowak. Übers. von E. Wawrzyniak-Buschermöhle. Unum Verlag. Zentrum für Dialog und Gebet. Solidaritätsaktion Renovabis. Kraków-Oświęcim-Freising 2010, 299 S.

M. Heidhues, Göttinger Edith-Stein-Preis 2009. Edith-Stein-Kreis ehrt das Engagement von Schwester Karoline Mayer, Chile, in: *Katholische Bildung* 111 (2010)76-77.

M. A. Neyer OCD, *Heilige Schwester Teresia Benedicta a Cruce (Dr. Edith Stein)*, in: H. Moll (Hg.), *Zeugen für Christus. Das deutsche Martyrologium des 20. Jahrhunderts.* 2 Bände, 5. Aufl., Schöningh, Paderborn u.a. 2010, 894-899.

Edith-Stein-Gesellschaft Deutschland, *Offener Brief an den Europäischen Gerichtshof für Menschenrechte zum »Kreuz-Urteil«*, in: Katholische Bildung 111 (2010) 74-76.

R. Raschke, *»Grenzen des Selbstverständlichen als Chancen zum Dialog. Neue Perspektiven zu Edith Stein am Beispiel des Kunstwerkes von Paul Nagel«*, in: Katholische Bildung 111 (2010) 391-400.

F. J. Sancho Fermín, *Das Werk Edith Steins im spanischen Sprachraum (2003-2009)*, in: Aufgang, Jahrbuch für Denken, Dichten, Musik 7 (2010) 289-297.

M. Stohldreier, *Edith Stein und die Frage nach der Seele. Hintergründe zu einem aktuellen Thema*, in: Aufgang, Jahrbuch für Denken, Dichten, Musik 7 (2010) 281-288.

Anmerkung zur Edition des Edith Stein Briefes durch Prof. Dr. Norbert Huppertz:

DIE ZWEITE KONVERSION DER EDITH STEIN – EIN UNGEWÖHNLICHER BRIEF

Ich bin im glücklichen Besitz des Briefes von Edith Stein, den sie vor 80 Jahren geschrieben hat.[1] Es ist einer der seltenen wissenschaftlichen Briefe von Edith Stein; diesen Brief habe ich nun – in dieser interpretierten und analysierten Form erstmalig – in dem Büchlein (80 Seiten) *»Der Brief der hl. Edith Stein. Von der Phänomenologie zur Hermeneutik«* herausgegeben. Um was geht es?
Edith Stein schrieb am 3.II.30 (in dieser Form datierte sie ihre Briefe) aus dem Kloster St. Magdalena in Speyer an Hans Reiner in Freiburg. Hans Reiner hatte seine Dissertation bei Edmund Husserl verfaßt zum Thema: »Freiheit, Wollen und Aktivität. Phänomenologische Untersuchungen in Richtung auf das Problem der Willensfreiheit« (1927). Ich selber bin Doktorkind von Hans Reiner und insofern Enkelschüler Husserls. Bekanntlich war Edith Stein von 1916-1918 in Freiburg Husserls Assistentin. Ihre Dissertation verfaßte sie »Zum Problem der Einfühlung«. Reiner zitierte in seiner Dissertation Edith Stein 9mal – unkorrekt, wie Edith Stein selber meint. Sie fühlt sich mißverstanden und hält dies dem anderen Husserl-Schüler (Reiner) – durchaus verärgert – in ihrem (»meinem«) vierseitigen Brief vor. Ihre Vorhaltungen will sie aber nicht so bedeutsam genommen wissen, indem sie selber sagt: »Aber das alles sind Kleinigkeiten.« Im Anschluß daran holt sie zu ihrer eigentlichen Botschaft aus, die man als zweite Konversion bezeichnen könnte: Sie ist nicht mehr die Phänomenologin des Edmund Husserl –

---
[1] Zum ersten Mal veröffentlicht in *Edith Stein Werke VIII*, Nr. 80, ²1998, und in ESGA 2, 82.

überhaupt ist sie nicht mehr bei der Phänomenologie –, sondern nun ist sie die Hermeneutikerin des Thomas von Aquino. Husserl hat das nicht gefallen, wie später zu vernehmen ist: »Man kann doch sich persönlich weiterhin gut leiden, auch wenn man sich weltanschaulich getrennt hat. Wie Edith Stein nach ihrer Konversion bewiesen hat. ... Eine Anzahl meiner Schüler hat sich merkwürdigerweise radikal religiös entschieden, ... In ihrem Verhältnis zu mir hat sich dadurch nichts geändert; es ist weiterhin von gegenseitigem Vertrauen getragen. Außerdem stehe ich immer zur Verfügung, um die Wahrheit durchzustreiten. Ich bin stets bereit, meine Irrtümer einzusehen und mich so preiszugeben.«

Die vielen religiösen Erfahrungen Edith Steins, besonders aber die intensive Beschäftigung mit den »Quaestiones disputatae de veritate« des doctor angelicus, haben ihre Veränderung am Menschen Edith Stein bewirkt: Sie ist persönlich und vor allem wissenschaftlich (was bei ihr zu diesem Zeitpunkt kaum zu trennen ist: »Wissenschaft als Gottesdienst zu betreiben...«, wie sie 1928 sagt) partial-holistisch geworden; d.h. u. a.: andere Wissenschaftsparadigmen als Teile zu würdigen und sie zu einem neuen sinnvollen Ganzen gelangen zu lassen (vgl. dazu Gebhard/Meurer: Lebensbezogene Pädagogik und Partial-Holismus. Bildung und Forschung für ein gelingendes Leben, Oberried 2010). Dem puren Phänomenologen Reiner, welcher der Adressat ihres Briefes ist, empfiehlt sie Thomas, von dessen Gedankenwelt sie fasziniert ist, indem sie in unserem Brief wörtlich sagt: »Daß Ihnen Thomas heilsam wäre ...«

Wie ärmlich Edith Stein die Phänomenologie – ohne den Reichtum der Metaphysik – inzwischen einschätzt, geht aus diesem Satz unseres Speyrer Briefes hervor: »Auch wenn wir rein phänomenologisch weiter arbeiten wollen, werden wir durch die ontologische, metaphysische und theologische Behandlung vor ganz überraschende neue Probleme gestellt.« Mit »wir« meint sie nicht sich, sondern den Kommilitonen Reiner, der noch nicht so weit sei.

Ergänzungen, Verbesserungen und Neuerscheinungen bitte schicken an: ulrichocd@hotmail.com

6. Rezensionen

Hanna-Barbara Gerl-Falkovitz, René Kaufmann, Hans Rainer Sepp (Hg.): *Europa und seine Anderen. Emmanuel Levinas, Edith Stein, Józef Tischner.* Thelem Verlag, Dresden 2010, 414 Seiten, 49,80 Euro.

Die zweite große internationale Tagung zur philosophischen Europa-Forschung am Dresdener Lehrstuhl für Religionsphilosophie und vergleichende Religionswissenschaft widmete sich – nach dem Auftaktthema »Europäische Menschenbilder« (2008, Tagungsband Dresden 2009) – nun der Philosophie des »Anderen« bei Edith Stein (1891–1942), Emmanuel Levinas (1906–1995) und Józef Tischner (1931–2000). Der Sammelband mit den zahlreichen Referaten der in Zusammenarbeit mit dem Józef-Tischner-Institut Kraków und der Fakultät für Humanwissenschaften der Prager Karls-Universität im Juni 2009 in Dresden veranstalteten und von der Robert-Bosch-Stiftung finanziell unterstützten Tagung liegt inzwischen vor.
Einleitend beziehen sich die Herausgeber auf die verhängnisvolle Geschichte Europas im 20. Jahrhundert, in die die thematisierten drei Autoren existentiell, bis zur Verfolgung und zum Martyrium, hineinverwebt waren und damit auf das *Rätsel* des Anderen verweisen: »Über Gemeinsamkeiten vertieft nachzudenken und Wege zu weisen, durch Erkennen und Anerkennen des Anderen Möglichkeiten zu erschließen, die an die Utopie einer nicht-repressiven Gemeinschaftsform heranführen, ist ein charakteristisches Merkmal europäischen Denkens vor dem Hintergrund der Verwüstungen, die insbesondere die totalitären Regime des 20. Jahrhunderts und ihre unmittelbaren Vorläufer hinterließen« (ix). »Alterität« soll als ein schon bei Nikolaus Cusanus, Amos Comenius und Leibniz angelegter Wesenszug europäischen Denkens im Zuge der Phänomenologie als gewissermaßen *Drittes* dazu beitragen, die herkömmlichen Spannungen zwischen Dogmatismus und Relativismus sowie zwischen Idealismus und Realismus fruchtbar zu überwinden. Dies wird von Hans Rainer Sepp (Prag) im *Epilog* des Bandes zusammenfassend und mit weiteren Bezügen (u. a. auf Michel Henry) als

Erkenntnisgewinn festgehalten. Im von Walter Schweidler (Eichstätt) verfaßten *Prolog* wird »der Andere als Grund und Grenze des Denkens« bezeichnet und als schlüsselhafter Beitrag zur Überwindung der vom cartesianischen *cogito* geprägten neuzeitlichen Bewußtseinsphilosophie erkannt. Der Andere ist dabei nicht etwa Gegenstand des Denkens, sondern dessen »uneinholbare, aber sinnstiftende Grenze selbst« (7). Zugang zur fremden Subjektivität ermöglicht die Objektivität der Intersubjektivität. Mit Martin Buber und Gabriel Marcel, an die sich Levinas mit dem »Antlitz des Anderen« anschließt, bestimmt Schweidler das Wesen des Denkens als *Antwort* auf einen verbindlichen und Unendlichkeit evozierenden *Anruf*, der nicht im Denkenden selbst einzuholen ist.
Sechzehn Beiträge internationaler Autoren widmen sich speziell Edith Stein und markieren damit ihren Status als den einer den innerchristlichen oder innerkirchlichen Raum weit überschreitenden phänomenologischen Denkerin. Es hat sich gerade um den Dresdener Lehrstuhl eine *Junge Forschung zu Edith Stein* etabliert, die neue und »andere« Sichtweisen ansetzt. Erwähnt sei stellvertretend der Aufsatz »Geborgenheit statt Geworfenheit« von Lidia Ripamonti über das Verhältnis Edith Steins zu Martin Heidegger. Harald Seubert (Posen/Erlangen) behandelt perspektivenreich (auch mit Bezug auf Benedikt XVI.) das Verhältnis von »Glauben und Wissen« bei Edith Stein und Emmanuel Levinas; die Dresdener Lehrstuhlinhaberin Hanna-Barbara Gerl-Falkovitz vergleicht die beiden Denker jüdischer Herkunft unter dem Titel »Von andersher zu beziehende Fülle«. Während Levinas in der intersubjektiven Relation das sich durch den Anderen »In-Geiselhaft-nehmen-Lassen« betont, sieht Edith Stein mehr das freie »Sich-Geben«, das (wie bei ihr am Ende geschehen) bis zum stellvertretenden Opfer reichen kann. Sechs Aufsätze befassen sich weiter mit Levinas, darunter einer unter dem Titel »Inkarniertes Denken« mit den ethischen Implikationen der Elternschaft als »generativer Erfahrung« (Tatiana Shchyttsova, Vilnius). René Kaufmann (Dresden) untersucht politische Implikationen bei Levinas (»Transzendenz und Gemeinsinn«), und Michael Staudigl (Wien) reflektiert kritisch *Interkulturalität* im Vergleich mit Jacques Derrida.
Schließlich behandeln fünf Autoren den polnischen Priesterphilosophen Józef Tischner, den temperamentvollen »Kaplan der Solidarność«, bekannt durch sein Werk »Ethik der Solidarität« (Graz,

1981) und seine phänomenologischen Studien »Das menschliche Drama« (München 1989), in seiner südpolnischen Heimat auch als Verfasser einer Philosophiegeschichte »po góralsku« (für Bergbewohner der Beskiden). Inzwischen erschien auch der Band »Der Streit um die Existenz des Menschen« (Berlin 2010). Der Pole Adam Hernas vergleicht den Anderen in der Perspektive des Verrats bei Tischner mit der Sichtweise seiner Tötung bei Levinas. Bedrohungen durch den Totalitarismus und die Erfahrung des »dunkleren« Gesichts des Anderen prägen Tischners philosophische Wahrnehmungen und führen ihn zu radikaler Ideologiekritik (Zbigniew Stawrowski, Warschau). Ludger Hagedorn (Stockholm) schreibt über »Wahrheit und Lüge im wieder moralischen Sinne«, die in der »dramatischen« Auslegung Tischners ihre von Nietzsche destruierte Bedeutung neu erhalten. Der Zusammenklang von Metaphysik und Anthropologie bei Tischner und Karol Wojtyła sowie deren unterschiedliche Ansätze werden von Christoph Böhr (Trier) kenntnisreich analysiert.

Dies ist nur ein Ausschnitt aus der angebotenen inhaltlichen Fülle des Dresdener Sammelbandes. Er wird für die weitere Selbstvergewisserung des europäischen Geistes im 21. Jahrhundert wichtige Impulse geben und für die künftige wissenschaftliche Befassung mit Edith Stein, Emmanuel Levinas und Józef Tischner als den Repräsentanten einer »Phänomenologie des Anderen« unverzichtbar sein. Die Lektüre kann den Leser, die Leserin reich beschenken – zumal wenn sich die Wahrnehmung und das Bedenken des Anderen gnadenhaft auch ins Gebet öffnet.

Stefan Hartmann

Edith Stein, *Beiträge zur philosophischen Begründung der Psychologie und der Geisteswissenschaften*. Eingeführt und bearbeitet von Beate Beckmann-Zöller [ESGA 6, B. Philosophische Schriften, Abteilung I. Frühe Phänomenologie], Freiburg i. Br.: Herder 2010; ISBN 978-3-451-27376-6, 320 S., 35,– Euro.

Der erste Habilitationsversuch Edith Steins in kritischer Neuausgabe (2010)

Dank der Tatsache, daß 1998 drei Wissenschaftlerinnen – darunter der Religionsphilosophin Frau Prof. Gerl-Falkovitz – in Rom die Idee kam, sowohl die bereits erschienenen Werke als auch die umfangreichen Inedita Edith Steins (1891 Breslau – 1942 Auschwitz) als wissenschaftliche Werkausgabe herauszugeben, liegt die mittlerweile auf 27 Bände angelegte und seit dem Jahr 2000 herausgegebene *Edith-Stein-Gesamtausgabe (ESGA)* nunmehr fast vollständig vor. Das frühe philosophische Schaffen Edith Steins erscheint aber in der *ESGA* erst gegen Ende. Die entscheidenden Werke dieser Schaffensphase der jungen Phänomenologin ließen lange auf sich warten. Ihre Dissertation *Zum Problem der Einfühlung* erschien in der *ESGA* erst 2008, der Habilitationsversuch liegt nun vor. Das mag vielleicht verwundern, denn sofern sich Denker zeit ihres Lebens geistig zu entfalten versuchen, sind doch wesentliche tragfähige Säulen ihrer Gedankengebäude meist schon im frühen Werk zu finden. Warum erscheinen also die wichtigen Bände zum Frühwerk Edith Steins erst so spät in der *ESGA*? In der bisherigen Steinrezeption war das frühe Schaffen lange eine marginale Erscheinung. Doch diese Gewichtung des Werkes kam nicht von ungefähr, sondern stand vor dem Hintergrund der tiefen Frömmigkeit der 1987 in einem Fußballstadion in Köln-Müngersdorf selig- und 1998 auf dem Petersplatz in Rom heiliggesprochenen Teresia Benedicta a Cruce. So lag in der bisherigen Forschung der Fokus auf der beispiellosen Biographie der gebürtigen Jüdin, auf der Theologie der katholischen Lehrerin sowie Vortragsreisenden und der mystischen Spiritualität der Karmelitin. Die Erkundung ihrer frühen und grundlegenden philosophischen Leistung steht hingegen trotz bereits erschienener wegweisender Arbeiten noch immer am Anfang. Um so mehr Respekt gilt es daher bereits vorab der kritischen und unweigerlich auch forschenden Bearbeitung des kürzlich erschienenen Bandes zu zollen. Denn damit wurde die wesentliche Lücke in der Gesamtausgabe zur *Abteilung I: Frühe Phänomenologie* geschlossen. Es ist Steins erstes Hauptwerk, ihr Habilitationsversuch von 1919: *Beiträge zur philosophischen Begründung der Psychologie und der Geisteswissenschaften* (kurz: *Beiträge*). Besonders verlockend dabei ist die Tatsache – und das darf einleitend noch bemerkt werden –, daß der schwer zugängliche Neudruck von 1970 nur noch überteuert angeboten wurde und damit einen deutlich preiswerteren und zudem kompetenteren Nachfolger bekommt.

DIE BEITRÄGE IN KRITISCHER NEUAUSGABE

Die Bearbeiterin des 6. Bandes der kritischen Neuausgabe, Frau Dr. Beate Beckmann-Zöller, führt über die entwicklungsgeschichtlichen Zusammenhänge (IX–XXXII) hinaus auch systematisch in das Werk ein (XXXII–LXVIII). Neben der gedanklichen Einbettung der Schrift in das frühe Werk werden unter Betonung der in Leben, Denken und Wirken Edith Steins sich durchhaltenden phänomenologischen Einstellung auch Verflechtungen mit ihrem späteren Schaffen eröffnet. Ebenso finden die erstmals ausgewiesene vielseitige Rezeptions- und Wirkungsgeschichte dieses Steinschen Werkes sowie eine Pointierung seiner Perspektiven ihren berechtigten Ort. Neben dieser Einführung liegt ein umfangreiches Literaturverzeichnis der von Stein explizit und implizit verwendeten sowie von der Bearbeiterin zum Einlesen vorgeschlagenen Literatur vor. Der kritische Apparat im gesamten Band ist beachtlich. Die für die kritische Neuausgabe der *ESGA* gewohnten Register erleichtern ferner das rasche Auffinden von Textstellen, ersetzen aber, wie bei phänomenologischen Werken üblich, nicht die sukzessive und mikroskopische Lesearbeit.

BIOGRAPHISCHER HINTERGRUND DER BEITRÄGE

Die junge Philosophin Edith Stein, die 1916 mit *summa cum laude* bei Edmund Husserl, dem Begründer der Phänomenologie, promovierte und anschließend für anderthalb arbeitsintensive Jahre in

Freiburg seine Assistentin wurde, steht zu Beginn des Jahres 1918 im ganz lebensweltlichen Spannungsfeld von Politik und Philosophie. Die verheerenden Konsequenzen des Krieges, die sie im Lazarett in Mährisch-Weißkirchen im Sommer 1915 hautnah miterlebte, und der tragische Verlust des Freundes und Lehrers Adolf Reinach, der in Westflandern fiel, enthüllten Stein die eigene Endlichkeit. Die verklärende Selbstsicherheit der Studentin hatte sich bereits während ihrer Examens- und Dissertationszeit in Selbstkritik mit deutlich depressiven Zügen gewandelt. Während sie innerlich Halt im Leben suchte, entlud sich äußerlich die Orientierungslosigkeit in politischer Aktivität – ein Fiasko für die nüchterne und sachorientierte Wissenschaftlerin. 1919 vom kurzen politischen Intermezzo bei der DDP in Breslau völlig desillusioniert sowie von den Nachwehen der beanspruchenden Mitarbeit bei Husserl unerfüllt, widmete sie sich ganz der phänomenologischen Arbeit. Auf die Phänomene der eigentümlichen Kausalität von psychophysischen Individuen sowie die intersubjektive Verflechtung der menschlichen Person war sie bereits in ihrer Dissertation gestoßen. Im letzten Kriegsjahr begann sie daher ihre Untersuchungen zur philosophischen Begründung der Psychologie und der Geisteswissenschaften. Von einer in der Assistenz bei Husserl begonnenen Studie zur ontischen Struktur der Person über einen Artikel für einen geplanten Reinachgedenkband bis hin zu einem Festschriftbeitrag für Husserls 60. Geburtstag wuchs die Analyse zur psychischen Kausalität rasch zu einer Habilitationsschrift mit zwei Abhandlungen heran. Daß Stein trotz dieser Arbeit nicht habilitiert wurde, lag schließlich ernüchternderweise daran, daß sie eine Frau war.

Zur I. Abhandlung: Psychische Kausalität

Die menschliche Person zeigt sich für Stein in einer eigentümlichen Verfaßtheit. Zum einen erscheint sie psychophysisch in realkausale Beziehungen eingebettet, zum anderen aber als geistiges Wesen auch stets geöffnet in ein Mehr als nur das. *Psychische Kausalität*, so der Name der ersten Abhandlung, liefert eine phänomenologische Klärung der Konstitution von Psyche und deren Kausalität, die sich von der physischen Grundgesetzlichkeit abhebt. Dies geschieht für Stein aber nur in strenger Differenzierung von geistigen Verflechtungen, die in der spezifischen Grundgesetzlichkeit der Motivation stehen (3). Mit dem Problem von Freiheit und Notwendigkeit greift Stein eine klassische philosophische Kontroverse auf, aber nicht um sie zu lösen, sondern um mittels phänomenologischer Methode sauber herauszuarbeiten, was durcheinanderfallen und somit zu Mißverständnissen führen kann (5–11).

Im *ersten* Abschnitt geht es Stein um das Phänomen von Kausalität im Bereich der reinen Erlebnisse, d. h., mittels Reflexion auf eine Erlebniskausalität wird unter Ausschaltung alles dessen, was nicht essentiell zur erlebten Kausalität gehört, das Wesen des Phänomens angezeigt (11–21). Entscheidend für psychische Kausalität ist eben, daß sie im weitesten Sinne *erlebte* Kausalität ist. Die aufgefundenen Hinweise sind für Stein jedoch noch nicht hinreichend, um psychische Kausalität begründen zu können.

Daher greift sie im *zweiten* Abschnitt vom reinen Erlebnis in die Sphäre der psychischen Realität über, denn Psyche als transzendentes Phänomen ist für Stein vom reinen Bewußtsein deutlich unterschieden. Hier erscheint für Stein ein kausales Abhängigkeitsverhältnis eigener Art: die Lebenskraft. Sie bekundet sich kontinuierlich in Umwandlungen aktueller psychischer Zuständlichkeit. Lebenskraft meint jedoch kein bestimmbares Quantum oder umgangssprachliche Esoterik, sondern eine kontinuierliche Qualität, die sich in Erlebnisfärbungen bekundet (z. B. Frische oder Mattigkeit) (20–34). Die erlebte innere Beanspruchung erscheint zugleich als begrenzendes und ermöglichendes Maß aller sinnlichen und geistigen Anwendungen von Psyche; selbst die Art des Ablaufs der Ichaktivität erscheint davon gefärbt. Also steht die psychische Lebenskraft im Zusammenhang mit der sinnlichen und geistigen Welt. Die menschliche Person kann z. B. nie gleichzeitig alle ihre Fähigkeiten aktualisieren, sondern sie erscheint eben stets gebunden an ein sie bestimmendes Maß an Lebenskraft (29). Diese Abhängigkeit von Lebenskraft ermöglicht überhaupt erst die immer schon vollzogene Auslegung der reinen Erlebnisse als realer psychischer Zustände (27), was aber nach streng phänomenologischer Epoche bekanntlich als These eingeklammert und außer Geltung gesetzt bleibt.

Für Stein ist die Motivation als Grundgesetzlichkeit des Geistes deutlich von psychischer Kausalität abgesetzt, so der *dritte* Abschnitt. Motivation ist zunächst die Verbindung, die geistige Akte überhaupt miteinander eingehen können – ein Hervorgehen des einen Aktes aus dem anderen auf Grund des anderen, um des anderen willen. Dieser umfassende und weite Motivationsbegriff steht kaum mehr in Zusammenhang mit einem psychologistischen Alltagsverständnis. Dreh- und Angelpunkt für Stein ist dabei das Ich. Während psychische Kausalität auch am dumpfen Kern psychophysischer Individuen greift, ist geistige Motivation nur in bezug auf ein waches geistiges Ich sinnvoll denkbar. So hat auch psychische Kausalität ihr Analogon im Bereich der physischen Natur, geistige Motivation hingegen nicht (35–41). Stein untersucht in einer differentiellen Analyse die motivationalen Beziehungen im Bereich der Kenntnisnahmen, Stellungnahmen, freien Akte sowie im *vierten* Abschnitt von Trieb und Streben (41–64).

In einem *fünften* großen Abschnitt der ersten Abhandlung werden die Verflechtungen von Kausalität und Motivation in sinnlicher und geistiger Lebenskraft aufgewiesen (64–80). Die Psyche ist für Edith Stein ein transzendentes Gewebe verschiedener Zusammenhänge und Wirkungen. Die sinnliche Lebenskraft, die sich in sinnlichen Anwendungen umsetzt, wie dem Aufnehmen von sinnlichen Daten oder der triebhaften Betätigung, dient auch der Erhaltung der geistigen Lebenskraft. Diese wiederum ist nicht nur eine ins Leere fließende Beliebigkeit, sondern ermöglicht der psychophysischen Individualität darüber hinaus einen Zugang zur Welt der Werte und der Intersubjektivität. Damit wird die geistige Lebenskraft auch eine Kraftquelle eigener Art. Dank der sinnlichen Lebenskraft wurzelt die Psyche in der Natur, dank der geistigen Lebenskraft in der Welt des Geistes. Trotz dieser Wirkungen in unterschiedlichen Welten bleibt die Lebenskraft eine einzige. Natürlich kommt Stein auch noch ausführlich auf das in der Einleitung angerissene Problem der Determination, also der Notwendigkeit oder Bedingtheit, zurück (80–99).

In einem eng an die Ausführungen angelegten Anhang zieht Stein die wissenschaftstheoretischen Konsequenzen für die Psychologie (100–109). Bemerkenswert ist dabei die in der Dissertation begonnene und erneut aufgegriffene Kritik Steins an Münsterbergs Grundzügen der Psychologie (104–109). An die erste Abhandlung schließen sich für Stein nahtlos weitere Überlegungen an, denn die bisherigen Untersuchungen wurden nur für das isolierte psychophysische Individuum als eine Art Mikrokosmos geführt, nicht aber für die eigentümlich ganzheitliche Verfaßtheit der menschlichen

Person, die z. B. auch in intersubjektive Beziehungen eingeflochten ist. Diese sind für isolierte psychische Phänomene nicht möglich. Auch die Freiheitsfrage läßt sich in dieser ersten Behandlung nur ansatzweise, nicht aber erschöpfend ausleuchten.

Zur II. Abhandlung: Individuum und Gemeinschaft

Die zweite Abhandlung, *Individuum und Gemeinschaft,* betrachtet die menschliche Person als eine in den überindividuellen Zusammenhang eingebettete. Die Frage lautet also: Was ist der überindividuelle Zusammenhang, und wie erscheint ein Individuum über sich hinaus? Stein greift zunächst den einfachen, aber wesentlichen Unterschied, den die moderne Soziologie zwischen Gemeinschaft und Gesellschaft herausgearbeitet hat, phänomenologisch auf. Das *Wie* der intersubjektiven Beziehung, also des Umgangs der menschlichen Personen untereinander, ist hier Kriterium. Begegnen sich Menschen, leben sie miteinander, und tritt dabei ein Subjekt dem andern Subjekt als Subjekt gegenüber, spricht Stein von einem *gemeinschaftlichen* Verhältnis. Wird das andere Subjekt jedoch als Objekt planmäßig hinsichtlich verschiedener Funktionen behandelt, dann handelt es sich um ein *gesellschaftliches* Verhältnis. Die idealtypische Beschreibung zielt aber zunächst nicht darauf ab, der Realität zu entsprechen, sondern das eben jeweils Wesentliche für die Phänomene Gemeinschaft und Gesellschaft herauszustellen (110–112). Stein untersucht im folgenden vor allem die Gemeinschaft, denn in ihr tritt ein ganz eigentümliches Erleben zutage.
Im *ersten* Abschnitt zur Analyse eines Gemeinschaftserlebnisses, z. B. einer Trauergemeinde, stellt Stein fest, daß sich zwar solche eigentümlichen Erlebnisse aufbauen, aber immer schon zurückgebunden bleiben an ein individuelles Ich, dem alles Bewußtseinsleben entspringt – eine implizite Kritik an Schelers Begriff vom Gemeinschaftsbewußtsein (112–122). Ferner untersucht Stein die Elemente des gemeinsamen Erlebnisstroms hinsichtlich sinnlicher und kategorialer Akte sowie Gemütsakte (122–140). Auch die Verflechtungen der Akte innerhalb des Erlebnisstromes der Gemeinschaft, also Assoziation, Motivation, Kausalität und Willenswirkung, werden herausgestellt (140–163). Diese Auseinandersetzung mit dem Gemeinschaftserlebnis mündet zwangsläufig in einem eigenen Frei-

heitsverständnis Steins und damit in einer offenen Kritik an Schelers Begriff von Gemeinschaft und Verantwortung (bes. 159–163).

Der *zweite* Abschnitt zur Gemeinschaft als Realität legt die apriorischen Strukturen der empirischen Gemeinschaften frei und bildet damit das in der phänomenologischen Bewegung so verheißungsvolle materiale Apriori einer Region des transzendentalen Bewußtseins innerhalb der Phänomenologie. Die Gemeinschaft gilt Stein als Analogon zur menschlichen Person (163–167). Die äußerlich sichtbaren Merkmale läßt Stein jedoch dahingestellt, denn ihre ursprüngliche Analyse gilt der inneren Welt der Gemeinschaft, v. a. ihrem psychischen Erleben. Lebenskraft schöpft die Gemeinschaft sowohl aus den Individuen, die sie aufbauen, als auch aus außenstehenden Kraftquellen, z. B. einem aufgeweckten Lehrer vor einer trägen Klasse, aus gemeinsamen Stellungnahmen, z. B. der Liebe zu einer Person, um die getrauert wird, und objektiven Quellen, z. B. Werten (167–185). Bei den psychischen Fähigkeiten aber stellen sich Differenzen zur menschlichen Person ein. Niedere psychische Fähigkeiten, also alle auf Sinnlichkeit fundierten, fehlen in der Gemeinschaft. Ein Individuum kann im Gegensatz zur Gemeinschaft potentiell tasten, hören oder sehen. Höhere intellektuelle Fähigkeiten jedoch kann Stein bei der Gemeinschaft ausmachen, also Fähigkeiten, die eine Gemeinschaft als eigentümliche charakterisieren, z. B. »französischer Esprit« oder »römischer Scharfsinn«. Einen Kern aller psychischen und geistigen Eigenschaften der Gemeinschaft, wie sie die menschliche Person in der Seele und im unverwechselbaren geistigen Zentrum hat, gibt es bei der Gemeinschaft für Stein jedoch nicht (189–199).

Das kulturphilosophisch und soziologisch interessanteste Kapitel Steins erörtert das Fundierungsverhältnis von Individuum und Gemeinschaft. Hier stellt Stein die jeweiligen Formen intersubjektiven Lebens in Beziehung zur individuellen menschlichen Person, untersucht also die je eigentümliche Verflechtung von Individuum im Verhältnis zu Masse, Gesellschaft, Gemeinschaft und Mischformen sozialer Verbände (199–246).

Zur Schlussbetrachtung und zu den wissenschaftstheoretischen Konsequenzen

Im gesamten Werk kommt vor allem die Verfaßtheit der menschlichen Person hinsichtlich der physischen, psychischen und geistigen Bezüglichkeiten zur Erscheinung. Dies hat vor allem Auswirkungen auf die Wissenschaften, denn in den apriorischen Einsichten hinsichtlich der sich konstituierenden Realität als durchdringenden Gewebes menschlichen Daseins begründen sich die thematischen Bereiche der jeweiligen Wissenschaften, also der Naturwissenschaften, der Psychologie und der Geisteswissenschaften. Diese messerscharfe Trennung, die in den realen Wissenschaften nicht umgesetzt ist, trägt den Charakter einer Idealtypik, darf aber nicht darüber hinwegtäuschen, daß es trennscharfe und einsichtige Differenzen zwischen den Wissenschaften gibt. Die Phänomenologie hat genau diese herauszustellen. Folgt man dem Gang der Untersuchung, so stellt die Schlußbetrachtung Steins dies klar und einsichtig heraus (246–262). Stein kommt zu dem Schluß, daß eine Wissenschaft, will sie die menschliche Psyche ergründen, ein Hand in Hand von Psychologie und Geisteswissenschaften erfordert. Die Rehabilitierung der Psychologie von einer bloß empirischen zu einer eigentümlich psychischen Wissenschaft, die im Zusammenhang mit den Naturwissenschaften steht, nicht aber vollständig darin aufgehen kann, und die Etablierung der Geisteswissenschaften, die vermittels geistiger Akte im engsten Zusammenhang mit der Phänomenologie stehen, ihren thematischen Bereich aber im geistigen Kosmos der Werte haben, bilden eine pointierte Kritik an den wissenschaftstheoretischen Konsequenzen eines transzendentalen Empirismus neukantianischer Prägung bei Rickert und Windelband (bes. 257–262).

Kritische Würdigung

Der ausgezeichnete entwicklungsgeschichtliche und systematische Zugang zum Werk, den die sorgfältige Bearbeitung eröffnet, ist nicht nur imstande, fachfremden Interessenten die sperrige Thematik aufzuschließen, sondern darüber hinaus den aktuellen Stand der etablierten Steinforschung zu bündeln. Die kritische Neuausgabe kann zudem mit dem umfassenden wissenschaftlichen Apparat

überzeugen und ist gerade darin für die *Junge Forschung zu Edith Stein* wegweisend. Beanstandungen muß man daher intensiver suchen, denn diese Neuausgabe der *Beiträge* zählt in ihrer Bearbeitung im Rahmen der *ESGA* zu den besten Bänden. Leicht überfordert kann der Leser bei der wissenschaftstheoretischen Verortung Steins werden (LV–LVIII). Die Pointe des Frühwerkes von Edith Stein, könnte man meinen, kulminiert in einem sachlich richtigen Schema (LVII), das didaktisch klug versucht, eine Übersicht zu geben, aber doch auch die phänomenologischen Einsichten Steins in sich zusammenfallen läßt, noch bevor sie dem Leser erschienen sind – gleich einem Soufflé bei zu zeitigem Öffnen des Ofens. Ferner enthält die Einführung im Subtext eine Differenz von Stein und Husserl, die zweifelsfrei im Spätwerk zu finden, aber so im Frühwerk noch nicht hinreichend ausgewiesen worden ist. Der forschungstypische Zugriff auf die frühe Philosophie Steins erfolgt meist über ihr spätes Werk. Dabei muß bedacht werden, daß dieses im Spannungsfeld von Phänomenologie und Scholastik geschrieben wurde und andere Einsichten sowie Begriffe liefert als das rein phänomenologische Frühwerk. Die Entfernung Steins von Husserl bleibt daher Forschungsdesiderat. Das schmackhafte Urteil für die kritische Bearbeitung lautet: *summa cum grano salis*.
Wie steht es allerdings mit dem Werk Steins selbst? Schwierig scheint vor allem, daß sich die philosophische Methode und die Begrifflichkeit Steins vom Alltagsdenken und der Alltagssprache deutlich abheben. Gerade bei Begriffen wie Psyche, Kausalität, Motivation, Geist oder Leib scheint phänomenologisches Vorverständnis nötig, um nicht in Mißverständnisse zu geraten. Außerdem kann die Gangart der Darstellung für Außenstehende befremdlich wirken. Nun kann nicht jede phänomenologische Ausführung Husserls Lebenswerk im Vorwort zusammenfassen, aber es ist notwendig, stets transparent darauf zu reflektieren und nicht zu viel Vorkenntnis vorauszusetzen – ein mühseliges, aber für Phänomenologen eigentlich notwendiges Unterfangen, will man seine Leser im Duktus zeigenden Schreibens mitnehmen. Stein gelingt dies nur bedingt, da sie selbst in der Phänomenologie aufgegangen zu sein scheint. Das erklärt z. B. den methodischen Spurt in der Einleitung (5–10), der seinen Tiefgang nicht zu entfalten vermag, in der Kürze nicht entfalten kann. Auch bei Querverweisen im Fließtext auf bereits in der phänomenologischen Bewegung beackertes Forschungsland ist Stein

sparsam, so daß dem Leser einige weitreichende Einsichten nicht aufgehen und ein intensives Studium erfordern. Für Abhilfe und damit Absicherung sorgen hier jedoch deutlich die Anmerkungen der Bearbeiterin. Behutsamkeit scheint auch bei der Lektüre der Abschnitte zur ontischen Struktur der Gemeinschaft geboten, die, wenn man sie nicht phänomenologisch liest, über einige sperrige Beispiele rasch an eher verunglückte zeitgenössische Volkstypen erinnern können. Stein schreibt, und das ist zum Verständnis notwendig, keine Völkertypologie oder Ethnologie, am wenigsten noch Rasseideologie. Ihre Beispiele dienen nur einem Unterstreichen von apriorischen Zusammenhängen vom Wesen der Gemeinschaft und von der Konstitution von Gemeinschaftserlebnissen transzendentalphilosophischer Art.

Fazit

Erneut liefern die *Beiträge* – wie eigentlich das gesamte Frühwerk Steins – ein komplexes, aber zugängliches Paradebeispiel dafür, was phänomenologische Arbeit ist. Jenseits von dogmatischem Behaupten und bloßem Meinen ist Stein um einsichtiges Herausschälen der Phänomenessenzen, also der Sachen selbst, bemüht. Vor allem in der einsichtigen Schlußüberlegung und in den expliziten Kritikpassagen der beiden Abhandlungen erscheint Edith Steins ganz eigene philosophische Leistung. Die *Beiträge zur philosophischen Begründung der Psychologie und der Geisteswissenschaften* können nicht zu Unrecht als das magnum opus ihres ineinandergreifenden Frühwerkes bezeichnet werden und verdienen damit über die ihnen gegenwärtig bereits mit Recht gewährte Aufmerksamkeit hinaus eine umfassende kritische Würdigung. Mit diesem Band liegt in der *ESGA* erstmals der größte Teil der frühen Phänomenologie Edith Steins in kritischer Neuausgabe vollständig vor und gibt ganz neue Einblicke in ihr Leben, Denken und Wirken. Das Buch ist daher ein Gewinn in vielerlei Hinsicht. Wer allerdings den Tiefgang der Abhandlungen und die Bedeutungsfülle wirklich verstehend einsehen will, dem sei ein umfangreiches Studium der Phänomenologie Husserlscher Observanz nahegelegt.

René Raschke

Bernd Urban, *Edith Stein und die Literatur. Lektüren, Rezeptionen, Wirkungen.* Reihe: Ursprünge des Philosophierens, hg. v. José Sanchez de Murillo und Martin Thurner, Bd. 19, Stuttgart 2010, Verlag W. Kohlhammer, 160 S., br., 26,– Euro; ISBN 978-3-17-021499-6

Die vorliegende Studie versucht in der anschwellenden Auslegung Edith Steins (1891–1942) erstmals ihr Verhältnis zur Literatur zu untersuchen. Dies geschieht in zwei Richtungen: einmal mit der Frage nach ihrer eigenen Lektüre und deren Einfluß auf ihr philosophisches Denken, zum zweiten mit der umgekehrten Frage nach der Rezeption von Steins Themen oder Leben in der zeitgenössischen – damaligen und heutigen – Literatur. In beiden Richtungen tun sich hilfreiche Aspekte auf, freilich erheben sich rasch Fragezeichen im Blick auf die Methodik und die Kriterien der Zusammenstellung.
Die insgesamt in fünf größere Kapitel gegliederte Arbeit hebt im ersten zunächst die Vielfalt der Autoren hervor, die schon von der Schülerin gelesen, später von der Philosophin verarbeitet wurden. Dabei sind nicht nur Dichter und Schriftsteller, sondern auch Philosophen von Platon bis Husserl und Reinach einbezogen. Bereits hier stellt sich die Frage nach der Methode der Anlage, denn hier wie auch später werden Zitate Steins anhand ihrer Biographie breit rezipiert, ohne daß eine eigentlich interpretatorische Durchdringung der Auflistung deutlich würde.
Im zweiten Kapitel »Einfühlungen« werden in ähnlich breit ausgeschriebener Weise Steins Definition von »Kulturwissenschaft«, darauf ihre Korrektur von Ingardens »Kunstwerk« und die Übersetzung von Thomas von Aquins *De veritate* vorgestellt, darauf die als »Gespräch« konzipierte Begegnung von Husserl mit Thomas, das Verhältnis zu Goethe sowie Steins Verweise auf Hesse, Ibsen, Kleist und Undset. Auch hier vermißt man über die Zitation hinaus einen hermeneutischen Aufschluß: etwa zur Frage eines Wandels in der Einschätzung Goethes durch die Christin gewordene Leserin – hätte sich nicht auch ein Widerspruch zu Goethe entzünden können? Kollidierten möglicherweise Steins und Goethes Blick auf die Welt? Wieweit hat Ingardens Denken Einfluß auf Stein?
Das nächste Kapitel geht biographisch die Karmelexistenz Steins im Blick auf Literatur durch. Hier fällt zutreffend immer wieder der Name le Fort (oft falsch geschrieben), allerdings beginnen auch die assoziativen Ausgriffe auf mit Stein nicht verbundene Namen wie

Bernanos. So werden auch Hesse, Rilke, Kafka, Benn, Celan und Rinser (S. 75) ins Spiel gebracht bei Steins Dionysius-Rezeption, ohne daß der Bezug dazu erhellt würde, darauf Anna Seghers, Ernst Jünger (S. 77) und Thomas Mann (S. 78). Die Verknüpfung scheint darin zu liegen, daß es sich »um erste rezeptive Kontexte der Aktualität Edith Steins« (S. 78) handelt, genau genommen um die Rezeption des Dionysius Areopagita zeitgleich zu der ihren. Ähnlich assoziativ gereiht: »Im Todesjahr Edith Steins schrieben nicht nur Seghers, Jünger und Thomas Mann, es erschien auch Albert Camus' *Le Mythe de Sisyphe*« (S. 79). Welche Erhellung bringen diese Beobachtungen für das Werk Steins? Andererseits vermißt man eine Deutung von Celans vermutlich wirklich auf Stein bezogenem Gedicht *Benedicta* (in: *Die Niemandsrose*), das nur kurz erwähnt wird. Sachlich aufschlußreich ist die Darstellung von Michael Köhlmeiers Roman *Abendland* (München 2007), worin Stein als Figur auftritt (S. 82ff). Freilich wird der anschließende Bezug auf Jonathan Littells Roman *Die Wohlgesinnten* (Berlin 2008) wieder als beliebig empfunden: Genügt das Stichwort Auschwitz offenbar, um alle möglichen spekulativen Verweise zu Stein aufzubauen?

Der Autor hatte sich in früheren Veröffentlichungen vielfach mit deutschen literarischen Verarbeitungen des Thomas von Aquin im 20. Jahrhundert beschäftigt. Im vierten, sehr kurzen Kapitel prüft er die entsprechende Frage bei Stein und referiert vor allem ausführlich Zitate, überwiegend zu Undset, zu Thomas aber Zitate von Rahner, ohne daß sich darin erkennbar eine angekündigte »literarisch-thomasische Anthropologie« abzeichnet.

Zum Abschluß soll der Bezug zwischen »Vernunft – Religion – Literatur« herausgestellt werden. Dabei geht es um »Gedankenkreise« (S. 99 f.), die auf mit Stein meist nicht verbundene Namen zurückgreifen (man achte auf die Zusammenstellung!): Habermas, Rahner, Nelly Sachs, Rinser (»dann ahnt man, worüber die Sechzigjährige mit der 80jährigen Teresia Benedicta a Cruce gesprochen haben könnte«, S. 117). Schließlich wird noch Durs Grünbein bemüht – sollte er sich über diese zugeschriebene Nachbarschaft in der »Lebenswelt« bisher nicht im klaren gewesen sein, wird ihm das hier erläutert. Auch hier ahnt der Autor vieles, über das er die ungefragt angeführten Namen mit seiner Protagonistin sprechen lassen würde, z. B.: Es ginge um Symbolik, Symboltheorie und Kunst, Sartre, das Sein und das Nichts, um das Warten und Hoffen auf Gott, um Rahel

Varnhagen, Mystik und Geschlechtsdifferenz, schließlich um Antigone, Feminismus und Auferstehung.« (148)
Wir ahnen, daß mit dieser Darstellung aus einem großen Werk ein Steinbruch gemacht worden ist.

Hanna-Barbara Gerl-Falkovitz

Manfred Deselaers, Leszek Łysień, Jan Novak (Hrsg.), *Gott und Auschwitz. Über Edith Stein, den Besuch von Papst Benedikt XVI. und Gott in den Düsternissen der Geschichte.* Mit einem Vorwort von Walter Kardinal Kasper. Übersetzt von Elżbieta Wawrzyniak-Buschermöhle, UNUM Verlag / Zentrum für Dialog und Gebet / Solidaritätsaktion Renovabis, Kraków-Oświęcim-Freising 2010. ISBN 978-83-7643-042-3

Im Jahr 2006 gab es im seit 1992 in Oświęcim [Auschwitz] bestehendem »*Zentrum für Dialog und Gebet*«, das mit Unterstützung der Deutschen Bischofskonferenz im Auftrag des damaligen Erzbischofs von Krakau neben dem Karmelitinnenkloster außerhalb des Lagers errichtet wurde und an dem der Aachener Priester Manfred Deselaers als Geistlicher/Spiritual arbeitet (www.cdim.pl) drei bedeutsame Ereignisse: im Mai ein wissenschaftliches Seminar über Edith Stein sowie den Besuch von Papst Benedikt XVI. (28. Mai) und im November eine intensive Forschungstagung zum Thema »Die Anwesenheit Gottes in den Düsternissen der Geschichte«. Die dabei gehaltenen Referate überwiegend polnischer Wissenschaftler liegen nun zusammen mit der Ansprache von Papst Benedikt XVI. im ehemaligen Konzentrationslager Auschwitz-Birkenau in einer vorzüglichen Übersetzung als Sammelband vor und können in Einzelexemplaren bei der Solidaritätsaktion »Renovabis« (Freising) kostenfrei bezogen werden.
Wer meint, es gäbe schon genug an Literatur zur Gottesproblematik angesichts des Holocaust, täuscht sich und wird von den profunden Texten aus Polen eines Besseren belehrt. Hohe Dialog- und Reflexionskultur, enge existentielle Verbindung – sei sie biographisch, verwandtschaftlich oder örtlich – zum Geschehen in Auschwitz und ein gemeinsames Ringen um eine nach vorne blickende Sicht, in der »die Liebe stärker ist als der Tod«, zeichnet den Sammelband aus. Er will »die Frucht eines gemeinsamen Lauschens auf die Stimme von Auschwitz« (15) sein.
Teil I des Buches, der sich *Edith Stein* widmet, behandelt mehrere Aspekte ihrer Person und ihres Wirkens, auch die Problematik der nicht unumstrittenen Heiligsprechung und Ernennung zur Con-Patronin Europas. Professor Wacław Długoborski, ehemaliger Häftling des Lagers Auschwitz-Birkenau und langjähriger Leiter der historischen Abteilung des Staatlichen Museums Auschwitz-Birkenau,

stellt die auch in der deutschen Edith-Stein-Forschung wenig bekannte Periode des politischen Engagements der jungen Studentin aus Breslau in den Jahren vor dem ersten Weltkrieg dar (19–38). Interessant ist dabei vor allem ihre hier erstmals breiter geschilderte aktive Mitarbeit in der DDP (Deutsche Demokratische Partei). Anna Grzegorczyk, Direktorin des Edith-Stein-Forschungszentrums an der Universität Poznań [Posen], analysiert den Einfluß des Denkens Edith Steins, besonders der »Einfühlung als universaler Erkenntnismethode« (50), auf die zeitgenössische Philosophie (39–55). Marian Zawada OCD, Direktor des Edith-Stein-Zentrums für Geistliche Kultur »Communio Crucis« in Kraków [Krakau], schildert »Die Bedeutung Edith Steins für die zeitgenössische Spiritualität« (57–70), vor allem die Verbindung von theologischer Anthropologie und Kreuzestheologie. Stanisław Krajewski, Co-Vorsitzender des Polnischen Rates der Christen und Juden und langjähriges Mitglied des Internationalen Auschwitz-Rates, legt den »Fall Edith Stein« aus jüdischer Perspektive dar (71–80). Er sieht in ihrer Heiligsprechung die Gefahr einer kirchlichen Vereinnahmung des Holocaust, da sie – wenn auch ohne bewußte Absicht – »zur ausgezeichneten Repräsentantin der Opfer gemacht wurde« (77). Trotzdem erkennt Krajewski in der ermordeten Konvertitin und Karmelitin bei Beachtung der Unterschiede eine »Herausforderung für den Dialog« (78). Die gleichsam katholische Antwort darauf gibt der in einer jüdischen Familie geborene und von polnischen Landsleuten vor dem Tod gerettete Priester Romuald Jakub Weksler-Waszkinel (Katholische Universität Lublin) mit dem Aufsatz »Edith Stein als Herausforderung« (81–95). Er würdigt dabei den Beitrag des II. Vatikanums, verschiedener Dialog-Initiativen und des polnischen Papstes Johannes Paul II. hin zu einer neuen Kirche der Achtung, der Toleranz und Gastfreundschaft, »befreit von den alten Fehlern des Antijudaismus und Antisemitismus« (86). Derselbe Johannes Paul II. erhob 1999 (zusammen mit Katharina von Siena und Birgitta von Schweden) Edith Stein zur Patronin Europas, das auch an ihrer Person scheiterte und doch in ihr eine »Brücke« zwischen jüdischen Wurzeln und der Zugehörigkeit zu Christus vor Augen hat. Dann geht es nicht mehr um Konversion oder »Bekehrung«, sondern die gemeinsame Verehrung des einen Gottes, in der man keinen kirchlich-klerikalen Zwang mehr ausübt, sondern in der Begegnung untereinander ein freies Angebot der Begegnung auch mit Christus macht (»extra Christum nulla ecclesia«, 95). Manfred Deselaers, seit 1990 in Oświęcim [Auschwitz] unter den polnischen Katholiken in der Pfarrei Mariä Himmelfahrt als Seelsorger tätig und 1996 in Kraków [Krakau] mit der Arbeit »Gott und das Böse im Hinblick auf die Biographie und die Selbstzeugnisse von Rudolf Höß, dem Kommandanten von Auschwitz« zum Dr. theol. promoviert, behandelt das aus heutiger Sicht besonders diffizile Thema »Edith Stein und die Verantwortung der Kirche« (97–106) u.a. mit einer Analyse ihres im April 1933 an Papst Pius XI. gerichteten, leider vergeblichen Briefes (dessen Text auch wiedergegeben wird). Dabei wird auch die Hilflosigkeit der deutschen Bischöfe angesprochen. So erinnert Edith Stein »an Schuld, nicht nur der direkten Verbrecher, sondern auch in der katholischen Kirche« (104). Für sie realisierte sich die »Kreuzeswissenschaft« ganz konkret. »Wir wissen nicht, was Edith Stein in Auschwitz gedacht hat. Wir wissen nicht einmal, ob ihr Glaube hier nicht zerbrochen ist, wie bei anderen – davon gibt es keine Spur mehr. Aber alle Zeugnisse sprechen davon, daß sie ihr Schicksal klar sah und im Glauben angenommen hat« (102). Deselaers, der das »Zentrum für Dialog und Gebet« entscheidend geprägt hat, bekam übrigens im Jahr 2000 durch den polnischen »Rat der Christen und Juden« den Ehrentitel »Mensch der Versöhnung« und ist seit Mai 2006 Mitglied des Internationalen Auschwitz-Rates.

Teil II des Sammelbandes dokumentiert und kommentiert den Besuch von Papst *Benedikt XVI.* am 28. Mai 2006 im ehemaligen Konzentrationslager Auschwitz-Birkenau und im »Zentrum für Dialog und Gebet«. Deselaers vergleicht dabei den Besuch des deutschen Papstes Joseph Ratzinger / Benedikt XVI. im Jahr 2006 mit dem ersten Besuch eines Papstes in Auschwitz durch den Polen Karol Wojtyła / Johannes Paul II. am 7. Juni 1979. Dieser sagte damals den von seinem Nachfolger aufgegriffenen Satz: »Als Papst konnte ich unmöglich nicht hierher kommen« (121). Deselaers referiert sodann die polnische zeitgeschichtliche Dimension des ersten Besuches und die Verknüpfung beider Besuche mit der deutsch-polnischen und christlich-jüdischen Aussöhnung. Er schildert die Konflikte um das Karmelitinnenkloster und die Aufstellung von Kreuzen in den 1980er und 1990er Jahren – Konflikte, die durch das beherzte Eingreifen von Papst Johannes Paul II. überwunden werden konnten. Für Deselaers war »der wichtigste Aspekt des Besuches von Papst Benedikt XVI. in Auschwitz sein positives Schweigen« (131), mit dem er seine Ansprache begann: »An diesem Ort des Grauens, einer Anhäufung von Verbrechen gegen Gott und den Menschen ohne Parallele in der Geschichte, zu sprechen, ist fast unmöglich – ist besonders schwer und bedrückend für einen Christen, einen Papst, der aus Deutschland kommt. An diesem Ort versagen die Worte, kann eigentlich nur erschüttertes Schweigen stehen – Schweigen, das ein inwendiges Schreien zu Gott ist: Warum hast du geschwiegen? Warum konntest du dies alles dulden?« (115; 132f). Damit fühlt sich Deselaers an die Theologie von Emmanuel Lévinas (1906–1995) erinnert, »daß der Schrei nach Hilfe das erste Gebet ist, und daß es sein Sinn ist, in uns die Liebe zu erwecken« (133), und stellt im Blick auf das lebende jüdische Volk fest, daß die Tradition des christlichen Anti-Judaismus dazu beitrug, »den Weg nach Auschwitz vorzubereiten« (136). Daher vermißt er bei Benedikt XVI. »in diesem Zusammenhang ein ausdrückliches päpstliches Wort über die Schuld der Christen« (136).

In Teil III mit den Akten der November-Tagung 2006 geht es um das Großthema »*Gott in den Finsternissen der Geschichte*«, das Referenten aus verschiedenen polnischen Hochschulen und Universitäten zu einem Seminar am »Zentrum für Dialog und Gebet« zusammenführte. Indem sie das Denken von Thomas von Aquin, Simone Weil, Emmanuel Lévinas, Hannah Arendt, Hans Jonas, Abraham Joshua Heschel, Alfred N. Whitehead, Józef Tischner, Jürgen Moltmann und anderen zu Hilfe nahmen und daran anknüpften, versuchten die anwesenden polnischen Philosophen und Theologen, im Bewußtsein der Unvollkommenheit der Sprache um die Fragen des Bösen und der Theodizee aus verschiedenen Perspektiven zu ringen. Titel und Verfasser der sehr tiefschürfenden Untersuchungen seien hier erwähnt: »Die fordernde Anwesenheit Gottes« (Joanna Barcik, 141–149); »Die traditionelle Theodizee angesichts von Auschwitz – Thomas von Aquin und Hannah Arendt« (Grzegorz Chrzanowski OP, 151–164); »Gott und das Böse. Anthropologisch-theologische Reflexion« (Manfred Deselaers, 165–185); »Von Gott oder vom Menschen sprechen ...« (Zbyszek Dymarski, 187–203); »Hat Gott in Auschwitz gelitten? Wo war Gott in jenen Tagen? Warum schwieg er?« (Jan Andrzej Kłoczowski OP, 205–215); »Im Halbdunkel der Zweideutigkeit. Die flackernde Weise der Anwesenheit Gottes in den von Menschen geschaffenen Höllen« (Leszek Łysień, 217–234); »Die Düsternisse der Anwesenheit Gottes« (Piotr Sikora, 235–245);

»Verantwortung Gottes – Verantwortung des Menschen« (Karol Tarnowski, 247–258); »Werdet ihr wirklich wie Gott sein? Die Suche nach dem Sinn des Leidens als Kampf des Menschen mit Gott« (Krzysztof Wieczorek, 259–270). Abschließend wird der Text einer Podiumsdiskussion zum Thema »In welcher Sprache vom Bösen sprechen?« wiedergegeben (271–287). Viele sehr persönliche Erfahrungen, auch mit den Kolyma-Lagern des sowjetischen GULag-Systems, fließen hier in die Diskussionen ein. Leitend war die Anfrage des sensiblen Johann Baptist Metz: »Die theologische Frage nach Auschwitz heißt ja nicht nur: Wo war Gott in Auschwitz? Sie heißt auch: Wo war der Mensch in Auschwitz?« (14). Im Anhang werden die Autoren kurz porträtiert und einige farbige Bilder vom Besuch Papst Benedikts und den Seminarzusammenkünften präsentiert – besonders ergreifend das Aufscheinen eines Regenbogens während des päpstlichen Gebets an den Gedenktafeln der Völker.

Es ist sehr zu begrüßen, daß der seit 2008 schon in polnischer und englischer Sprache vorliegende Sammelband zu den Ereignissen des Jahres 2006 im »Zentrum für Dialog und Gebet« nun auch deutschsprachigen Lesern zur Verfügung steht und gleichsam unter dem Patronat der Heiligen Edith Stein zu einem spirituellen und intellektuellen Umgang mit dem Holocaust Hilfen gibt.

Stefan Hartmann

7. Mitteilungen

MITGLIEDERVERSAMMLUNG 2011 DER EDITH-STEIN-GESELLSCHAFT
DEUTSCHLAND E.V.

In Freiburg, wo Edith Stein von 1916 bis 1918 lebte und in dieser Zeit bei dem Phänomenologen Professor Edmund Husserl promovierte, findet vom 3. bis 5. Juni 2011 die Jahrestagung der ESGD statt; Tagungsort ist die Katholische Akademie, Wintererstraße 1, 79104 Freiburg. Die Tagung steht unter dem Thema: »Das religiöse Erlebnis einer glaubensfernen Generation – Edith Stein in Freiburg« und beginnt am Freitag, dem 3. Juni, um 17.30 Uhr. Um 20.00 Uhr sind die Teilnehmer als Auftakt zur Pfingstnovene in das Münster »Unsere liebe Frau« zu einer Zeit des Gebetes u. a. mit Texten von Edith Stein eingeladen.
Referieren werden am Samstag, dem 4. Juni, vormittags Dr. Beate Beckmann-Zöller, München, über »›Man rennt an allen Ecken und Enden an religiöse Erlebnisse‹ – Edith Stein, Adolf Reinach und die Öffnung für religiöse Ereignisse in glaubensfernem Milieu« und Professor Dr. Andreas Uwe Müller, Münster, zum Thema »›Die christliche Religiosität lebt die Zeitlichkeit als solche‹ (Heidegger) – Ein Schlüssel zur Interpretation christlicher Existenz«.
Anschließend sollen die Themen in Arbeitsgruppen anhand von Texten vertieft werden. In der abschließenden Plenumsveranstaltung »Schritte zur Wiederentdeckung der Religion« ist Zeit für eine Aussprache über die beiden Referate und die Ergebnisse der Arbeitsgruppen. Am Samstagnachmittag gibt es für Interessierte eine »Einführung in die Phänomenologie« durch Martin Hähnel (M.A.) – eine gute Gelegenheit, jene philosophische Methode kennenzulernen, die Edith Stein zur Analyse der menschlichen Person heranzog und die sie auch zu den Phänomenen des Glaubens geführt hat.
Nach einer kurzen Pause findet im Anschluß hieran die Mitgliederversammlung statt.
Am Sonntag, dem 5. Juni, sind die Teilnehmer der Jahrestagung zur Eucharistiefeier mit Domkapitular Dr. Peter Birkhofer in den Kon-

vent des Klosters St. Lioba eingeladen. Nach dem Gottesdienst sind eine Begegnung mit den Schwestern von St. Lioba und der Besuch des Edith-Stein-Gedenkzimmers vorgesehen. Außerdem besteht Gelegenheit zum Mittagessen im Kloster.

Veranstaltungen

Zum Jahr 2010

Aachen-Brand

Dr. Armin Strohmeyr las aus einem Buch »Glaubenszeugen der Moderne – Was Edith Stein und andere uns heute erzählen können« (25. Februar 2010, 20 Uhr, Bücherinsel Brand, Donatusplatz 1, 52078 Aachen-Brand).

Augsburg

Unter dem Titel »Frauen! Frieden! Freiheit! – Der Einfluß der Religionen auf Demokratie und Gleichstellung« veranstaltete die Frauenbrücke Ost-West in Zusammenarbeit mit der Gleichstellungsbeauftragten der Stadt Augsburg und der Bundeszentrale für politische Bildung vom 26. bis 28. März 2010 eine Tagung in Augsburg. Dabei wurde unter dem Titel »Mutige Frauen im kirchlichen Gewand« das Leben von Edith Stein vorgestellt (Frauenbrücke Ost-West, Bergheimerstraße 14, 69115 Heidelberg).

Auschwitz/Oświęcim (Polen)

Unter der Leitung von Hildegard Therese Schmitz fand vom 3. bis 10. August 2010 eine Veranstaltung über »Edith Stein: Kreuzeswissenschaft – Studie über Johannes vom Kreuz« statt.

Bengel

P. Felix M. Schandl veranstaltete zum Thema »›Wer gesammelt in der Tiefe lebt...‹ – Edith Stein« einen Karmeltag (6. März 2010, 10 Uhr bis 17 Uhr, Exerzitienhaus Carmel Springiersbach, Karmelitenstraße 2, 54538 Bengel).

Bensheim-Auerbach

Im Rahmen der Erwachsenenbildung zum Thema »Frauen des Christentums, Profile und Prägungen vom Mittelalter bis heute«, veranstaltet vom Evangelischen Bund Hessen und Nassau in Zusammenarbeit mit dem Konfessionskundlichen Institut Bensheim, hielt in Bensheim-Auerbach René Raschke am 17. März 2010 einen Vortrag mit dem Titel »Edith Stein – Profil und Prägung einer katholischen Theologin«.

Berlin

In seinem Vortrag »Glaubenszeugen der Moderne – die Heiligen und Seligen des 20. und 21. Jahrhunderts« stellte Dr. Armin Strohmeyr u.a. Edith Stein als Vorbild der Menschlichkeit vor (14. März 2010, 15 Uhr, Ernst-Freiberger-Stiftung, Kirchstraße 8a, 10557 Berlin).

Bochum-Stiepel

Dr. Viki Ranff sprach über das Thema »Wie kommt ein denkender Mensch zum Glauben? – Wege mit Edith Stein« (12. Oktober 2010, 20 Uhr, Zisterzienserkloster Bochum-Stiepel, Am Varenholt 9, 44797 Bochum-Stiepel).

Breslau/Wrocław (Polen)

Bei den Tagen der Wissenschaft an der Technischen Universität Breslau hielt Prof. Dr. habil. Jerzy Machnacz am 21. September 2010 einen Vortrag zum Thema »Edith Stein: Breslauerin – Philosophin – Patronin Europas«.

Zur Eröffnung des akademischen Jahres 2010/2011 fand am 2. Oktober 2010 im Studienkonvent der Franziskaner in Breslau eine Akademiefeier statt, bei der Prof. Dr. habil. Jerzy Machnacz über das Thema »Edith Stein als Überschreiterin von Grenzen« sprach.

Brüssel (Belgien)

Die Feier zum 150jährigen Bestehen der katholischen Gemeinde St. Paulus deutscher Sprache in Brüssel stand unter dem Thema »Erinnern – Feiern – Glauben«. Dabei hielt Margarita Teresa Fernández Molina T.O.Carm. eine szenisch-musikalische Lesung über »Edith Stein« (13. März 2010, 20 Uhr, St. Paulus, Avenue de Tervurenlaan 221, B-1150 Brüssel).

Cloppenburg

Bei einem Frühstückstreffen am 6. April 2010 um 10 Uhr sprach Dr. Marc Röbel über »Edith Stein – Als Hoffnungsgestalt für unsere Zeit« (Verlag Simon, Lise-Meitner-Straße 1, 49661 Cloppenburg).

Darmstadt

Im Jahr 2010 feierte die Edith-Stein-Schule Darmstadt ihr 50jähriges Bestehen. Aus diesem Anlaß fanden im Lauf des Jahres verschiedene Veranstaltungen statt.
Am 20. Februar stand beim Einkehrtag des Kollegiums das pädagogische Wirken Edith Steins als Anfrage und Auftrag an die pädagogische Arbeit der Edith-Stein-Schule Darmstadt im Mittelpunkt. Das einführende Referat hielt Ordinariatsdirektorin Dr. Gertrud Pollak.
Vom 19. bis 26. Juni pilgerten Schülerinnen und Schüler auf den Spuren Edith Steins von Köln nach Echt.
Der 7. und 8. Oktober waren Edith-Stein-Tage. Hierbei hielt Prof. Dr. h.c. Hans Hermann Henrix den Festvortrag zum Schuljubiläum mit dem Titel »Edith Stein – eine ungewöhnliche Persönlichkeit und bleibende Herausforderung für Juden und Christen«.
Vom 10. bis 17. Oktober unternahmen Lehrkräfte und Elternbeiräte eine Reise mit dem Thema »Auf den Spuren Edith Steins. Stationen ihres Lebens in Breslau, Krakau und Auschwitz« (Edith-Stein-Schule Darmstadt, Seekatzstraße 18–22, 64285 Darmstadt).

Dresden

Am Institut für Philosophie des Lehrstuhls für Religionsphilosophie und vergleichende Religionswissenschaft der Philosophischen Fakultät der Technischen Universität Dresden fanden unter Leitung von Dr. Mette Lebech und René Raschke Lektüreblockseminare statt, und zwar am 3./4. März 2010 zum Thema »Edith Steins ›Einführung in die Philosophie‹ (um 1920)« und am 28./29. Juni 2010 zum Thema »›Beiträge zur philosophischen Begründung der Psychologie und der Geisteswissenschaften‹. Edith Steins erster Habilitationsversuch«.

In der TU Dresden fand vom 15. bis 18. Juni 2010 eine internationale Tagung zum Thema »Die Bildung Europas. Eine Topographie des Möglichen im Horizont der Freiheit« statt, die vom Lehrstuhl für Religionsphilosophie und vergleichende Religionswissenschaft der Philosophischen Fakultät der Technischen Universität Dresden in Zusammenarbeit mit dem Mitteleuropäischen Institut für Philosophie der Karls-Universität Prag organisiert wurde. Dabei sprachen Dr. Mette Lebech über »Bildung des Menschen – Bildung Europas: Der Einfluß des Christentums im Lichte der Philosophie Edith Steins« und René Raschke über »Bildung der menschlichen Person im Frühwerk Edith Steins« (Vortragssaal der Sächsischen Landesbibliothek – Staats- und Universitätsbibliothek Dresden, Zellescher Weg 18, 01069 Dresden).

Essen

In der Stiftskirche des Karmel »Maria in der Not« fand ein meditativer Vortrag mit dem Titel »Edith Stein – Jüdin, Karmelitin und Patronin Europas« statt (9. August 2010, 18 Uhr, Kapitelberg 1, 45141 Essen [Stoppenberg]).

Freiburg

Unter der Leitung von Simone Burster und Dr. Gertrud Rapp führte ein biographischer Spaziergang zum Thema »Auf den Spuren von Edith Stein« durch Freiburg (Veranstalter: Frauenreferat – Kath. Regionalstelle, 15. Juni und 2. Juli 2010, 14.30–18 Uhr, Treffpunkt: Freiburger Münster, Hauptportal).

Goch-Asperden

In der Reihe »Große Gestalten der Spiritualität« sprach Dr. Monika Pankoke-Schenk über »Edith Stein – Brückenbauerin zwischen Juden und Christen« (9. November 2010, 19 Uhr, Kloster Graefenthal, Maasstraße 48–50, 47574 Goch-Asperden).

Goslar

Vom 30. April bis 2. Mai 2010 fand im St. Jakobushaus ein Seminar zum Thema »Edith Stein – Annäherung an eine starke Frau« statt. Dr. Mary Heidhues und Heiner J. Willen waren die Referenten (St. Jakobushaus, Reußstraße 4, 38640 Goslar).

Gütersloh

In der ökumenischen Reihe »Schatztruhe Kirchenlieder – geöffnet für Leute von heute« waren Thomas Nienstedt, Markus Titzeck und Erika Engelbrecht Referenten. Ein Abend war dem Thema »Edith Stein – eine ungewöhnliche Frau und Märtyrerin im 20. Jh. und ihr Lied: ›Erhör, o Gott, mein Flehen‹« gewidmet (30. September 2010, 19.30 Uhr, Apostelkirche, Am Alten Kirchplatz, 33332 Gütersloh).

Hamm

Rosemarie Penkert hielt einen Vortrag mit Bildern zum Thema »Edith Stein – Jüdin, Karmelitin, Märtyrerin« (2. März 2010, 15 Uhr, Pfarrcaritas St. Regina, Sankt-Reginen-Platz, 59069 Hamm).

Heiligenkreuz im Wienerwald (Österreich)

P. Michael Hösl CP hielt vom 8. bis 11. August 2010 im Stift Heiligenkreuz die Jahresexerzitien für die Mönche mit dem Thema »Kreuzeswissenschaft nach Edith Stein« (A-2532 Heiligenkreuz im Wienerwald).

Hockenheim

Klaus Mann stellte seinen Diavortrag unter den Titel »Südpolen – Auf den Spuren von Papst Johannes Paul II. und Edith Stein« (28. Juni 2010, 19.30 Uhr, Gemeindezentrum St. Christophorus, Obere Hauptstr. 4, 68766 Hockenheim).

Höchberg

Andrea Kober-Weikmann sprach über »Eine Begegnung mit Edith Stein« – Frauenrechtlerin und Philosophin, Deutsche und Jüdin, Nonne und Märtyrerin (14. April 2010, 19.45 Uhr, Pfarrei Höchberg-Mariä Geburt, Herrenweg 5, 97204 Höchberg).

Immenstadt

Dr. Ulrike Seidel hielt in der Reihe »Spiritualität« bei radio horeb einen Vortrag mit dem Thema »›Wer die Wahrheit sucht, sucht Gott, ob es ihm klar ist oder nicht‹ – Edith Stein« (9. August 2010, 14 Uhr, Internationale Christliche Rundfunkgemeinschaft (ICR) e.V., Kirchplatz 1, 87509 Immenstadt).

Köln

In der Sendung »Tag für Tag« sprach Burkhard Reinartz über »Sehnsucht nach der Wahrheit« – Edith Stein. Philosophin und Ordensfrau (24. Mai 2010, 8.35 Uhr, Deutschlandfunk, Raderberggürtel 40, 50968 Köln).

Unter dem Thema »Auch der Vater Rhein ist eine Mutter Israels« veranstaltete die Kölnische Gesellschaft für Christlich-Jüdische Zusammenarbeit e.V. einen Stadtspaziergang durch zwei Jahrtausende jüdischer Geschichte in Köln. Tal Kaizman sprach u. a. über Edith Stein (24. Juni 2010, 18 Uhr, Treffpunkt: Mikwe am Rathausvorplatz, Köln, Kölnische Gesellschaft für Christlich-Jüdische Zusammenarbeit e.V., Richartzstr. 2–4, 50667 Köln).

Linz (Österreich)

Jerzy Machnacz hielt bei kath.net (Katholische Nachrichten) einen Vortrag mit dem Titel »Edith Stein ist ein Geschenk für Europa« (14. November 2010, 8.20 Uhr, KATH.NET, Wurmstraße 12/2/11, A-4020 Linz).

München

Zum Thema »Die Europäerin Edith Stein – eine Hoffnungsgestalt« hat die Edith-Stein-Gesellschaft in Kooperation mit der Konrad-Adenauer-Stiftung am 15. Mai 2010 beim Zweiten Ökumenischen Kirchentag in München zu einem Pontifikalamt in der Karmelitenkirche St. Theresia mit dem Speyrer Bischof Dr. Karl-Heinz Wiesemann eingeladen. Musikalisch wurde der Gottesdienst von den Schwestern der evangelischen Communität Christusbruderschaft Selbitz im Kloster Wülfinghausen mit Liedern zu Texten von Edith Stein mitgestaltet.

Dr. Monika Gatt sprach über »Edith Stein – Zur Philosophie der Gefühle« (8. November 2010, 18 Uhr, Raum 0115, Gasteig München GmbH, Rosenheimer Straße 5, 81667 München).

Münster

Am 26. Februar 2010 wurde im Pfarrer-Eltrop-Heim das Theaterstück »Die Nacht vor dem Licht – Ein Stück um Edith Stein« aufgeführt. Veranstalter war das Forum Deutscher Katholiken (Pfarrer-Eltrop-Heim, Katholische Pfarrgemeinde Herz Jesu und St. Elisabeth, Wolbecker Straße 123, 48155 Münster).

Sabine Förster sprach beim Thema »Berühmte Frauen« über Edith Stein (14. September 2010, 19 Uhr, Stadtteilkultur Sentruper Höhe im Café Sentrup, Schmeddingstr. 117, 48149 Münster).

Oberaudorf

In der Reihe »Mystik und Spiritualität« sprach am 10. Mai 2010 Prof. Dr. Hanna-Barbara Gerl-Falkovitz über das Thema »Im Dunkel wohl geborgen. Mystische Nächte bei Edith Stein«. Veranstalter waren das Karmelitenkloster Reisach und das Bildungswerk Rosenheim e.V. (Karmelitenkloster Reisach, Klosterweg 20, 83080 Oberaudorf).

Paderborn

Im Sommersemester 2010 leitete Henning Peucker an der Universität Paderborn ein Seminar zu Edith Stein und Husserls Phänomenologie der Intersubjektivität (Universität Paderborn, Warburger Straße 100, 33098 Paderborn).

Passau

P. Dr. Ulrich Dobhan OCD sprach über »Gottsucher: Teresa von Ávila, Johannes vom Kreuz und Edith Stein« (16. Oktober 2010, 9.30–16 Uhr, spectrum KIRCHE, Exerzitien- und Bildungshaus auf Mariahilf, Schärdinger Str. 6, 94032 Passau).

Schweidnitz/Świdnica (Polen)

Bei den Feierlichkeiten zur Eröffnung des akademischen Jahres 2010/2011 und der Einweihung des Priesterseminars in Schweidnitz/Świdnica am 26. und 27. November 2010 hielt Prof. Dr. habil. Jerzy Machnacz einen Vortrag mit dem Titel »Edith Stein – Schwester Teresia Benedicta vom Kreuz: Leben und Werk«.

Simiane-Collongue (Frankreich)

Sœur Birgitte hielt Vorträge zum Thema »Edith Stein. Der spirituelle Sinn der menschlichen Existenz« (28.–29. Juli 2010, Abbaye Sainte Lioba, 530 chemin des Mérentiers, F-13109 Simiane-Collongue, Frankreich).

Sonntagberg (Österreich)

P. Christof Betschart OCD veranstaltete zum Thema »Mit Edith Stein Teresa entdecken ...« Fortbildungstage des Teresianischen Karmel (23. bis 25. September 2010, Haus am Sonntagberg, Sonntagberg 6, A-3332 Sonntagberg).

Spaichingen

Dr. Ute Rieck sprach über das Thema »Edith Stein – forschen nach dem Sinn« (26. April 2010, 20 Uhr, Edith-Stein-Haus, Angerstraße 7, 78549 Spaichingen).

Speyer

Prof. DDr. Claudia Mariéle Wulf hielt ein Seminar zum Thema »Das Geheimnis erschließt die Welt« – Die Mystik von Johannes vom Kreuz, Teresa von Avila und Edith Stein (19. bis 21. November 2010, Bistumshaus St. Ludwig, Johannesstraße 8, 67346 Speyer).

Speyer und Bergzabern

In Hemsbach, Laudenbach und Sulzbach wurde am 4. August 2010 ein gemeinsamer Wallfahrtstag der Frauen veranstaltet. Er führte nach Speyer und Bergzabern und stand unter dem Thema »Auf den Spuren von Edith Stein«.

Tauberbischofsheim

Das Amt für Kirchenmusik der Erzdiözese Freiburg i. Br. veranstaltete ein Nachtkonzert mit Orgel- und Vokalmusik sowie Texten von Edith Stein, Karl Rahner u.a. (Stadtkirche St. Martin, Liobaplatz 1, 97941 Tauberbischofsheim.

Traunstein

Pawel Idkowiak sprach über das Thema »›Ihr sollt sein wie ein Fenster, durch das Gottes Güte in die Welt hineinleuchten kann‹ – Edith Stein (1891–1942) und ihre Bedeutung für Gegenwart und Zukunft« (Pfarrsaal St. Oswald, Bahnhofstr. 1, 83278 Traunstein).

Trient (Italien)

Im Rahmen des 2. Weltkongresses für Moraltheologie »Catholic Theological Ethics in the World Church«, der vom 23. bis 27. Juli 2010 in Trient (Italien) stattfand, hat Dr. Katharina Westerhorstmann einen Vortrag zu Edith Steins Position in der Frauen- und Genderthematik gehalten; sein Thema war »Exploring the ›Essence‹ of Gender – Edith Stein's philosophical and theological studies on woman and man«.

Trier

Prof. Dr. Wojciech Zyzak hielt einen Vortrag über »Die fundamentale Rolle des Glaubens im Leben und in den Schriften der heiligen Teresia Benedicta a Cruce OCD (Edith Stein)« (20. Mai 2010, Bischöfliches Priesterseminar, Jesuitenstraße 13, 54290 Trier).

Wien (Österreich)

In der Sendung »Unser Glaube« sprach Sr. Gabriela Pless OCD, Gmunden, über das Thema »Für alle vor Gott stehen. Edith Stein, die Beterin« (20.30 Uhr, Radio Maria Österreich, Pottendorferstr. 21, A-1120 Wien).

In der Ausstellung »Heilige in Europa. Kult und Politik« wurde auch Edith Stein vorgestellt (26. Oktober 2010 bis 13. Februar 2011, Österreichisches Museum für Volkskunde, Laudongasse 15–19, A-1080 Wien).

Würzburg

Aus seinem Buch »Geborgen und frei« las Pierre Stutz den Text »Innere Sammlung – mystische Spiritualität mit Texten von Edith Stein (1891–1942)« (25. Februar 2010, Haus Benedikt, Stadtkloster der Mönche von Münsterschwarzach, St.-Benedikt-Straße 1/3, 97072 Würzburg).

Zum Jahr 2011

Breslau/Wrocław (Polen)

Am 20. Januar 2011 hielt Prof. Dr. Jerzy Machnacz bei einem Treffen von Wissenschaftlern in der Universität Breslau/Wrocław einen Vortrag über das Leben und die Philosophie Edith Steins.

Frankfurt am Main

Die Katholische Akademie Rabanus Maurus veranstaltete am 26. März 2011 einen Thementag zu Edith Stein mit dem Titel »Wer die Wahrheit sucht, sucht Gott«. Dabei sprachen Prof. Dr. Andreas Uwe Müller über die Frage »Wie Gott finden angesichts biographischer Brüche? Edith Steins lebenslange Sinnsuche« sowie das Thema »Warum ein Leben leer wird, wenn Menschen nicht füreinander eintreten. Zur Begründung von Stellvertretung besonders mit Blick auf den jüdisch-christlichen Dialog« und Prof. Dr. Hanna-Barbara Gerl-Falkovitz über das Thema »Zu den Sachen selbst – Edith Steins Philosophie verstehen« sowie die Frage »Wieso führt vom Unglauben über das Denken ein Weg zum Glauben? – Ein Blick auf die Gelenkstelle zwischen Vernunft und Christentum bei Edith Stein« (Haus am Dom, Domplatz 3, 60311 Frankfurt am Main).

In der Reihe »Wort-Musik-Stille – Große Gestalten christlicher Spiritualität« hielt P. Dr. Ulrich Dobhan OCD am 29. März 2011 in der Liebfrauenkirche zu Frankfurt am Main einen Vortrag mit dem Titel »Edith Stein: Meine Suche nach Wahrheit war ein einziges Gebet«.

St. Peter

Vom 8. bis 9. April 2011 bietet Dr. Katharina Seifert, Präsidentin der Edith-Stein-Gesellschaft, ein Wochenende über »Spirituelle Theologie« mit ausgewählten Texten von Edith Stein an, die zur Meditation und zum Austausch darüber anregen sollen. Die Tage stehen unter dem Thema: »Leben an der Hand des Herrn. Edith Stein als Geführte und geistliche Führerin« (Geistliches Zentrum St. Peter, Klosterhof 2, 79271 St. Peter).

Autorinnen und Autoren

Dr. Francesco ALFIERI OFM, Franziskaner, Universität Bari und Archivar des italienischen Zentrums für phänomenologische Forschungen in Rom, Bari/Italien

Dr. Beate BECKMANN-ZÖLLER, Religionsphilosophin und Religionswissenschaftlerin, Dozentin an der Katholischen Stiftungsfachhochschule für Soziale Arbeit, München, Mitglied im Vorstand der Edith-Stein-Gesellschaft Deutschland

Prof. Dr. Hanna-Barbara GERL-FALKOVITZ, Lehrstuhl für Religionsphilosophie und vergleichende Religionswissenschaft an der TU Dresden; wissenschaftliche Begleitung der ESGA seit 2000, stellvertretende Präsidentin der Edith-Stein-Gesellschaft Deutschland

Dr. Stefan HARTMANN, Pfarrer, Oberhaid

Martin HÄHNEL, Lehrbeauftragter am Institut für Philosophie an der TU Dresden; Doktorand an der Katholischen Universität Eichstätt zum Thema *Phänomenologie und Ethik*

Prof. Dr. Norbert HUPPERTZ, Prof. em. für Pädagogik, Oberried

Erzbischof Dr. Alois KOTHGASSER SDB, Erzbischof von Salzburg/Österreich

Prof. Dr. Mette LEBECH, National University of Ireland, Maynooth, Gründungspräsidentin der *International Association for the Study of the Philosophy of Edith Stein* (IASPES), Maynooth/Irland

Dr. Antoine LEVY OP, Dominikaner, Direktor des Studium Catholicum in Helsinki, Dozent an der Theologischen Fakultät der Universität Helsinki/Finnland

Prof. Dr. Andreas Uwe MÜLLER, Direktor des Seminars für Dogmatik und Dogmengeschichte, Münster, Mitglied im Vorstand der Edith-Stein-Gesellschaft Deutschland

Schw. M. Amata NEYER OCD, Karmelitin (Teresianischer Karmel), ehemalige Leiterin des Edith-Stein-Archivs, Köln

René RASCHKE, Doktorand, Dresden

Dom R.- Ferdinand POSWICK OSB, Bibelwissenschaftler und Informatiker, Gründer und Direktor des „Centre Informatique & Bible", Abbaye de Maredsous/Belgien

Hergard SCHWARTE, Oberstudienrätin a. D., Mitglied des Beirats der Edith-Stein-Gesellschaft Deutschland, Münster